特殊教育論題與趨勢

陳麗如　著

作者簡介

陳麗如

學歷：台灣師範大學教育心理與輔導學士、碩士
　　　　彰化師範大學特殊教育博士

經歷：高中輔導教師一年
　　　　國中啟智班教師、組長共七年
　　　　空中大學等三所大學兼任講師四年
　　　　長庚大學教育學程中心專任助理教授四年
　　　　長庚大學師資培育中心專任副教授四年

現任：長庚大學早期療育研究所專任副教授

著作（至 2010 年止）：

《特殊教育論題與趨勢》、《特殊學生鑑定與評量》（第二版）、
《身心障礙學生教材教法》、《國民中小學學習行為特徵檢核表》、
《身心障礙者轉銜服務評估量表》、《大專教育需求評估量表》、
《生涯發展阻隔因素量表》（第二版）等三部專書及四份量表（均為
心理出版社出版）。

「Transition services in Taiwan: A comparison between service need and services received education and training on mental retardation and developmental disabilities.」等國內外 SSCI 等期刊四十八篇學術論著發表。

「CEC」等單位主辦之國內外學術研討會三十場論文發表。

王　序

　　特殊教育趨勢會因應時代的潮流而形成，甚至有所變化，乃為相關人員應該具有的基本知能及應該掌握的工作方向。在過去，國內學者們陸續根據個人的學術背景，針對特殊教育的趨勢論題有所探討，且分散發表於各類期刊中，但尚無學者做過周延且統整性的撰文。本書作者陳麗如博士經由文獻鑽研後，撰寫成為一本有系統、有組織的《特殊教育論題與趨勢》專書，書中段段經典，對於從事特殊教育領域研究者及從事特殊教育的實務工作者而言，均具有相當高的參考價值與貢獻。

　　全書各主題均分成源起與發展、趨勢內涵、現況和趨勢討論四節，條理分明，體例一貫，便於讀者比較與參照。

　　本書作者陳麗如博士為年輕學者中的佼佼者，她對學術的專注與努力，令人敬佩，其所撰寫文章總能深入淺出，每每能讓讀者輕易掌握其書中精髓。本人曾忝為其博士論文指導教授之一，對於她在學術界的卓越貢獻，深感敬佩。繼前一本大作之後，陳博士在短期內再完成此本傑作，實在難得。值此專書問世之際，再次贅加數語，以為祝賀之意，並再次向特教界諸位先進介紹這本值得一讀的好書。

王文科　謹序
於彰化師範大學

作者序

　　十九世紀初，歐美國家在主張人民受教權的趨勢下，特殊教育成為一個文明國家的重要政策。經過數十年的精進，至今特殊教育發展愈見純熟，對障礙者的教育及相關服務措施愈形周延，而成為世界各國特殊教育擷取學習的目標。我國自民國五〇年代以來，各類特殊學生之教育需求也被討論探究，起步雖然較歐美國家為晚，卻已能反映許多現今特殊教育世界潮流的運作精神。

　　為使特殊教育功能彰顯，不得不去探討現今特殊教育的論題與趨勢。不論在國家教育政策之規劃或特殊教育教師在實務之運作，這些議題均成為重要的工作方針。這本書就現今特殊教育趨勢的十二個論題進行探討，其間或多或少有些相關性，因此，在撰寫上會有一章引導另一章的形式出現（見次頁本書架構圖）。無論如何，每個論題之精神與策略乃所有特殊教育相關人員所不能不正視了解的。

　　撰寫這本書，原本只是上課的講稿整理，在整理當中，卻覺得縝密有系統的組織將更能引導課堂同學深入了解，而後做更進一步的文獻探討，成了一本書籍，實在經過多人的鼓勵與協助：父母、外子、子女及婉玲的精神支持，是這本書能在短期內付梓的催生功臣；Dalun Zhang 教授的諮詢協助，姪女錦香的細緻校稿，梁帆輝先生的插畫，長庚大學子弟芳芸、沛渝、秋怡、竹君的文書處理，加速了完稿的日子；而長庚大學整個教育體系的學術資源，更是我沾沾自喜，覺得幸運並引以為傲的學術溫床。能力有限，卻能在這麼多支援下再成就一本拙作，著實幸運。

陳麗如

于 長庚大學 志清湖畔

本書架構

　　一個國家對特殊教育的認同方向，往往可以在其政策中出現，這反映該國的特殊教育理念與其特殊教育發展趨勢。本書首先在第一章談障礙者相關法案，主要包括三個部分：兩個為我國的重要法案——《特殊教育法》及《身心障礙者保護法》，另一個為以美國為主體的身心障礙者相關法案的制定。第二章則談特殊教育的分類與教育，第十二章談身心障礙者的權利、福利與保障，這兩章乃與第一章的相關法案所訂定的條文息息相關。這些條文並引導兩個重要的特殊教育原則：(1)最少限制環境（LRE）原則，係融合教育與無障礙的精神所在，而無障礙的精神乃有賴環境及輔助性科技的介入；(2)個別化原則，係包括早期療育、教育及轉銜的課題。這些課題乃由團隊組成，其人員包括專業人員及家長。這些主題、原則及發展狀態分別於本書之十二個章節進行探討。

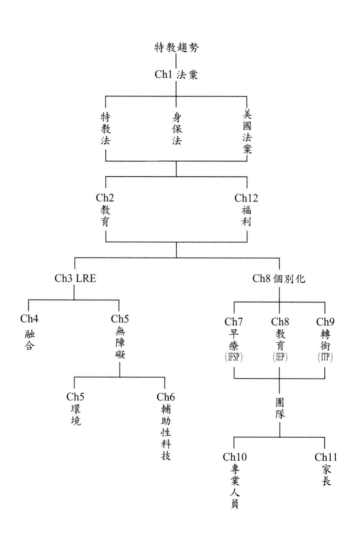

本書架構圖

●●●●● 目　錄 ●●●●●

‧‧‧‧‧● 圖表及附欄目錄 ●‧‧‧‧‧

表

圖

附欄

第一章

障礙者相關法案

claimed that the passage of the claimed that the passage
of the Act and its subsequent.....increased public
awareness of disability and changed attitudes.....
a statutory framework for service to which disabled
people were entitled....to involve.......

　　身心障礙者的權益及福利依賴法案條文的訂定，方能受到真正的保障。目前我國保障身心障礙者的法案，在教育方面主要為《特殊教育法》，在社會福利方面主要為《身心障礙者保護法》。法令的訂定將帶動教育制度的革新與社會福利的落實。這兩個重要法案正凸顯我國目前特殊教育與身心障礙者權益之發展趨勢。本章介紹乃以此為重點進行探討，而其他國內相關法案，如《兒童及少年福利法》，則留待以後相關章節進行介紹。另外，美國有許多法案深刻地影響著世界各地的特殊教育趨勢，本章亦對其中幾個重要法案向度做粗淺介紹。

第一節　《特殊教育法》

一、源起與發展

　　身心障礙學生常因其生理及學習特殊性而得不到適當的教育，或者雖然有教育的機會，但教育的方式不適當，而不能滿足其學習需求。過去，身心障礙學生多處於弱勢，也大多只能以被動的姿態接受教育安排。《特殊教育法》一旦制定，則能適當維護特殊學生的教育權益。我國《特殊教育法》首次於民國七十三年制定，在這之前有關特殊教育之相關政策，則有賴三個法令加以維護：(1)《特殊教育推行辦法》（教育部，民 66）；(2)當時台灣省教育廳於民國五十八年公布的《台灣省各縣市國民中小學智能不足兒童教育實驗班設班要點》；(3)民國六十三年訂定的《特殊兒童鑑定及就學輔導標準》。在民國八十六年四月二十二日《特殊教育法》做第一次修正；於九十年做了部分條文的修訂，並改以章別呈現；而後於九十三年六月二十三日恢復不呈現章別的條文敘述，並增訂 31-1 條（見附錄一）。其相關子法約十數個，則於後陸續訂定與修正，包括《特殊教育法施行細則》分別於七十六年、八十七年、八十八年、九十一年與九十二年制定與修訂。

二、《特殊教育法》之內涵

　　《特殊教育法》的訂定在我國特殊教育工作上屬於一個重要的里程碑，現行《特殊教育法》（教育部，民93）不分章節，全文共三十四條（包括九十三年所增訂的31-1條）。其中內涵乃代表著我國特殊教育之重要趨勢，茲就幾個向度進行探討，並整理列表於表1-1。

（一）政策

　　我國政府訂定一定的經費比例以施行特殊教育，在《特殊教育法》中明訂接受特殊教育的對象，除了身心障礙學生外，亦保障資賦優異學生接受適性教育之權利。

（二）主管與輔導

　　《特殊教育法》明訂主管機關及特殊教育人員任用資格，督導成立特殊教育中心，並且指示該中心輔導我國特殊教育人員之義務，此對於特殊教育工作的執行與第一線執行特殊教育工作的人員有了更明確的支援提供。

（三）教育實施

　　《特殊教育法》所提及有關特殊教育的實施可自四個方面進行探討：

1. 教育實施階段：實施階段主要包括三個：(1)學前教育階段；(2)國民教育階段；(3)國民教育完成階段，包括成人教育階段。足見我國對身心障礙者的特殊教育已朝向全人生涯教育的理念。
2. 療育：《特殊教育法》強調身心障礙學生提早接受教育治療的主旨，明訂特殊教育應向下延伸至三歲；並且聲明早期療育由醫療主管機關召集，及結合相關單位共同規劃辦理。其目的乃在指示各級政府積極辦理並輔導身心障礙者於學齡前階段接受特殊教育。

表 1-1 我國《特殊教育法》之內容重點

	重點	條數	內容
政策	立法主旨	1	保障身心障礙及資賦優異學生接受適性教育之權利。
	保障之對象	1, 3, 4	一為身心障礙者（12 類），二為資賦優異者（6 類）。
	特殊教育預算	30	中央政府不得低於當年度教育主管預算的 3%，在地方政府不得低於 5%。
	適性教學	23	依實際需求規劃措施及資源分配，以維護適性教育之權利。
主管與輔導	教育行政機關	2, 8, 10	主管機關在中央為教育部，在縣（市）為縣（市）政府。 辦理機關除各教育階段有訂定外，並鼓勵民間辦理。 各級主管機關應設專責單位執行特殊教育工作。
	特教人員資格任用	17	特殊教育學校校長及特殊教育教師，依師資培育法及教育人員任用條例之規定聘用；相關專業人員及助理人員，由中央主管教育行政機關訂定遴用辦法。
	特殊教育中心設立	11	各特教中心的工作為：協助特殊兒童之鑑定、教學與輔導。
教育實施	特教學校（班）之設立	18, 31-1	大學院校為辦理特殊教育實驗研究，得附設特殊教育學校（班）。公立特殊教育學校得委託經營、獎勵民間參與。
	實施階段	7	分為：學前教育階段、國民教育階段及國民教育階段完成後。
	國民教育後教育	20	對於失學之身心障礙國民應辦理學力鑑定及規劃施行免費成人教育。
		21	完成國民教育之身心障礙學生，依其志願報考各級學校或經主管教育行政機關甄試、保送或登記、分發進入各級學校。
	修業年限	9	除依義務教育之年限規定辦理，並向下延伸至三歲。並因學生身心發展狀況及學習需要，得延長至多二年。
		28	資優生得降低入學年齡或縮短修業年限。
	早期療育	9	自三歲起。
		25	由醫療主管機關召集，結合醫療、教育、社政主管機關共同規劃辦理。
	社區化	16	特殊教育學校（班）之設立，以小班、小校為原則，並朝社區化方向發展。
	零拒絕	21	各級學校不得以身心障礙為由拒絕其入學。

續次頁

表 1-1 我國《特殊教育法》之內容重點（續）

	重點	條數	內容
適性教育	課程、教材及教法	5	保持彈性，並配合需要進行有關復健、訓練治療。
		6	為改進特殊教育課程、教材及教法，應委託相關單位進行研究。
		29	資賦優異教學輔導方向。
	最少限制環境	13	以滿足學生學習需要為前提，「最少限制環境」為原則。
	無障礙環境	17, 24	學校應依據學生學習及生活需要，提供無障礙之學習環境。
	個別化教育	17	特殊教育學校（班）及特殊幼稚園（班）設施之設置應以適合個別化教學為原則。
		27	各級學校對每位身心障礙學生擬定個別化教育計畫，並邀請家長參與。
鑑定安置	鑑輔會的設置	12	主管教育行政機關設立特殊教育學生鑑定及就學輔導委員會，聘請相關專業人員及學生家長代表為委員。
	教育安置	13	透過適性鑑定，依需要輔導安置，以最少限制環境為安置原則，每年應重新評估教育安置之適當性。
	特殊學生之安置	14	身心障礙學生就讀之普通班應減少班級人數。
支援	相關服務之提供	17, 24	應提供錄音及報讀服務、提醒、手語翻譯、調頻助聽器、代抄筆記、盲用電腦、擴視機、放大鏡、點字書籍、生活協助、家長諮詢等必要之教育輔助器材等相關支持服務。
	專業團隊	15, 22	評量、診斷、教學及行政支援應以專業團隊合作進行為原則，提供學習、生活、就業轉銜等協助。
	教育金補助	19	身心障礙學生之獎助金補助及學雜費減免事宜。
	交通服務	19	學生接受國民教育時，無法自行上下學者，應提供交通工具，或補助其交通費用。
	考試服務	21	各級學校入學試務單位應依考生障礙類型、程度，提供考試適當服務措施。

續次頁

表 1-1　我國《特殊教育法》之內容重點（續）

重點		條數	內容
支援	家長參與	12	特殊教育學生家長代表為鑑定及就學輔導委員會委員。
		26	學校應提供特殊教育學生家庭支援服務，特殊教育學生家長至少一人為該校家長委員會委員。
		27	家長應參與 IEP 之執行、擬定及教育安置。
	權益申訴	31	各級主管教育行政機關應成立諮詢委員會，以處理特殊學生權益申訴事宜。

整理自《特殊教育法》（教育部，民 93）

3. 社區化：《特殊教育法》指示特殊教育學校（班）之設立，應朝向小班、小校及社區化的方向進行，以提升身心障礙學生就近就學的機會

4. 零拒絕：為維護身心障礙者的就學機會，明訂身心障礙學生入學時，校方不得以身心障礙為由拒絕其入學接受教育。此條文乃為身心障礙學生接受教育最有力的權利保障。

（四）適性教育

　　《特殊教育法》強調彈性的課程安排及多元選擇的教育安置，以使學生得到適性的教育。而所謂適性教育之原則：(1)以滿足學生「需求」為前提，提供學生個別化教育計畫；(2)以「最少限制環境」為原則，包括無障礙之學習環境。

（五）鑑定安置

　　《特殊教育法》對於身心障礙學生的鑑定及安置有相當明確的指示，包括鑑輔會委員的組織，指示安置工作的進行應以最少限制環境為原則，並且每年應重新評估學生安置之適當性。而為配合此原則，訂定身心障礙學生就讀普通班之減少班級人數原則，以徹底發揮特殊

教育鑑定、安置與輔導的功能。

（六）支援介入

　　《特殊教育法》提供身心障礙者諸多相關專業服務，包括輔助器具、交通服務、考試服務等等，並強調以專責單位及專業團隊的形式，對身心障礙者進行評量、診斷、教學及轉銜服務等工作，建立特殊教育行政及教學支援系統。此外，並提供家長更多參與特殊教育決策過程的機會與適當保障。

三、《特殊教育法》之相關子法

　　因應《特殊教育法》之條例，我國《特殊教育法》相關子法陸續制定，以周延特殊教育工作之進行，其內容至少如表 1-2。

第二節　《身心障礙者保護法》

一、源起與發展

　　一個愈先進文明的國家，對於弱勢團體的保護條例愈見明顯。我國目前對身心障礙者生活權益保障的規準最主要為《身心障礙者保護法》。該法於民國六十九年制定，當時稱為《殘障福利法》；而後於民國七十九年做第一次修訂；民國八十六年做第二次修訂，並將該法更名為《身心障礙者保護法》；之後在民國九十年及九十二、九十三年又做了三次小幅修正。其中對障礙者的名稱由「殘障者」改為「身心障礙者」，以此更強調「障礙」因素乃可能來自於社會態度不佳，或保護政策的不完備等，而不應歸咎於障礙者本人的生理殘缺因素。

二、《身心障礙者保護法》之內涵

　　現行《身心障礙者保護法》之內容以章次出現，將滿足身心障礙

表 1-2　我國《特殊教育法》相關子法

	法令	母法依據	發布日期
1	特殊教育法施行細則	特殊教育法第 32 條	・76 年訂定發布 ・87 年修正發布 ・88 年修正發布 ・91 年修正發布 ・92 年修正發布
2	身心障礙及資賦優異學生鑑定標準（原名稱：身心障礙及資賦優異學生鑑定原則鑑定基準）	特殊教育法第 3 條及第 4 條	・91 年訂定發布
3	特殊教育課程教材教法實施辦法（原名稱：特殊教育課程、教材及教法實施辦法）	特殊教育法第 5 條	・75 年訂定發布 ・87 年修正發布及更名 ・88 年修正發布
4	特殊教育相關專業人員及助理人員遴用辦法	特殊教育法第 17 條	・88 年訂定發布 ・88 年修正發布
5	身心障礙教育專業團隊設置與實施辦法	特殊教育法第 22 條	・88 年訂定發布
6	資賦優異學生降低入學年齡縮短修業年限及升學辦法（原名稱：特殊教育學生入學年齡修業年限及保送甄試升學辦法）	特殊教育法第 9 條、第 28 條以及藝術教育法第 11 條	・77 年訂定發布 ・88 年修正發布及更名 ・88 年修正發布 ・93 年修正發布
7	完成國民教育身心障礙學生升學輔導辦法	特殊教育法第 21 條	・88 年訂定發布 ・89 年修正發布 ・91 年修正發布
8	特殊教育設施及人員設置標準（原名稱：特殊教育設施設置標準）	特殊教育法第 16 條、第 17 條	・76 年訂定發布 ・80 年修正發布 ・88 年修正發布及更名 ・92 年修正發布
9	特殊教育學生獎助辦法	特殊教育法第 19 條、身心障礙者保護法第 25 條	・88 年訂定發布 ・88 年修正發布 ・89 年修正發布 ・92 年修正發布
10	身心障礙學生、身心障礙人士子女及低收入戶學生就學費用減免辦法	特殊教育法第 19 條、身心障礙者保護法第 22 條、社會救助法第 16 條	・88 年訂定發布 ・88 年修正發布
11	民間辦理特殊教育獎助辦法	特殊教育法第 8 條	・76 年訂定發布 ・88 年修正發布
12	各級主管教育行政機關提供普通學校輔導特殊教育學生支援服務辦法	特殊教育法第 15 條	・88 年訂定發布
13	特殊教育學生申訴服務設施辦法	特殊教育法第 31 條	・88 年訂定發布
14	高級中等學校就讀普通班身心障礙學生安置原則與輔導辦法	特殊教育法第 14 條	・91 年訂定發布

者需求的任務，直接規定於該法各章節之中。全法共八章，含七十五條。第一章為總則，第二章為醫療復健，第三章為教育權益，第四章為促進就業，第五章為福利服務，第六章為福利機構，第七章為罰則，第八章為附則（見表 1-3 及附錄三）。《身心障礙者保護法》乃是我國維護身心障礙者福利最直接重要的法令，茲就幾個向度探討其內涵（內政部，民 93a），並整理列於表 1-4。

（一）政策

　　此次《身心障礙者保護法》之立法主旨乃在結合各相關事業主管機關，使障礙者教育由教育部主導，醫療衛生由衛生署負責，勞委會負責訓練與執行強制定額雇用政策，無障礙措施由內政部營建署負責，障礙者的安養與救濟由社會司負責。顯示這次修法是要求所有相關單位的投入與參與，將滿足障礙者各項需求的業務直接規劃給相關部會主管，並且廣納各種福利經費來源，以共同維護各類身心障礙者合法權益，保障其在社會中公平發展之機會。

表 1-3　《身心障礙者保護法》之章數及條數

章次	章名	條數起迄	總條數	備註
一	總則	1-16	16	
二	醫療復健	17-19	3	
三	教育權益	20-25	6	
四	促進就業	26-37	12	
五	福利服務	38-57	21	含 51-1 條
六	福利機構	58-63	6	
七	罰則	64-72	11	含 64-1、65-1 條
八	附則	73-75	3	
合計		1-75	78	

表 1-4　我國《身心障礙者保護法》之內容重點

重點		條數	內容
政策	立法主旨	1	維護個體合法權益及生活，保障公平參與社會生活之機會。
	機關單位	2, 6, 7	定義主管機關及目的事業主管機關及其權責，並列應設專責單位人員；設立身心障礙者保護委員會。
	保障對象	3, 8	身心障礙者（16 類）。每三年了解其需求，每十年辦理普查。
	經費來源	9	身心障礙福利經費來源共五項。
醫療復健	預防保健	5	預防減低身心障礙者發生之政策。
	早期療育	17	辦理嬰幼兒健康檢查及障礙者早期醫療復健服務提供。
		24	學齡前障礙兒童教育與托育之設立。
教育實施	教育之維護	20, 22, 25	特殊教育學校（班）之設立規劃。障礙兒童就學交通問題之解決，及教育經費補助。
		4, 21	不得單獨以身心障礙為由拒絕其接受教育、應考。
合法權益	零拒絕	4, 52	不得單獨以身心障礙為理由，拒絕其進用、設施使用，或其他不公平待遇。及使其無法公平地享用物品、服務、設備、權利、利益或設施。
鑑定／通報	鑑定作業	10-13	衛生主管機關應設鑑定小組；障礙鑑定、免役鑑定及身心障礙手冊之核發及註銷。
	通報系統	14	六個中央主管機關及目的事業主管機關應建立通報系統之組織。
就業服務	職業輔導評量	28	勞工主管機關應辦理職業輔導評量。
	職業重建	29	職業重建指職業訓練、職業輔導評量、就業服務、追蹤及輔導再就業。
	就業服務	30, 58	就業服務型態包括支持性及個別化就業服務，以及庇護性就業服務；就業機構設立，包括庇護工場及職訓、就業服務機構。
	就業保障	37	視覺障礙者按摩執照之核發；非視覺障礙者不得從事按摩業。
		31, 32, 34, 35	公私立機關對於身心障礙者進用之原則、獎勵，以及必用器材補助。
		33	身心障礙者就業工資之申訴。
福利服務／機構	經費補助／減免	38, 39	主管機關應提供障礙者之生活、托育、養護及其他生活必要之福利經費補助。
		44	依障礙者家庭經濟狀況提供社會保險補助。
		45, 46, 48, 49	國民年金優先發放，依障礙等級予以稅捐減免，補助購屋貸款及提供低利貸款。
		50, 51	專用停車位設置；交通工具半價及優先乘坐；進入娛樂文教設施免費或半價。

續次頁

表 1-4　我國《身心障礙者保護法》之內容重點（續）

重點		條數	內容
福利服務／機構	名額保障	47, 48, 63	經商、國民住宅、停車位之購置應予身心障礙者以名額保障、低利貸款及優先申請。
	長期照護	40, 41	主管機關應提供居家服務共八項，社區服務共十一項。
		43	建立身心障礙者安養監護制度及財產信託制度。
	生活品質	53, 54	協助及提供機會以提高障礙者之生活品質。
	福利機構	58-62	就養、就業等相關福利機構之設立及評鑑。
	機構社區化	60	福利機構之規模應以社區化、小型化為原則。
權益保障	委員會	7	身心障礙者保護委員會之設立及其職責三項業務。
	就業基金專戶	31, 36	未定額進用身心障礙機關應繳納差額款予基金專戶儲存。
		34, 36	用途：補助機關進用身心障礙者之必須購置；辦理促進就業權益相關事項。
適性服務	無障礙環境	16	身心障礙復健研究發展中心之設立以發展無障礙環境功能。
		23, 25	依據學生身心障礙狀況及學習需要，提供無障礙之學習環境。
		26	無障礙個別化職業訓練及就業服務。
		55, 56	電訊、交通行動及設施使用之無障礙化。
	個別化服務	15	個別化專業服務制度包括個案管理、就業服務、特殊教育、醫療復健等。
		26	提供無障礙個別化職業訓練及就業服務。
	訴訟服務	57	刑事訴訟之特別服務。
支援	專業團隊	2	障礙者相關福利措施涉及各目的事業主管機關職掌者，應進行辦理。
		42	相關部門應積極溝通、協調，制定生涯轉銜計畫。
	輔具	2	衛生、教育、勞工等目的事業主管機關應辦理各生活層面相關輔助器具之研發。
		18, 19, 23	輔助器具之研究發展、提供與補助。
		27, 29	職業訓練及就業服務機構應依據障礙者之需要，提供所需就業輔具。
	罰則	64-72	身保法內各項有關身心障礙者之福利服務事項有違反者之處罰原則。

整理自《身心障礙者保護法》（內政部，民 93a）

（二）醫療復健

在復健工作上，《身心障礙者保護法》所強調的不只在維護障礙者的福利權益，同時更積極提出預防障礙發生之政策，及早期療育之工作，目標在使障礙人口之發生率減少及障礙者之二次生活功能傷害減至最低。

（三）教育權益

《身心障礙者保護法》強調障礙者教育之實施，與《特殊教育法》所提及之宗旨一致，包括特殊教育學校（班）之設立、交通問題之解決、早期療育、零拒絕等。

（四）鑑定／通報作業

《身心障礙者保護法》指示衛生主管機關應設立「鑑定小組」，指定醫療機構或鑑定作業小組辦理，以對障礙者進行醫學鑑定，並依以發予身心障礙手冊，以利身心障礙者申請免役等相關權益。同時，為適時介入身心障礙者的療育與服務，相關事業主管機關均須建立適當的通報系統，包括衛生、教育、勞工、警政、消防、戶政等機關。

（五）就業服務

現行《身心障礙者保護法》對於促進身心障礙者就業，有諸多相關的措施，例如職業輔導評量、職業重建、就業保障、定額進用，以及各種就業服務型態與就業機構的提供等，以期同時提高身心障礙者之就業率及穩定的就業適應狀態。

（六）福利服務／機構

《身心障礙者保護法》對身心障礙者的福利服務工作，可就以下幾個方面進行探討：

1.經費補助／減免

主要根據身心障礙者障礙程度及家庭經濟狀況提供各種生活、托育、養護，及其他生活必要之福利經費補助、社會保險補助、稅捐減免、首次購屋貸款優惠、交通工具搭乘與進入娛樂文教設施費用減半等等，以減輕身心障礙者生活經濟負擔。

2.優惠名額保障

對於購置或承租公有公共場所開設零售商或攤販、國民住宅、停車位等之購置或承租等，予以名額保障、低利貸款及優先申請等，以免因為其生活能力弱勢而失去爭取各種生活機能的機會。

3.服務內涵

《身心障礙者保護法》明訂主管機關應提供或結合民間之居家服務八項，社區服務十一項。前者包括居家護理、居家照顧、家務助理、友善訪視、電話問安、送餐到家、居家環境改善，及其他相關之居家服務；後者包括復健服務、心理諮詢、日間照顧、臨時及短期照顧、餐飲服務、交通服務、休閒服務、親職教育、資訊提供、轉介服務，及其他相關之社區服務等。並指示中央主管機關規劃建立身心障礙者安養監護及財產信託制度。

4.生活品質

《身心障礙者保護法》要求各級政府及民間採取適當措施以豐富身心障礙者之文化及精神生活，包括藉由傳播媒體反映身心障礙者生活、開發身心障礙者吸收新知管道、引導身心障礙者參與文藝娛樂等，以協助及提供機會提升身心障礙者的生活品質。

5.福利機構

《身心障礙者保護法》要求政府單位設立及評鑑對於身心障礙者就養、就業等相關福利機構，並以小型化、社區化的機構為設立原則，以方便身心障礙者就近接受安養、職訓的服務。

（七）權益保障

　　《身心障礙者保護法》主張設立「身心障礙者保護委員會」以促進身心障礙者保護相關事宜、受理障礙者權益申訴事宜，如障礙者就業工資之申訴等。又如各主管機關應設立就業基金專戶，以管理及運用未定額進用身心障礙者之機關所繳納之差額。

（八）適性服務

　　《身心障礙者保護法》所強調提供的是對身心障礙者適性化的服務。其中包括無障礙環境的設施、個別化的專業服務，及因應身心障礙者個別需求所提供的刑事訴訟特別服務等等。

（九）支援

　　《身心障礙者保護法》期望建立周延的福利服務，為求此目的之達成，乃指示福利的相關事業主管機關辦理，以專業團隊的服務型態提供服務，並充分開發輔具與其提供管道，以滿足身心障礙者各生活層面之需求。同時訂立明確的罰則，以徹底執行身心障礙者之相關福利服務。

三、《身心障礙者保護法》之相關子法

　　因應《身心障礙者保護法》之條例，我國《身心障礙者保護法》相關子法亦陸續制定，以周延身心障礙者權益保護之執行，其內容至少如表 1-5。

表 1-5　我國《身心障礙者保護法》相關子法

	法令	母法依據	發布日期
基本法規			
1	身心障礙者保護法施行細則（原名稱：殘障福利法施行細則）	身心障礙者保護法第 74 條	・70 年訂定發布 ・80 年修正發布 ・87 年修正發布並更名 ・90 年增訂發布 ・92 年修正發布
權益保護			
2	內政部身心障礙者保護委員會組織規程	身心障礙者保護法第 7 條	・87 年訂定發布 ・92 年修正發布
3	身心障礙者權益受損申訴處理要點	身心障礙者保護法第 7 條	・91 年修正發布
醫療復健			
4	身心障礙者醫療及輔助器具費用補助辦法	身心障礙者保護法第 19 條	・88 年訂定發布 ・88 年修正發布 ・93 年修正發布
生活扶助			
5	身心障礙者生活托育養護費用補助辦法（原名稱：殘障者醫療復健重建養護及教育費用補助辦法）	身心障礙者保護法第 38 條	・80 年訂定發布 ・82 年修正發布 ・83 年修正發布 ・84 年修正發布 ・88 年修正發布並更名 ・92 年修正發布
6	身心障礙者參加社會保險保險費補助辦法（原名稱：殘障者健康保險辦法）	身心障礙者保護法第 44 條	・80 年訂定發布 ・87 年修正發布及更名 ・92 年修正發布
7	身心障礙者租賃房屋租金及購屋貸款利息補助辦法	身心障礙者保護法第 40 條	・88 年訂定發布
8	身心障礙者購買或承租商店、攤販、國民住宅、停車位低利貸款辦法	身心障礙者保護法第 47 條	・88 年訂定發布
9	豐富身心障礙者文化及精神生活實施辦法	身心障礙者保護法第 53 條	・89 年訂定發布
職訓與就業			
10	身心障礙者就業輔助器具補助辦法	身心障礙者保護法第 29 條	・87 年訂定發布

續次頁

表 1-5 我國《身心障礙者保護法》之相關子法（續）

	法令	母法依據	發布日期
11	進用身心障礙者工作績優機關（構）獎勵辦法	身心障礙者保護法第 35 條	・87 年訂定發布 ・88 年修正發布 ・92 年修正發布
12	身心障礙者職業輔導評量辦法	身心障礙者保護法第 28 條	・87 年訂定發布
13	身心障礙者創業貸款補助辦法	身心障礙者保護法第 29 條	・87 年訂定發布
14	公務人員特種考試身心障礙人員考試規則（原名稱：公務人員特種考試殘障人員考試規則）	公務人員考試法第 3 條及身心障礙者保護法第 32 條	・85 年訂定發布 ・86 年修正發布 ・87 年修正發布並更名 ・89 年修正發布 ・91 年修正發布 ・93 年修正發布
15	視覺障礙者從事按摩業資格認定及管理辦法（原名稱：按摩業管理規則）	身心障礙者保護法第 37 條	・71 年訂定發布 ・79 年修正發布 ・80 年修正發布 ・86 年修正發布 ・87 年修正發布 ・89 年修正發布 ・92 年修正發布並更名
16	視覺障礙者從事理療按摩資格認定及管理辦法（原名稱：視覺障礙者從事理療按摩資格認定及輔導辦法）	身心障礙者保護法第 37 條	・88 年訂定發布 ・92 年修正發布並更名
17	視覺障礙者就業基金管理及運用辦法	身心障礙者保護法第 65 條	・88 年訂定發布 ・91 年修正發布
無障礙環境			
18	建築物無障礙設備與設施改善基金收支保管及運用辦法	身心障礙者保護法第 71 條	・87 年訂定發布 ・88 年修正發布
交通通訊			
19	身心障礙者搭乘國內公民營公共交通工具優待實施辦法	身心障礙者保護法第 50 條	・87 年訂定發布
20	公共交通工具無障礙設備與設施設置規定	身心障礙者保護法第 56 條	・88 年訂定發布

續次頁

表 1-5　我國《身心障礙者保護法》之相關子法（續）

	法令	母法依據	發布日期
	交通通訊		
21	身心障礙者專用停車位設置管理辦法	身心障礙者保護法第 48 條	・88 年訂定發布 ・89 年修正發布 ・91 年修正發布
22	電信事業提供身心障礙者特別服務實施辦法	身心障礙者保護法第 55 條	・87 年訂定發布

武林祕笈

掌握趨勢小祕方

　　有一個國內的官方網站——http://law.moj.gov.tw/，為法務部全國法規資料庫工作小組所架設管理的，內容包括中央與地方法規最新訊息，只要政府單位一制定新的法案規章，均會在第一時間公布在網站內。你可以到這兒看看，利用「法條內容查詢」，你更可以知道有哪些法案的哪些法條提到你所關心的議題！

看法案掌握趨勢

第三節 美國重要法案

歐美國家對身心障礙者的權利保障及福利服務，一直為各國所重視與遵循，其中在法案的制定上較為完整的，至今仍以美國為首。茲陳述美國所制定的身心障礙者相關法案，以探討其對身心障礙者教育與福利之發展與趨勢。

一、源起與發展

美國特殊教育立法發展的背景，約可歸納為三項原因：⑴特殊學生在教育上受到排斥、不當的分類與標記、被隔離，以及接受不當的教育方案；⑵在二次大戰後，特別是一九五〇、一九六〇年代的民權運動，促使家長組成身心障礙者家長團體，積極參與各項活動，並喚起社會大眾對身心障礙者權利的重視，進而影響政府的立法；⑶特殊教育的訴訟案件，間接催生相關法案的判定（侯禎塘，民 83；Katsiyannis, Yell, & Bradley, 2001）。美國所訂定的法案均有其公法（public law）代號，乃以「-」符號區隔兩個數字，第一個數字意為美國國會期數，第二個數字意為法案經總統簽署公布的法律號數。例如 P.L. 94-142（Public Law 94-142），亦即第 94 期國會所制定的法案中，美國總統所簽署公布的第 142 條法律。

二、法案內涵

美國直接為身心障礙者服務所訂定之法案主要有四類：⑴教育法案；⑵復健法案；⑶權益法案；⑷輔助性科技法案。其他涉及的相關法案尚相當多，例如《障礙兒童早期教育協助法案》（Handicapped Children's Early Education Assistance Act）、《學習障礙法案》（Learning Disabilities Act）、《職業教育法案》（Vocational Education Act）、《國防教育法案》（National Defense Education Act）、《勞動

力訓練法案》（Workforce Investment Act）等等（見表 1-6）。

（一）教育法案

在美國，最早提出障礙者教育的法案是一九六五年制定的《中小學教育法案》（Elementary and Secondary Education Act of 1965，簡稱 ESEA; P.L.89-10）。這個法案第一次授權給聯邦政府撥款到各州，用於補助盲人、聾人和智能障礙者的教育。美國第一個專為障礙者訂立的教育法案則是一九七〇年《殘障者教育法案》（Education of the Handicapped Act，簡稱 EHA; P.L.91-230），並進一步於一九七五年制定更完整周延的 94-142 公法，稱為《全體殘障兒童教育法案》（Education for All Handicapped Children Act，簡稱 EAHCA; P.L.94-142）。此後針對此法案陸續做了多次的修訂，包括一九八三年的 98-199 公法《殘障者教育法修正案》（Amendment to the Education of the Handicapped Act; P.L.98-199）、一九八六年的 99-457 公法《全體殘障兒童教育法修正案》（Amendments to Education for All Handicapped Children Act）。一九九〇年的 101-476 公法《障礙者教育法案》（Individuals with Disabilities Education Act，簡稱 IDEA），並於一九九七年的 105-17 公法進行修訂，為《障礙者教育法修正案》（Amendments to Individual with Disabilities Education Act）。

其中，94-142 公法是美國有始以來以障礙者教育為中心的完整特殊教育法案，被視為美國特殊教育史上的標的，其受到的矚目特別強烈，內涵也常被提出探討。其主要內涵除了在對各類特殊兒童定義外，並要求州及地方教育當局做到：⑴廣泛進行障礙兒童篩選與確認工作；⑵估計障礙學生的人數，避免錯估或高估；⑶確保三至二十一歲障礙兒童得到免費而適當的公共教育（free appropriate public education，簡稱 FAPE）；⑷確保所有障礙學生個別化教育方案（Individualized Education Program，簡稱 IEP）之提供；⑸確保障礙兒童所接受的教育過程為完整連續性的學習情境；⑹確保提供障礙兒童最少限制

表 1-6　美國身心障礙者相關法案

年代	法案名稱	內容
	教育法案	
1970	P.L.91-230 殘障者教育法案（Education of the Handicapped Act, EHA）	撥款給各州地方教育機構，進行障礙者的特殊教育與服務工作。
1975	P.L.94-142 全體殘障兒童教育法案（Education for All Handicapped Children Act, EAHCA）	三至二十一歲的身心障礙者皆可享有免費而適當的公共教育；個別化教育計畫的執行，使學生的教育課程和生涯目標能概觀呈現。
1983	P.L.98-199 修訂殘障者教育法案（Amendment to the Education of the Handicapped Act）	要求各州統計障礙學生接受特殊教育方案的人數，並規定新課程標準，包括持續的教育和訓練服務等。從學校到學校後的轉銜服務工作從此受到注意。
1986	P.L.99-457 全體殘障兒童教育法修正案（Amendments to Education for All Handicapped Children Act）	延伸 94-142 公法規定提供三歲至五歲殘障兒童特殊教育及相關服務，並為出生至二歲障礙及發展遲緩兒童提供早期療育方案。
1990	P.L.101-476 障礙者教育法案（Individuals with Disabilities Education Act, IDEA）	聲明轉銜計畫為個人生涯教育的一部分，要求在學生十六歲以前提供轉銜服務，且在往後的每一年均需進行修改。並強調在轉銜服務中加入科技設備與服務。
1991	P.L.102-119 障礙者教育法修正案（Amendments to P.L.101-476）	強制要求政府相關單位得於幼兒未滿三歲前，於其 IFSP 中提供個別化的服務方案，以幫助幼兒順利地轉銜至學校生活。
1997	P.L.105-17 障礙者教育法修正案（Amendments to Individual with Disabilities Education Act）	明訂有關自我決策的提供與支持；強制規定有關的教育機構得於學生未滿十四歲前，於身心障礙學生的個別化教育方案中說明並提供有關的轉銜服務；提出有關各種特殊教育服務名詞的定義。
	復健法案	
1920	P.L.66-236 職業復健法案（Vocational Rehabilitation Act）	提供大戰後傷殘士兵復健服務。
1973	P.L.93-112 復健法案（Rehabilitation Act）	身心障礙者享有公民權利；身心障礙學生可以因為受歧視而對校方提出控訴；由復健諮商員及案主發展更適切可行的復健計畫；重視障礙者有給職的就業。
1984	P.L.98-221 復健法修正案（Rehabilitation Act Amendments）	發展及執行完整的職業復健及獨立生活方案；提升障礙者就業機會。

續次頁

表 1-6　美國身心障礙者相關法案（續）

年代	法案名稱	內容
1986	P.L.99-506 復健法修正案（Rehabilitation Act Amendments）	明確界定支持性就業的服務標準，並以之為重度身心障礙者的主要服務工作。
1992	P.L.102-569 復健法修正案（Rehabilitation Act Amendments）	認為身心障礙者若能在適當的服務和支持下，將可以使之達成其他復健的目標；州立機構要發展計畫使服務與教育同時進行，使學生在畢業時能得到立即的服務。
1998	P.L.105-220 職業復健法修正案（Vocational Rehabilitation Amendments of 1998）	提出有關身心障礙學生離校轉銜服務計畫的制定，並要求社會機構共同參與計畫的實施，以協助學生擁有正向的離校轉銜結果。
權益法案		
1984	P.L.98-527 障礙者協助及權益法案（Developmental Disabilities Assistance & Bill of Rights Act）	提出障礙者的相關支持服務內容，並將障礙者就業相關活動之實施列為首要重點工作。
1987	P.L.100-146 障礙者協助及權益法修正案（Developmental Disabilities Assistance & Bill of Rights Act Amendments）	使重度身心障礙者有機會設定競爭性就業的目標。此公法並且要求應為學生發展從學校到成人生活的轉銜方案。
1990	P.L.101-336 美國障礙者法案（Americans with Disabilities Act, ADA）	確保身心障礙者的公民權利，保證身心障礙者有同等的就業、運輸、州及地方政府的服務，如電話及傳輸服務等，並提出在所有就業情境中免受歧視。
輔助性科技		
1988	P.L.100-407 障礙者科技輔助法案（Technology Related Assistance for Individuals with Disabilities Act, TRAIDA）	應對身心障礙者提出合適的輔助性科技服務，促使特殊教育和其相關服務更加完備。
1994	P.L.103-218 障礙者科技輔助法修正案（Technology Related Assistance for Individuals with Disabilities Act Amendments）	要求各州更貫徹制度的改善，並擴充相關經費的補助。
1998	P.L.105-394 輔助性科技法案（Assistive Technology Act, ATA）	取代 TRAIDA，以全方位設計（universal design）原則推展輔助性科技服務，以期讓障礙者享有的科技與主流科技同步。

續次頁

表 1-6　美國身心障礙者相關法案（續）

年代	法案名稱	內容
技術職業教育法案		
1963	P.L.88-210 職業教育法案（Vocational Education Act）	擴大職業服務的對象，包括身心障礙者。
1968	P.L.90-210 修訂職業教育法案（Am-endment to Vocational Educa-tion）	聯邦政府設立經費支助障礙者的職業教育。
1984	P.L.98-524 帕金斯職業教育法案（Carl D. the Perkins Vocational Edu-cation Act）	將職業教育經費 10%用於身心障礙者職業教育與訓練上；要求對學生的興趣、能力和特殊需求進行評量，並將職業服務融入學生的 IEP。
1990	P.L.101-392 帕金斯職業及應用科技教育法案（Carl D. Perkins Voca-tional & Applied Technology Education Act）	實踐《IDEA》的轉銜服務條款；強調在學校與工作間做更緊密的連結；指出在最少限制的環境中提供職業教育課程。
就業訓練		
1973	P.L.93-203 綜合性就業與訓練法案（Comprehensive the Employ-ment & Training Act, CETA）	提供經濟不利及未就業者職業訓練與就業機會，此方案須與其他就業及訓練方案配合提供服務，如職業教育法案與職業復健法案等。
1982	P.L.95-524 綜合性就業與訓練法案（Comprehensive the Employ-ment & Training Act, CETA）	擴大及發展後中學機構訓練方案。
1982	P.L.97-300 就業訓練合作法案（Job Training & Partnership Act, JTPA）	使未具技能者有機會從事生產性工作；提供工作訓練與就業服務方案。
1992	P.L.102-367 工作訓練改革修正案（Job Training Reform Amend-ments）	提供身心障礙者更多參與各種訓練和就業方案的機會，並增加整體性的合作模式，給予身心障礙者適當的就業和訓練方案，以使學生順利從學校轉銜到工作世界和社區生活。

續次頁

表 1-6 美國身心障礙者相關法案（續）

年代	法案名稱	內容
教育改革與社會福利		
1965	P.L.89-10 中小學教育法案（Elementary and Secondary Education Act, ESEA）	撥款給各州，以提高盲人、聾人和智能障礙者的教育。
1994	P.L.103-227 兩千年美國教育目標法案 （Goals 2000: Educate America Act）	成立「家長資訊及資源中心」協助家長學習教育其子女的知識及技能，並建立國家技能標準局，以提升職業技能的發展。
1994	P.L.103-239 學校至工作機會法案 （School-to-Work Opportunity Act, STWOA）	建立一個遍及全州從學校到就業的網路系統，使所有學生可以參與以行為為基礎的教育和訓練方案，使他們具備高薪或繼續接受教育所需要的技能。
2001	P.L.107-110 不放棄每一個孩子法案 （No Child Left Behind Act, NCLB）	加強《中小學教育法案》，並擴大了聯邦政府對中小學教育的管理。指明特殊教育教師必須具備高的品質；特殊教育的學生必須參加州內所舉辦的統考。

的學習環境（least restrictive environment）；(7)確保執行非歧視性的測驗與評量；(8)確保障礙兒童及其父母相關的權益，如對家長、學生和相關服務人員之訴訟程序保障（due-process safeguards）；(9)確保以機密性過程處理障礙兒童的個人資料（林孟宗，民 67；謝建全，民 81）。

一九八六年 99-457 公法為 94-142 公法的修正案，將服務的對象擴大到出生至兩歲的幼兒，特別強調障礙及發展遲緩兒童的早期療育服務介入。

一九九〇年 101-476 公法亦為 94-142 公法的修正案，並將法案稱以「障礙者」而非「殘障兒童」為命名。此法案擴增原有法案內容，增列早期療育和轉銜服務需求等。共有六項修訂：(1)具體明列特殊教育經費的分配與應用；(2)規範個別化教育計畫和相關服務的執行；(3)明列轉銜服務需求的期限和時間表；(4)發展學生行為與校規之間連結

的機制和流程；⑸成立中介系統（mediation system）；⑹提供障礙學生必需的輔助性科技設備與服務（Stainback & Stainback, 1992; Vergason & Anderegg, 1991）。

　　一九九七年 105-17 公法被視為是一九七五年以來最重要的特殊教育法修正案，其主要目的在改進障礙學生的學習成果（Yell & Shriner, 1997）。其內容共分四個編（Part）——A 編（Part A）、B 編（Part B）、C 編（Part C），以及 D 編（Part D）。A 編為通則（general provisions），包括 601 至 607 條款；B 編包括 611 至 619 條款；C 編包括 631 至 645 條款；D 編又分為兩個次編（subpart）及兩個章次，從 651 至 687 條款。內涵包括基本的特殊教育規定、個別化教育、早期療育，也更周延地提出相關支援等等（見表 1-7）；以美國教育部（U.S. Department of Education）特殊教育司（Office of Special Education Programs）為中心，分四個《IDEA》合作的執行單位：⑴教育及相關專

表 1-7　《IDEA》法案主要重點一覽表

	主要重點	內容
1	免費而適當的公共教育	所有障礙學生皆應接受免費而且適當的公共教育。落實零拒絕的精神。
2	適當的評量	在安置學生予特殊教育前，應先經過完整的、非歧視的評量過程。
3	個別化教育計畫	每個障礙學生應擁有一份書面的個別化教育計畫，以符合該生的特別需求。
4	最少限制的環境	障礙學生應在適性教育下，盡可能與普通班學生一起接受教育。在必要的情況下，應提供障礙學生輔具及服務。
5	親人及學生的參與	在決策時，學生及其父母親有權利及責任參與特殊教育的實施。
6	合法的過程	在確定障礙學生的特殊教育方案時，父母親、學生及校方應當有一個合法的程序（procedural due process），以確保障礙學生的權利。

整理自 Morse, 2000 及 Senate and House of Representatives of the U. S., 1997

業人員；(2)家庭；(3)地方行政人員；(4)政策決策者（Senate and House of Representatives of the U.S.A., 1997）。

　　二○○一年，美國通過一個新的教育法案稱為《不放棄每一個孩子》（No Child Left Behind Act，簡稱 NCLB; P.L.107-110）。這個法案加強一九六五年的《中小學教育法案》，並擴大聯邦政府對中小學教育的管理。儘管這不是專門的特殊教育法案，但它正在對特殊教育產生廣泛而深遠的影響（Dede, 2003）。雖然這種影響的程度目前還不完全明瞭，但有兩項特別顯著：(1)特殊教育教師必須具備高的品質（highly qualified）；(2)特殊教育的學生必須參加州內所舉辦的統考。這個法案對特殊教育的影響還在繼續發展。

（二）復健法案

　　美國復健法案最早於一九二○年訂定，當時稱為《職業復健法案》（Vocational Rehabilitation Act; P.L.66-236），此後陸續做了多次的修訂，包括 93-112 公法《復健法案》（Rehabilitation Act）、98-221 公法《復健法修正案》（Rehabilitation Act Amendments）、99-506 公法《復健法修正案》，以及一九九八年的《職業復健法修正案》（Vocational Rehabilitation Amendments of 1998; P.L.105-220）。美國復健法案主要重點在於對身心障礙人士進行傷殘復健工作及職業復健功能，重視身心障礙者的就業結果，在各州成立地方性的職業復健局（vocation rehabilitation offices，簡稱 VR）提供相關支援，以協助障礙者具有正向的生活狀態及轉銜成果，而能成為社會中具適應能力者及成為一個經濟及生活方面獨立的個體。

（三）權益法案

　　美國所制定的權益法案至少包括一九八四年的《障礙者協助及權益法案》（Developmental Disabilities Assistance & Bill of Rights Act; P.L. 98-527）、一九八七年的《障礙者協助及權益法修正案》（Developmental Disabilities Assistance & Bill of Rights Act Amendments; P.L. 100-146），以及一九九○年的《美國障礙者法案》（Americans with Disabilities Act，簡稱 ADA; P.L.101-336）。美國所制定的權益法案主要在訴求對身心障礙者各種權益的維護，例如美國總統布希所簽署的《ADA》法案，乃在向美國人民及全世界人士提出宣言：(1)障礙人士與一般公民具有同等的權益；(2)障礙人士具有不受歧視、偏見、區分和限制的權利；(3)障礙人士擁有與一般公民受到同等尊重的權利要求。

（四）輔助性科技法案

輔助性科技法案的制定，主要目的在期望藉由輔助性科技的發展與服務，提供身心障礙者充分運用，以對身心障礙者在就醫、就養、就學及就業等各方面之能力有所提升。其最早所制定的法案為一九八八年的 100-407 公法《障礙者科技輔助法案》（Technology-Related Assistance for Individuals with Disabilities Act，簡稱 TRAIDA 或 Tech Act），於一九九四年修訂為《障礙者科技輔助法修正案》，即 103-218 公法，而後於一九九八年再次修訂並更名為《輔助性科技法案》（Assistive Technology Act，簡稱 ATA）（Lahm & Sizemore, 2002; Morse, 2000）。

第四節　趨勢討論

制定障礙者相關法案的基本精神在於提供障礙者更適性的生活環境，保障身心障礙學生擁有與一般人同等的教育權益。我國與美國相關法案經過一些修訂之後，從法案之內涵與重要改變，更能了解制定障礙者相關法案之趨勢。

一、我國立法趨勢

　　我國《特殊教育法》之主導機關為教育部，其目的在對具有特殊需求的學生規劃特殊教育服務，主要的服務對象為學生。《身心障礙者保護法》執行之主導機關為內政部，服務的對象為身心障礙的國民。兩法在結構上，在九十三年的《身心障礙者保護法》先分章次再條列敘述條文內容，九十三年《特殊教育法》則不分章次，直接以條例陳呈。我國兩法的基本精神均在於提供障礙者更適性的教育與生活環境，保障身心障礙者擁有與一般人同等的生存權益。我國經過幾次修訂之後，從法案之內涵與重要改變，更能了解我國在制定障礙者相關法案之趨勢：

（一）政府立法的態度愈見積極

　　《特殊教育推行辦法》於民國五十九年公布，民國六十六年修訂，當時共二十二條（教育部，民 66）。民國七十三年《特殊教育法》正式立法，成為推行特殊教育工作的法源依據，共制定二十五條；民國八十六年做第一次修正共三十三條；九十三年則已增訂至三十四條。而《殘障福利法》於民國六十九年制定時共二十六條；於民國七十九年做第一次修正，共三十一條；爾後於民國八十六年做第二次修訂，該法名稱重新定名為《身心障礙者保護法》，共制定七十五條；九十三年則已增訂至七十八條。各法案之條數均呈現增加的現象，並且其他法案對於身心障礙者之相關敘述均有愈多的篇幅呈現，如《強迫入學條例》、《兒童及少年福利法》等等。可知我國逐漸積極而廣泛地維護身心障礙者權益。

（二）立法明訂的類別愈見周延

　　法案中對於特殊學生或身心障礙者的分類：民國六十六年《特殊教育推行辦法》共分一類資賦優異學生及八類身心障礙學生；民國七

十三年《特殊教育法》列出三類資賦優異學生及十一類身心障礙學生，民國八十六年則列出六類資賦優異學生及十二類身心障礙學生；民國六十九年《殘障福利法》共分身心障礙者七類，七十九年修改共列出十一類；而於民國八十六年及九十年的《身心障礙者保護法》則分別列出為十四類及十六類。法案所明確列出的類別，對於該類別障礙者的保障將愈能兼顧個別化及特殊性。由我國立法中所明確見到的類別愈細分化，將能體會到我國對於各類障礙者或特殊學生的照顧愈見細緻。

（三）立法的內涵愈見呼應時代潮流

無論是《特殊教育法》或《身心障礙者保護法》均漸加入具體的保障措施，例如兩法均在八十六年加入早期療育、轉銜、專業團隊、無障礙環境、障礙人口通報等新的觀念及條文。又如八十六年《特殊教育法》增加最少限制環境、個別化教育計畫等歐美國家在特殊教育工作上的專有名詞。此意味著我國對於身心障礙者保障之工作的內涵愈能符合現代世界潮流。

（四）法案的條文愈見具體明確

例如七十三年《特殊教育法》雖然也提到特殊教育以適合個別化教學為原則，但是直到八十六年的法案方才提出具體的做法——撰寫個別化教育計畫。而七十三年《特殊教育法》定義特殊學生的入學年齡及修業年限應彈性實施，八十六年的法案則提出明確的入學年齡及延長就讀年限。又如對於特殊教育預算，七十三年《特殊教育法》只說要「從寬編列」，但八十六年新法則明列中央不得少於 3%，地方不得少於 5%。可見現行法案摒除模糊籠統的宣示性條文，而能以具體的文字與數據提出保障身心障礙者的權益。

（五）對障礙者的保護愈見主動積極

　　過去的法案以被動態度提供身心障礙者相關服務，如對專業人員的聲明只說如何進行培訓、可包括哪些人員等。但八十六年兩法均聲明校方機構應主動提供障礙者必須之相關專業人員服務，對於其相關專業服務需求上，無論評鑑、介入等均持較積極的態度。又如對於輔助器具，七十九年《殘障福利法》只說裝備之補助原則，八十六年《身心障礙者保護法》則更積極地指示輔助器具之研究發展、各種應用情境，及主動提供等事宜。而八十六年兩法均提出障礙者或特殊學生的申訴管道，此亦八十六年以前未曾出現的規範。

（六）相關的職責單位愈見多元

　　八十六年《身心障礙者保護法》加入各種相關單位職責的規範，包括衛生主管機關、教育主管機關、勞工主管機關、建設工務國民住宅主管機關、交通主管機關、財政主管機關、警政主管機關、消防主管機關、戶政主管機關等等，明確指定各相關單位的權責，對於身心障礙者在就醫、就養、就學、就業等各層面，均有適當的多元化機構介入；而七十三年《特殊教育法》並無其他單位介入特殊教育的服務條文，八十六年則聲明特殊教育應結合衛生醫療、教育、社會福利、就業服務等專業共同進行，在行政院下設立跨部會的「身心障礙者權益保護委員會」。現行法案已然強調對身心障礙者的各種服務應由多個相關單位提供，而不是只有教育或社會福利單一單位的職責。

（七）立法的思考面愈見周延

　　現行我國的立法工作均能從較整體的利益上進行思考，而使得相關工作的進行能較周延。例如：

1.小型／社區化的型態服務
　　早期在設立特殊教育學校或機構時，多以建立大面積幅地的形

式，如彰化仁愛實驗學校、桃園啟智學校、台中啟聰學校等等，這些學校由於面積廣，並且通常提供學生住宿，因此常常有學生跨區域住宿就讀或就養，家長則常常需要舟車勞頓，並因子女住宿而少有親子互動的機會。八十六年兩法均強調學校或機構以社區化、小型態單位為原則，一則縮減每一建設之經費，而促使每一區域均可設立特殊學校或教養機構，以方便身心障礙者就近就學或就養。另一方面，由於學生可就近在社區或鄰近區域就學、就養，而增加身心障礙者親子互動的機會。

2. 家長權責與親師合作確立

過去家長參與身心障礙者的特殊教育或運用相關福利服務多屬於被動的角色。近年來由於明訂法案條文，無論國內外均提倡家長積極介入參與，父母對子女教育有優先抉擇權；在子女進入學校後，對於教學活動的安排與設計，也有適當參與和了解的機會（行政院教育改革審議委員會，民85）。與家長聯繫、告知家長決策權利或施予親職教育已成為必要之工作，在特殊教育體系中，家長與教師的關係已朝向合作發展。

（八）法案間的統整性愈見明朗

我國在七十三年《特殊教育法》中稱智力低下的特殊學生為「智能不足者」，其他類別則以「障礙者」稱之，如「視覺障礙者」、「學習障礙者」；當時《身心障礙者保護法》則稱智力低下的特殊學生為「智能障礙者」。八十六年的修訂中，為了名稱統一，兩法均一致稱為「智能障礙者」。此外，兩法均提及轉銜服務工作，而且為了目標齊一化，兩法均以相同的名詞「轉銜」出現；為使目標一致，兩法均指明特殊學校或機構應以「小型化」、「社區化」建置。這些名詞的一致足見兩法之統整性愈見明朗。

法案的發布，其代表著一個國家、一個時代的政策潮流。為了使特殊教育之執行更符合時代趨勢，特殊教育工作人員應該掌握相關的

法案內涵，以使特殊教育的精神更能適當地發揮。

二、我國法案評析

《特殊教育法》與《身心障礙者保護法》為我國關於身心障礙者之兩個重要法案。雖然這幾次的修訂有明顯的改革，然而有多處仍需要予以檢討：

（一）法案的規劃尚未周延

我國目前藉由兩法的制定已有相當多的福利措施，然而與歐美國家相比，仍相當不足。例如，許多國家對於障礙者從出生至終老及其家庭，提供了全生涯的福利且積極介入。目前我國《特殊教育法》雖然提出向下延伸到三歲，然而更早的療育介入卻仍未見於法令中；而且對於成人教育的部分也只呈現方針，未有更完整的方向。《身心障礙者保護法》雖未具體限制服務的年齡限制，但福利工作應發展的空間仍相當大，此有待立法單位更周延的策劃。

（二）法案精神尚未落實

近幾次因應時勢的改變，法案修訂的頻率增加，在法案的修訂工作上雖然相當積極，但是卻未見在法案引導之下的實務工作同時有積極的進展。例如《特殊教育法》八十六年時制定，早期療育應於六年內完成自三歲起予以特殊教育服務，然而至九十二年為止仍無法全面實施。又如社區化的特殊學校和機構型態則至今亦未能落實於每一地區。縱然有完整的法案，若沒有在基層實務界徹底執行，則一切為空談。因此，如何將法案中的精神與理想落實於第一線的工作，則為我們更應積極推動的。

（三）服務的對象尚未普及

許多障礙者在學習及生活上有相當明顯的問題，然而在法案中未

予以陳列保護。例如，注意力缺陷過動症在《身心障礙及資賦優異學生鑑定標準》的嚴重情緒障礙類別中有明確列出，但在《身心障礙者保護法》及其相關子法中則未列出。在法案中未明列的類別，則受到保障的程度較為有限。縱然在條例上難以明列所有障礙者，但如何對於在個人學習及生活上明顯困難的障礙者均予以普及的照顧，則有賴法案技巧性地予以克服。

（四）對基層單位的規範仍未徹底

兩法對於基層的服務職責，或各中央主管機關對基層的規範未能明確指示。例如，對專業團隊服務明列了相關目的事業主管機關的職責，然而，基層的職責管理及專業團隊間的交流統整則未見到。對於拒絕專業整合之基層單位也未訂定罰責。此在推動專業團隊工作上，恐又要空有理想而未能徹底執行，則其實際效益將受到折扣。

（五）對家庭的服務介入尚嫌不足

家庭為障礙者一個很重要的依賴及養育主體，這往往成為一個為障礙者服務效益的關鍵所在。然而，目前在兩法中均無更積極具體的做法制定，對於如何規範家庭擔負介入的義務職責亦未條列。法案仍應制定更嚴格的家庭介入事宜，以使障礙者的家庭更融入療育工作，對障礙子女能有更充足的教養機能。

（六）與其他法案未盡統整

我國目前在《身心障礙者保護法》與《特殊教育法》中，雖然對障礙者的福利服務內涵已努力於兩者間的統整，甚至於近幾次兩法之修訂時機均相當一致。然而此種企圖較未見與其他相關法案的統合。如《兒童及少年福利法》（即前《兒童福利法》與《少年福利法》的結合法案）（內政部，民 92b）等，顯得在相關的議題仍有間隙存在。未來在制定相關法案時，應更努力於相關法案間的統整協調，以

使福利資源更能發揮其最大效益。

三、美國障礙者相關法案之評述

　　制定障礙者相關法案的基本精神在於提供障礙者更適性的生活環境，保障身心障礙學生擁有與一般人同等的相關權益。一個法案（Act）的頒布，為經由國會以立法程序通過之成文法律，對於相關職責均由最高行政單位督導策劃，因此其在執行上是具有最高法令效力的。從美國專為障礙者所訂定的諸多法案，及各種相關法案中均提及障礙者的相關權益與服務，我們發現美國對障礙者的保護措施可謂無時無刻地、積極而廣泛地維護。而由法案間的統整性，更可見其法案的周延。例如對輔助性科技的定義，《IDEA》中所定義的內容，完全依《輔助性科技法案》中之定義。又如早期療育或如家庭介入課題等等，則無論教育、權益、復健、輔助性科技等各領域之法案均予以規範，法案間彼此呼應整合之功能相當明顯。

　　但另一方面，由於美國的主體法案相當多元，常讓執行者覺得有些繁雜。一件工作在相關的法案中均予以提及，例如轉銜、早期療育、家庭角色介入等等，讓執行者得去顧及每一法案的條例指示，而難以整體性充分掌握。又如申訴管道，雖然各個法案內均有提及，但是一旦障礙者遇到困難或需求時，總會分散心力，或向各個單位紛紛提出，或不知該對哪一個單位進行直接的申訴。

　　無論如何，美國障礙者相關法案的發布，對世界的特殊教育及身心障礙福利均帶來相當的引領角色，為各國制定相關法案，或執行障礙者服務工作時常予以探討參考。為了對障礙者的服務更符合時代趨勢，我國相關人員在掌握特殊教育工作時，亦可參考美國相關的法案內涵，以使特殊教育的服務工作更全面性，精神更能適當地發揮。

　　法案的發布，是對於相關個體最直接鮮明的主張，代表著一個國家、一個時代的政策潮流。為了使對障礙者的服務能夠更符合時代趨

勢,相關人員應該清楚相關的法案實質內涵,以便使特殊教育的功能
更能夠適當地發揮作用。

第二章

特殊學生之分類與教育

claimed that the passage of the claimed that the passage
of the Act and its subsequent....increased public
awareness of disability and changed attitudes.....
a statutory framework for service to which disabled
people were entitled....to involve.......

　　特殊教育學生的分類與教育議題，在近十幾年來受到全世界各個國家特殊教育人員的討論。本章從基本的相關議題談起，探討特殊教育分類與教育的趨勢。

第一節　源起與發展

　　從對障礙者的欺侮、排斥、漠視到接納、關懷、尊重，如今世界先進國家對身心障礙者的教育已朝向更謹慎、更避免傷害性的措施發展。就名詞而言，過去的「低能」、「傷殘」、「殘廢」、「白痴」、「笨蛋」、「老人痴呆」等藐視性名詞，或「瞎子」、「聾子」、「跛子」等歧視性名詞，現今已被視為不尊重、不符合人道的稱呼。就分類而言，為考量身心障礙者的最大利益，而有分類／不分類、如何分類或如何分等級的爭議性問題。而此特殊教育風潮並影響到我國。

　　十九世紀初，身心障礙者並沒有接受教育的機會。十九世紀末，歐美國家開始為部分障礙的學生提供住宿式的方案。二十世紀初，一些社區以特殊學校或特殊班提供區域性的教育，並於二十世紀中擴大實施（D'Alonzo & Boggs, 1990）。

　　我國於民國五十一年，始於台北市中山國小創立兩個啟智班；於民國五十九年在台北市金華、成淵、大同以及大直等四所國中設立啟智班，以集中方式教導智能障礙學生（陳榮華，民78）；然後逐年分區增設，至九十二年台灣地區已有486所國小及260所國中設置特殊教育班，769所國小及412所國中設置資源班（教育部，民92c）。由於現今特殊教育的發展已臻成熟穩定，為求對障礙者提供更好的教育模式，相關的議題紛紛受到探討。

第二節　趨勢內涵

就目前特殊教育之發展而言，可以從幾個向度了解在分類與教育上之趨勢：

一、中性名詞的謹慎使用

為了對障礙者有直接的稱呼，於是對障礙者的稱呼名詞很自然地形成，如過去所指稱的「瞎子」、「傻子」、「聾子」、「殘障者」（handicaps）等等。而因為人道主義的盛行，強調以中性名詞指稱障礙者，例如「視覺障礙者」、「聽覺障礙者」、「唐氏症」、「身心障礙者」等。近年來則更期待以積極的態度來命名這群人士，在七○、八○年代盛行使用「發展障礙」（developmental disabilities）一詞，如今更朝向標記最小、較正向的中性及功能性名詞，例如以「特殊需求學生」（students with special needs），或是「特殊教育需求學生」（students with special educational needs）來稱呼身心障礙學生。又如世界衛生組織（World Health Organization，簡稱 WHO）近年（1997）以更積極、正面的名稱取代，即以 impairments（機體傷殘）、activities（活動）與 participation（參與）程度取代過去的 impairments（傷殘）、disabilities（障礙）與 handicaps（殘障）程度，對障礙者做特徵的描述（王天苗，民 88）。

文法教室

文法中的趨勢訊息

「specially needed students」與「students with special needs」的意義是不一樣的。前者是指有「特殊需求的」學生，強調的是具有某些特質的群體；後者是形容一群「學生」附有特殊需求，強調的仍然是以學生為個體。後者是尊重，更是趨勢。就如同形容一個「人」戴著眼鏡（a person with glasses）。所以，一九九〇年的《障礙者教育法案》是《Individuals with Disabilities Education Act》，而不是《Disabled Individuals Education Act》，其來有自。

二、分類與不分類的斟酌

許多研究發現，將特殊教育需求學生分等級或分班不僅是沒有幫助，亦會造成障礙學生受到差別對待（Baker, Wang, & Walberg, 1995）。於是出現許多反對使用分類的爭論，其中至少有四個觀點被提出：(1)學生可能因為標籤，而降低對學習的期望，容易因為不當的管教方式而導致適應及學習問題出現；(2)分類可能使一般人著重於學生的問題，而缺少對學生優勢能力的描述，並忽略發展教導學生的教學策略；(3)教育上的意義受到質疑，父母親或教師往往因此認為不需要付出太多的教育責任來處理障礙問題；(4)學生的障礙狀況可能會因為教育介入或其他因素而改變，但是有了標籤，容易讓他人把學生的障礙問題鎖定（Farrell, 2001）。進行障礙類別的分類可能對於教育決定及介入的計畫並沒有很大的幫助。

在瑞典，以「具有特殊需要的兒童」來概括傳統各類的特殊兒童。英國則在一九八一年以前指明特殊教育的對象，包括盲、弱視、聾、重聽、學習遲緩、癲癇、適應不良、肢體障礙、語言障礙、體弱

等十類學生，一九八一年的《教育法案》（Education Act，簡稱 EA）則提出廢除分類的做法，統稱特殊兒童為「具有特殊教育需求學生」，強調對特殊教育需求者應進行需求的確認及評量。自此，英國學界以 Learning Disabilities（學習障礙）統稱所有具有學習困難的學生（王天苗，民 88；Farrell, 2001）。澳洲所實行的特殊教育也採用支援等級或教育方案類型，而非以障礙類別與程度作為提供服務之依據，減少標籤所帶來的負面影響，並彰顯教育工作的職責所在（何華國，民 89）。「不分類的特殊教育」漸成為界定特殊教育的對象後，特殊教育乃趨向於著重評估障礙者在教育上的特殊需求。例如，將視覺障礙與聽覺障礙學生稱為「具感官教育需求學生」，將語言障礙和肢體障礙學生合併稱為「具動作與溝通教育需求學生」，將資賦優異與智能障礙學生合併稱為「具知能教育需求學生」。

　　然而，有些學者卻仍主張應該進行分類，認為分類可以很明確地定義學生的問題，有助於他人即刻了解障礙者的問題與需求，可以依類別予以照顧；分類常可以直接讓他人了解問題的緣由及其可能最終的發展狀態；可以直接快速地引導教師尋求適當的支援（Farrell, 2001）。

　　在美國，多針對輕度的障礙者進行不分類的特殊教育（Idol-Maestas, Lloyd, & Lilly, 1981）；對於程度較重的各類障礙學生，美國特殊教育相關法案依然保留明列障礙分類，並且其類別因為法案的修訂而愈具多類。十九世紀末時，美國特殊教育服務的對象只有三類（即聾、盲、智能障礙）（Morse, 2000），到一九九七年修訂的《障礙者教育法案》（Individauls with Disabilities Education Act，簡稱 IDEA），在學齡階段障礙兒童已分類為智能障礙、聽覺障礙、語言障礙、視覺障礙、嚴重情緒障礙、肢體障礙、自閉症、身體病弱、特殊學習障礙、外傷性腦傷、多重障礙、其他及發展遲緩（developmental delay）等十三類（見表 2-1）。其中對三至九歲階段的發展中的兒童，則以「發展遲緩」統稱包括身體發展、認知發展、溝通發展、社會或情緒

表 2-1　《特殊教育法》、《身心障礙者保護法》與《IDEA》所列障礙類別之比較

	1 智能障礙	2 視覺障礙	3 聽覺障礙	4 語言障礙	5 肢體障礙	6 自閉症	7 多重障礙	8 身體病弱	9 嚴重情緒障礙	10 學習障礙	11 重要器官失能	12 顏面損傷	13 植物人	14 失智症	15 平衡機能	16 慢性精神疾病	17 頑性癲癇	18 罕見疾病	19 發展遲緩	20 其他障礙	21 外傷性腦傷
身心障礙者保護法	v	v	v	v	v	v	v				v	v	v	v	v	v	v	v		v	
特殊教育法	v	v	v	v	v	v	v	v	v	v									v	v	
IDEA	v	v	v	v	v	v	v	v	v	v									v	v	v

發展，及適應發展遲緩之兒童（Senate and House of Representatives of the U.S.A., 1997）。

　　我國在法案的制定亦傾向將特殊學生分類。民國九十年所制定《特殊教育法》將身心障礙學生分為十二類，將資賦優異學生分為六類，九十年之《身心障礙者保護法》將身心障礙者分為十六類。在學前階段未具明確障礙的嬰幼童則以「發展遲緩」一詞統稱之。在障礙幼童發展未穩定前，仍應對其採取「不分類」或「跨分類」的做法，以便減少對學齡前嬰幼童標記的負向影響。

三、對障礙者的新詮釋

　　早期對障礙者乃以「殘障的醫學觀」來進行分類，即以「傷殘」及「殘障」來稱呼障礙者，被批評完全由生物醫學的角度來了解傷殘問題，其定義是基於個人缺乏能力或功能受限制的角度來界定問題，且僅以障礙者個人角度的觀點來看待障礙者所遭遇的窘境。因此，體能的「復健」被列為此模式主要解決「傷殘」或「殘障」問題的介入

策略（林淑玟，民 88；Hypponen,1997）。

　　在探討造成個體障礙狀況的原因時，若從單向度的兒童生理診斷其缺陷困難，也即以醫學的觀點來解釋障礙的存在，許多輕度障礙者的教育需求容易因此受到忽略。於是，特殊學生的定義就不應只包括個人的身心特質，同時也包含個體對環境要求的反應水準（Kirk & Gallagher, 1983）。換句話說，對特殊性（exceptionality）的界定，已逐漸從醫學模式（medical model），轉移到觀察特殊學生與環境互動狀況的生態模式（ecological model）。

　　因此，為了修正「殘障」的醫學觀，社會模式於是指出，對障礙者形成障礙的因素，並非完全來自於其個人的傷殘，例如，社會中之建築、交通、大眾態度等因素，也都可能對障礙者造成障礙，影響其生活適應的狀態，此乃「殘障」的社會模式所強調的。此模式強調「殘障」問題源自於社會的壓迫，不應完全由障礙者個人負責（French, 1993，摘自林淑玟，民 88）。例如，一個殘障者具有能力表現上的阻礙（barrier），但是如果提供輔助性科技，則該個體可能只是能力表現上的限制（limitation）（Morse, 2000）。因此，消除殘障的方法必須是調整社會環境來符合傷殘者的需要，而非要求傷殘者去適應社會。於是近年來對障礙者的描述，便調整為以「障礙」的社會模式角度進行。

　　在對於障礙者的統稱名詞上也有一些改變。過去，對於障礙者的統稱曾經出現的名詞包括傷殘（impairment）、殘障（handicap）及障礙（disability）等，世界衛生組織早期即以此三個向度進行疾病的分類（International Classification of Disabilities，簡稱 ICD）（Hypponen, 1997）。這些名詞在不同時代中被主張使用，其實其中有不同的意涵。一般而言，傷殘是指任何心理、生理或解剖結構功能上有缺損（loss）或異常（abnormailty）之狀態。殘障指任何傷殘而導致其在被認定為正常人所可以表現的活動型態或範圍之能力上，有喪失或限制者。障礙則係指個人因傷殘或殘障而在年齡、性別、社會與文化因素

考量下，在所需扮演的正常角色時，產生限制或阻礙的一種不利狀態（林淑玟，民 88）。此說明了以障礙的社會模式定義障礙者，更符合現在的趨勢。

四、對障礙者狀況之多元了解

除了以社會角度了解障礙者之狀況外，近來世界衛生組織在制定了疾病的分類（ICD）後，再針對障礙過程（disabling process）訂定 ICIDH（International Classification of Impairments, Disabilities and Handicaps）（Hypponen, 1997），而目前已完成 ICIDH-II 之修訂；美國國家醫學復健研究機構認為，世界衛生組織的 ICIDH 只有三個面向，仍嫌不足，並過於醫療取向（Hypponen, 1997），而將之擴充為以下五個面向：病灶（pathophysiology）、傷殘（impairment）、功能限制（functional limitation）、障礙（disability），以及社會限制（social limitation）（白偉男，民 91）。顯示不論哪個單位，均嘗試廣泛地、多元地探討障礙者的問題。

病灶是指生理上的病症，如雙邊痙攣型腦性麻痺兒童常見的「腦室周圍白質軟化」；傷殘是指機體器官的功能或結構存在問題，例如，感覺異常、痙攣、肌肉無力、姿勢控制不良等等；功能限制是指個體的功能受到影響的情形，例如，無法放手獨立坐在椅子上、執筆困難等等；障礙是指個體的功能無法達到其角色的要求，例如，腦性麻痺兒童無法參與體育課；社會限制是指社會環境限制了個體最大潛力之發揮，比如，沒有無障礙環境的設施（白偉男，民 91；Hypponen, 1997）。意即現今對障礙者的認識傾向於不以單一向度或生理缺陷的角度評估障礙者的問題，而期待以多元的向度探討障礙者在各方面表現的限制。以期藉由福利服務或療育介入，促使障礙者掌握最佳的發展機會。

五、特殊教育的安置考量

近年來對特殊教育的安置，強調以多元的型態提供障礙學生及其家長做適當的選擇（Zinkil & Gilbert, 2000）。我國在《特殊教育法施行細則》對所謂就讀特殊教育學校（班）的定義，亦指出包括下列各種就讀情形（教育部，民92a）：

1. 學生同時在普通班及資源班上課者。
2. 學生同時在特殊教育班及普通班上課，且其在特殊教育班上課之時間超過其在校時間之二分之一者。
3. 學生在校時間全部在特殊教育班上課者。
4. 學生在特殊教育學校上課，且每日通學者。
5. 學生在特殊教育學校上課，且在校住宿者。

其中，普通班是指班級內學生是全部或大部分不是具特殊教育需求學生。特殊教育班或特殊教育學校，則指班級內或學校內均為特殊教育需求學生。資源班為「資源教室方案」的課程班級，是指為學生與普通班教師提供資源性的課程或教育服務內容，目的在提升障礙學生在普通班的適應狀況。一般而言，資源班的服務對象可分為幾類（張蓓莉，民78）：

1. 單類的：只服務單一障礙類別的特殊學生，譬如聽覺障礙、視覺障礙、學習障礙、情緒障礙、資賦優異等等。
2. 跨類的：服務的學生不限單一障礙類別，例如，可能一個資源班內，同時有學習障礙學生及語言障礙學生。又如輕度智能障礙學生，可能不只是智能上的障礙，常同時兼有聽覺障礙，或是語言的問題。此類資源教室服務的學生障礙類別範圍較廣。
3. 不分類：只要特殊學生有學習上的需要，在普通班上課有困難，無法適應普通班課程學習，致使學習成就具有落後現象的學生，均可到資源教室接受服務。

六、特殊教育修業及課程制度的彈性措施

為使特殊學生因應其身心狀況，達到充分適性的學習，我國《特
殊教育法》制定了彈性修業學制，其中第八條指出：「各階段特殊教
育之學生入學年齡及修業年限，對身心障礙國民，除依義務教育之年
限規定辦理外，並應向下延伸至三歲。國民教育階段身心障礙學生因
身心發展狀況及學習需要，得經該主管教育行政機關核定延長修業年
限，並以延長二年為原則。」而《特殊教育法》第二十八條則針對資
賦優異學生訂定：「對資賦優異者，得降低入學年齡或縮短修業年
限。」對於特殊教育需求學生，並制定《特殊教育課程教材教法實施
辦法》指示校方實施身心障礙教育時，應擬定學生個別化教育計畫，
進行教學，且應彈性運用教材及教法。這些規範均使特殊教育在彈性
制度之下，得以充分發揮個別化教育精神。

七、特殊教育師資之培育

就我國的狀況，特殊教育師資來源有五：(1)國內外大學特殊教育
學系畢業者；(2)國內外大學特殊教育研究所畢業，並已修習規定之學
分（指特殊教育學程中之一般教育專業科目十學分）者；(3)高級中等
以下學校合格教師，並已修習規定之學分（指特殊教育學程中之特殊
教育共同專業科目及特殊教育專業科目，共三十學分）者；(4)國內外
大學畢業，在學期間已修習特殊教育學程者；(5)國內外大學畢業後，
修習規定之學分（特殊教育學程之科目學分）者（吳武典、韓福榮、
林純真、林敏慧，民87）。

順應不分類的特殊教育趨勢，則特殊教育師資的培訓及教師證照
的發給，亦傾向採取不分類的方式。據估計在一九八一年全美國至少
已有 40%的州，提出不分類的特殊教育教師證書頒授標準，或正進行
類似的行政作業（何華國，民90；Blackhurst, 1981）。

八、普通教育教師之特殊教育職責

　　由於特殊教育趨勢的影響，普通教育教師教導身心障礙學生的機會與日俱增，其在特殊教育方面的知能提升也受到相當的期待。《特殊教育法施行細則》第十三條即指出：「輔導特殊教育學生就讀普通學校相當班級時，該班級教師應參與特殊教育專業知能研習，且應接受特殊教育教師或相關專業人員所提供之諮詢服務。」因此，近年來在國民中小學教師甄選時，多以是否修習特殊教育相關學分列為重要甄選標準之一。此外，由於多數就讀普通班之特殊教育學生會接受資源教室方案的輔導，而資源班學生大部分課程在原班級上課，因此，原班導師、任課老師應盡可能參與特殊學生之 IEP 會議，以了解學生接受特殊教育之狀況；並與其他老師保持良好的互助合作關係，依據學生的能力與需求給予適當的課程、學習環境、教材、教具、輔具、評量……等，進行協同教學或合作教學，並提供促進班級融合的服務，提供充分的資源以提升障礙學生的學習效果。

第三節　現況

　　在特殊教育趨勢上，不加分類的觀點主要在揚棄傳統醫學本位的「殘障」標記，而注意特殊兒童功能上的損傷（functional impairment），以提供適合其需要的協助。對特殊兒童不加分類的做法，雖為學者們努力追求，但是在權衡利弊得失之後，美國多只針對輕度的障礙者予以不分類，對具明顯障礙問題者仍以分類進行服務（Idol-Maestas, Lloyd, & Lilly, 1981）。我國則是在學前階段以不分類的原則為主，學齡階段則仍以分類的做法推動各種特殊教育或相關福利工作。但在特殊教育師資的培育上，我國則是去除類別教師登記，而以身心障礙類教育教師進行師資培育的向度。依我國教育部九十二學年度特殊教育師資培育課程之規定，職前階段的特殊教育師資培育課程

共有四十學分，包括一般教育專業科目十個學分、特殊教育共同專業科目十六至二十個學分（科目包括特殊教育導論、特殊教育教學實習、特殊教育學生評量、特殊教育論題與趨勢、個別化教育計畫的理念與實施、身心障礙學生教材教法、親師合作與家庭支援、行為改變技術等），以及特殊教育各類專業科目十至十四個學分。

　　我國為加強身心障礙者教育，政府積極推動各項重要教育改革，各主管機關均紛紛推動相關政策，以服務身心障礙者。例如，行政院於八十六年通過《國家資訊通信基本建設推動方案》，主張建立資訊普及制度，利用資訊網路協助身心障礙者學習、就業及生活（行政院，民 86）。教育部於民國八十五年時宣告加強身心障礙教育，包括：⑴應於五年內做到零至六歲的兒童免費身心健康檢查；⑵設立專責機構，規劃推動特殊教育之發展與研究，研訂身心障礙教育成效指標，擴充身心障礙教育師資之培育管道和容量；⑶建立社區身心障礙教育中心，成立區域性身心障礙教育輔導中心，提供並整合各項資源；⑷設立身心障礙學校時，以小班小校為原則；⑸普及資源教室、資源班及特殊班等設置，拓展民間和官方教育資源。在規劃之中，納入對身心障礙者之全面性服務（行政院教育改革審議委員會，民 85），其政策已普遍推展中。

　　就身心障礙人口而言，我國在民國七十年領有身心障礙手冊者為128,420 人，占全國人口的 0.71%。而後經《身心障礙者保護法》多次修訂，身心障礙類別之擴增及各項福利措施之推行，至九十一年年底，台灣地區領有身心障礙手冊計 831,266 人，占全國人口的 3.69%（行政院勞工委員會職業訓練局，民 92）。就特殊學生而言，民國六十五年第一次全國特殊兒童普查，在六至十二歲的兒童中身心障礙兒童的出現率為 1.12%（郭為藩，民 85）；八十一年第二次全國特殊教育學生普查共有 75,562 名，出現率為 2.12%（未探討接受特殊教育服務的比例）（何華國，民 90）；而至民國九十二年，國民教育階段接受特殊教育服務的身心障礙學生人口為 56,369 人，占所有學生的

1.96%，高中職以下（含學前教育階段）學生為 72,107 人（教育部，民 92c）。身心障礙人口及接受特殊教育的比例，代表著我國對障礙者的更進一步認識與照顧的用心。

第四節　趨勢討論

從本章所探討的幾個重點，大致可以感受到特殊教育的發展重點不論有哪些，都將離不開幾個原則：

一、特殊教育的發展在使服務更加完整

過去教育工作多只著重在教學，對於其他向度的服務則較未著重。現今特殊教育的發展則強調，因應特殊教育的需求而有不同的特殊教育服務安排。例如，多元的安置選擇、社會的功能探討、支援的角色提供等等，這些目的使特殊教育跳脫教學的範疇，而期望使特殊教育的服務更加完整。

二、特殊教育的發展在以學生的角度出發

特殊教育趨勢的調整，在以學生的角度為出發，例如，擔心學生受到標籤影響其學習心態，而有分類不分類的探討；又如考量障礙者的名詞稱呼有輕視的嫌疑，而在應用上一直力求中性名詞的使用；因為學生的教育需求常為多元性的，所以在培育特殊教育師資時，走向不分類的師資培育制度等等。特殊教育趨勢雖然一直在調整，其不變的原則在以學生的角度出發。

三、特殊教育的發展在著重專業化

過去認為，特殊教育教師只需要有愛心、有耐心的條件即可，因此，早期特殊教育教師均為具普通教育教師資格，進一步補修部分特殊教育學分後任教。然後視特殊教育不同於一般教育工作，為一專業

的工作，而開始進行專業能力的培育，方才有特殊教育系的成立，培育專業的特殊教育教師；並鼓勵特殊教育教師進修研究所課程，提升教師素質，保障特殊教育品質，以更專業的知能教導特殊學生。

　　特殊教育的形式呼應著趨勢的發展，本章從分類與教育形式討論特殊教育的走向原則，藉此將能了解特殊教育趨勢中各個主題的發展目標，如最少限制環境、無障礙環境、個別化教育等等，目的即在於使特殊教育的發展更加完整、更加以學生為中心、更加走向專業化，期讀者以此對特殊教育的發展更為明確掌握。

第三章

最少限制環境與適性教育

claimed that the passage of the claimed that the passage
of the Act and its subsequent.....increased public
awareness of disability and changed attitudes....
a statutory framework for service to which disabled
people were entitled....to involve.......

　　二十世紀末，在特殊教育界興起了一股熱潮——融合教育。但由於人力、物力、財力無法提供全面完整的支援與協助，結果常無法全面顧及一般學生的教育權益及特殊學生的教育需求，導致班級經營困難而影響學生的受教權，形成一般生家長的抗議，而特殊學生的教育功能不彰。因而使得過去數年來國外重新檢視融合教育執行的條件，最後放棄「完全融合」的理想化呼聲，而再度從最少限制環境（least restrictive environment，簡稱 LRE）與適性教育（free appropriate public education，簡稱 FAPE）思考特殊學生的安置問題。本書第四章對融合教育進行基礎探究，以釐清其在現實環境中的樣貌，期望使執行者掌握適當精神，而後能夠成功發揮特殊教育功能。唯先撰寫本文，首先從「最少限制環境」的精神談起；其次探討「最少限制環境」與「適性教育」的協調。

第一節　源起與發展

　　「最少限制環境」一詞首先出現於一九七五年《全體殘障兒童教育法案》（Education for All Handicapped Children Act; P.L. 94-142）的條文中，但其定義隨著美國特殊教育趨勢所引發的運動不斷地在改變（Thomas & Rapport, 1998; Zinkil & Gilbert, 2000）。一九九〇年《障礙者教育法案》（Individuals with Disabilities Education Act，簡稱 IDEA）以及一九九七年的《障礙者教育法修正案》（Individuals with Disabilities Education Act Amendments of 1997），除了重申 94-142 公法的最少限制環境精神之外，更再次強調該公法內的聲明：身心障礙學生應安置在最佳的「適當環境」中，即所謂「免費而適當的公共教育」（Kavale, 2002）。

　　我國則是在民國八十六年以後的《特殊教育法》揭示最少限制環境的意涵，在第十三條指出：「身心障礙學生之教育安置，應以滿足學生學習需要為前提下，最少限制的環境為原則。」第十四條指稱：

「對於就讀普通班之身心障礙學生，應予適當安置及輔導」（教育部，民90）。並訂定《高級中等學校就讀普通班身心障礙學生安置原則與輔導辦法》（教育部，民91a），以及輔導各縣市教育行政機關制定《身心障礙學生就讀普通班減少班級人數辦法》，落實「最少限制環境」的安置政策。並在八十八年及九十二年的《特殊教育法施行細則》第七條指出：「學前教育階段身心障礙兒童，應以與普通兒童一起就學為原則」（教育部，民92a），呈現對身心障礙學生不變的安置目標——最少限制環境與適性教育。

第二節　趨勢內涵

美國特殊教育相關法案及政策，均要求特殊教育安置的兩個重點，一為 FAPE，二為 LRE。為了使身心障礙者與非障礙同儕盡可能地接觸，LRE 在過去經常解釋為安置特殊學生於普通班環境，而 FAPE 則要求教育的安置與方案的內涵應具備「適當性」，這使得在安置工作上，FAPE 經常與 LRE 之原則相矛盾。在一九七○年代的政策下，LRE 容易成為特殊教育的決策要素，乃將 LRE 置於安置原則的首要考量，而經常導致選擇了最大融合，卻成了最無效的教育（Hobbs & Westling, 2002; Kavale, 2002; Thomas & Rapport, 1998; Osborne, Garland, & Fisher, 2002; Zinkil & Gilbert, 2000）。自二○○○年以來，則傾向於將 FAPE 列為安置的首要原則（Kavale, 2002; Thomas & Rapport, 1998）。

最少限制環境之觀念包括兩個部分：⑴鼓勵障礙學生與其他同年齡的非障礙學生進行互動，共同接受教育，並確保教育取得最大的適切性；⑵具有特殊需求學生應取得適當的教育，在這種情況下，可能會無法滿足社會互動的目標（Fuchs & Fuchs, 1995; Zinkil & Gilbert, 2000）。可知 FAPE 似乎可以考量以任何情境安排達到目的，但是 LRE 認為，任何抽離式（pull out）或隔離式的教育形式，便是違反公

民權利。基於權利而不是特權（As a right, not a privilege），LRE 乃要求必須提出特殊學生不適於在普通教育情境中接受教育的合理解釋，才能將特殊學生安置於普通班以外的教育環境（Baker, Wang, & Walberg, 1995; Kavale, 2002）。此做法期望在 FAPE 的原則下，也能顧及 LRE 的精神。

此外，為了達到適當的環境，無障礙環境的配合設計亦為最少限制的教育環境中不可或缺的措施。本書於第六章將進一步介紹。

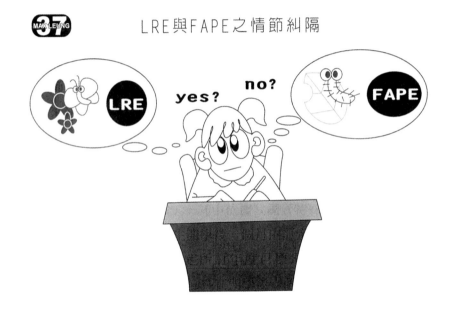

LRE 與 FAPE 之情節糾隔

第三節　現況

在 LRE 的條件引導下，由於《IDEA》的政策，全美現今已有 75%的身心障礙學生安置在普通班中（Prater, 2003）。我國亦因《特殊教育法》，而在高中職以下（含學前教育階段）的身心障礙學生，有 66,690 人安置在普通班中接受特殊教育或資源教室方案服務，占身

心障礙學生的64.8%（教育部，民92c），而就讀特殊教育學校、在家教育或機構教育的比例正逐年下降。然而，適當安置的目標仍未能廢止隔離式的特殊教育型態。如前所言，至今在安置特殊教育學生時，最少限制環境原則固然為其重點，但仍將適當性視為首要原則（Kavale, 2002）。由此推估，最少限制環境的安置準則有二：(1)依學生的障礙程度、學習能力與客觀條件，考慮在最少限制的學習環境中接受特殊教育，以利學生的身心充分發展；(2)應安排多種型態的特殊教育措施，以供特殊教育工作者與特殊學生、家長因應學生的特殊需求，選擇一種合適的教育安置。

第四節　趨勢討論

自從最少限制環境的安置原則在美國法案出現以來，此條例已成為世界各國為特殊需求學生教育安置的考量重點，其精神一直不斷地被討論與推行著。包括：

一、最少限制環境意義的迷思

美國學者提出「最少限制環境」一詞，引發諸多的誤解和問題，例如：(1)易導致許多教育人員只一味地將障礙學生安置於普通班，而不考慮障礙學生在此環境中的特殊教育效益；(2)在 LRE 與 FAPE 的議題討論下，容易讓人誤以為某些較具積極性和密集性的服務，必須在較隔離或較大限制的環境下，才得以執行（Taylor, 1988，引自王天苗，民88）。事實上，在諸多的條件考量後，不管特殊學生安置在所謂較少限制的普通班環境，或是安置在較大限制的特殊教育學校（班），仍應該適時適當地介入特殊教育方案。

二、最少限制環境與適性安置的協調

（一）適性安置為最少限制環境的安置前提

在安置上，如何在適性的與限制的環境之間取捨？Thomas 和 Rapport（1998）認為，免費而適當的公共教育乃安置上最重要也是最終極的目標，而最少限制環境應該是達到適性安置的一個手段。可以說，最少限制環境原則表明理想上應將學生安置於最少限制的教育環境，但是同時隱含對某些學生而言，較大隔離的形式才是適當的安置型態（王天苗，民88；Fuchs & Fuchs, 1995）。因此，學者們（Kavale, 2002; Thomas & Rapport, 1998）建議，在安置特殊需求學生時，應該提供多元而可選擇的安置型態；亦即，在教育安置時，應同時考量 LRE 及 FAPE 二個條件，FAPE 為前提，但是什麼樣的安置對學生而言是 LRE，則因應各個學生而異。

（二）從學生的利益考量安置型態

最少限制環境的安置原則，其目標不只在學生學業上進步，更期待看到學生在非學業上的發展，包括情緒表現、人際互動或溝通能力等。也就是說，這種安置一定是能使學生從中獲益，如果不能提供所預期的利益，則不是一個適性的安置（Thomas & Rapport, 1998）。所以，如果將特殊學生安置於普通教育環境，對其表現及發展並無任何助益，則不應該將特殊學生完全融合於普通班級中。

（三）從支援介入的成效選擇安置型態

將特殊學生直接安置在普通班情境中，對特殊學生或一般生常常會有某種程度的危險性，相關的支援措施能協助障礙學生適應於普通教室環境。在安置時，應首先考慮學生需要哪些輔助器具、物理環境、專業服務等。在這些支援提供下，若學生仍受到干擾或有礙於學

習，則不應做如此安排（Thomas & Rapport, 1998）。但是，如果沒有支援的介入考量，就放棄將障礙學生安置在普通班環境中，則是不恰當的。

三、最少限制環境的相關運動

　　美國特殊教育體制因應最少限制環境的趨勢而產生一系列的相關運動，或說是最少限制環境的原則是因為一些相關運動的推行，而在法案中被正式提出。自一九七〇年代以來，一些相關運動陸續推行時，均伴隨著此一名詞──「最少限制環境」而被討論，包括「常態化」（normalization）、「回歸主流」（mainstreaming）、「統合教育」（integrated education）、「普通教育改革」（regular education initiative，簡稱 REI）、「融合教育」（inclusion education）等，其內涵與執行方向更迭變化，乃特殊教育相關人員所應關注而藉以掌握特殊教育的精神。本書將在第四章中做進一步探討。

第四章

融合教育

claimed that the passage of the claimed that the passage
of the Act and its subsequent.....increased public
awareness of disability and changed attitudes.....
a statutory framework for service to which disabled
people were entitled....to involve........

　　融合教育的精神——反隔離、反標籤，一直是特殊教育不變的指標，也因此，融合教育對現今特殊學生的教育安置產生了一定的引導力量。近年來，融合教育不再是特殊教育唯一的安置型態，此時，我們應探討的重要課題是，融合教育在現今社會中的意義是什麼？如何使之在現實環境中扮演適當的角色？以及如何適當推展？本章首先探討與融合教育息息相關的歷史運動演變，以及融合教育的意涵，進而討論融合教育在現實與理想之間的調整，並從中發掘執行「部分融合教育」的適當策略。期望藉此提醒特殊教育人員全面性地思考融合教育的真諦。

第一節　源起與發展

　　十九世紀期間，身心障礙者仍未能接受教育，或者即使接受了教育卻安置在封閉隔離的環境中，使這群學生有生存於次等生活環境之嫌。因此，基於各種理由，陸續有學者及家長團體指責對障礙者不當的安置，而主張身心障礙學生所接受的教育安置以及日常的生活環境，應盡可能符合「常態」，不脫離現實社會的狀態。「反隔離」（desegregation）、「反機構化」（deinstitutionalization）、「不分類的特殊教育」（noncategorical special education）、「常態化」、「回歸主流」、「統合教育」、「普通教育改革」、「融合教育」等，因應各個時代而以不同的名稱被提出。此種教育目標可就幾方面探討其發展：

一、就權益主張上

　　聯合國於一九四八年「人權宣言」、一九七一年「智障者權利宣言」，以及一九九三年的「障礙者機會均等實施準則」等，均陸續提出聲明，呼籲各國政府應該讓障礙兒童、青少年和成人在常態的環境下接受教育（吳昆壽，民 87），以維護他們能夠與一般學生享有均等

的受教權益。

二、就案件訴訟上

　　早期有多起有關特殊教育學生安置的訴訟案件，弱勢學生的就學權益因公審而受到保護，使得特殊學生安置於常態環境的原則及相關服務支援的政策逐漸明朗（Baker, Wang, & Walberg, 1995; Kavale, 2002; Stanovich & Jordan, 2002; Thomas & Rapport, 1998）。於是，身心障礙學生就讀普通班的權益被廣為討論。

三、就家長運動上

　　障礙兒童的家長強力爭取其子女應有的教育權利，並組成家長團體發展一連串的權益運動，直接間接促成美國特殊教育回歸主流運動，主張應盡可能將特殊兒童與普通兒童安置在一起接受教育（Thomas & Rapport, 1998）。於是，身心障礙學生受教的適當性，乃藉由家長的爭取而得以受到重視。

四、就經濟考量上

　　美國在雷根（Reagan）總統任職晚期和布希（Bush）總統任內所面臨的國家經濟赤字問題，使得聯邦政府對教育經費的預算減少許多，而將教育成本較高的特殊教育納入花費較少的普通教育中。由於雷根和布希的政治及經濟政策立基於經費的考量，美國教育部官員M. Will 以及其他支持普通教育改革的學者，提議統合特殊教育和普通教育之教育系統，而成為政府的教育政策之一（Kauffman, 1989; Stanovich & Jordan, 2002）。

五、就條文立法上

　　自一九七五年《全體殘障兒童教育法案》，即要求學校安置學生於最少限制環境，此後各相關教育法案，包括一九九〇年的《障礙者

教育法案》以及一九九七年的《障礙者教育法修正案》，均一致要求
給予特殊學生最少限制的環境及最大程度的適性教育，並明文規定：
「各州應盡可能讓障礙兒童與普通兒童一起接受教育」（Thomas &
Rapport, 1998; Rainforth, 2000）。對特殊學生的教育安置力求二個原
則：(1)「最大程度的適當性，以與非障礙兒童一起接受教育為原
則」；(2)「只有當障礙的程度很重，以致於安置在普通班級內提供輔
助器具及服務下，仍無法滿足其需求時，才予以進行隔離的教育安
置」（Thomas & Rapport, 1998）。亦即在目前的教育目標下，融合教
育雖然非唯一的安置選擇，但仍是優先考量的教育安置型態。

　　我國則是在民國八十六年《特殊教育法》以最少限制環境的安置
要求，揭示「融合教育」的意涵，並訂定相關辦法，包括《高級中等
學校就讀普通班身心障礙學生安置原則與輔導辦法》（教育部，民
91），落實「融合教育」的政策，尤其對學前教育階段特殊需要學生
強調以常態就學環境進行安置（見第三章）。

第二節　趨勢內涵

　　融合教育的提倡，乃由近幾十年來各種運動的推動而發展形成。
這些運動有幾個基本假設：(1)標籤帶給學生一定程度的傷害；(2)隔離
式的特殊教育是無效的；(3)障礙者被視為少數團體，而他們的某些權
益受到了忽略。這些運動包括：

一、常態化原則

　　「常態化」，或譯「正常化」，依據 Wolfensberger 於一九七二年
的定義為：「盡可能運用有如文化常態的方法，以建立或保持文化常
態的個人行為與特徵。」換句話說，常態化原則是要使得障礙者的生
活與教育環境跟非障礙者相似。這原則最早是由一九五○年代北歐國

家的啟智教育界所提出（何華國，民90；林美和，民81）。而於一九
六〇年代流行於北美及其他地區（Kavale, 2002），此後在世界各國的
特殊教育環境中普遍推展開來。

二、反隔離

　　早期對障礙學生的安置乃以隔離（segregation）型態為主要的形
式，並且未充分發揮教育功能。提倡常態化原則的結果，即形成「反
隔離」（desegregation）、反機構化（deinstitutionalization）與社區本
位服務系統（community based service systems）的運動（Menolascino,
1979）。美國學者 Nirje 於一九六九年將之引申為改變住宿服務的方
式，主張以社區為本位的服務方案，並強調環境影響的重要性（邱上
真，民88）。這對障礙者的教育與服務具有深遠的影響。常態化原則
與反機構化，為的是將重度障礙者從違反人性的大型養護機構中解放
出來，讓他們也擁有受教育的權益（邱上真，民88）。於是對身心障
礙者教育的呼聲愈形高漲，但當時未訴求教育型態，因此最後仍以集
中式的隔離教育為主要的形式。

三、回歸主流

　　一九七〇年代，一群輕度障礙者家長為維護其子女的教育權益，
而發起回歸主流運動，駁斥其子女在隔離環境中接受教育的形式，主
張應該使在支流教育（即特殊教育）中的學童回到主流教育（即普通
教育）中進行學習。Kavale（2002）指出，Kaufman、Gottlieb、Agard
和 Kukic（1975）對回歸主流的定義：「是指基於持續性的個別化教
育方案，將特殊學生與普通學生的日常生活（temporal）、課程安排
（instructional）及社會互動（social）等各方面進行融合。」一九七五
年，美國聯邦政府並在《全體殘障兒童教育法案》中聲明，特殊學生
應在最少限制的環境中學習。依此將特殊兒童與普通兒童結合安置以
接受教育，使特殊兒童盡可能與一般兒童有互動的機會。回歸主流運

動的保護對象是輕度障礙學生，主要包括學習障礙、輕度智能障礙及輕度情緒障礙三大類學生（林美和，民81）。回歸主流是一種根基於權利與平等機會的基本理念，此措施使特殊學生得以與一般學生安置在一起接受教育，希望避免學生因為能力分類或安置在隔離環境中而受到限制與歧視。

四、普通教育改革

一九八〇年代，美國特殊教育及復健服務局（Office of Special Education and Rehabilitation Services，簡稱 OSERS）提倡普通教育改革運動，主張透過特殊教育與普通教育的結合，以提供輕度及中度障礙者適當服務，強調中度障礙學生也有權利進入常態環境中接受教育，參加學校的一般活動（Farrell, 2001）。普通教育改革的提倡乃基於幾個觀點：(1)所有學生的特質大同小異；(2)一位優良的老師足以應付班上所有的學生；(3)所有學生可以取得有品質的教育；(4)在不隔離的狀況下，普通教育可以掌控所有的學生；(5)隔離教育是一種歧視性的不公平的教育形式（Kavale, 2002; Phillips, Allred, Brulle, & Shank, 1990）。普通教育改革運動並對回歸主流的功能進行檢視，認為若安置學生在普通班級中，而沒有相關支援的提供，則對教育體制和學生本身都具有很大的傷害。於是，常以「抽離式」的方案進行特殊教育活動，抽取部分就學時間對學生進行個別需求的教學服務，成為此階段的重點，亦即所謂「資源教室方案」（resource classroom program）。至今，資源教室方案亦常成為特殊學生安置在普通班的特殊教育支援措施。

五、融合教育

在 REI 提倡不久之後，一些重度及極重度障礙者的家長團體及擁護者便聲明，這些學生也應該與其同年齡的普通學生共同接受教育。重度障礙者協會（Association for Persons with Severe Handicaps）於一九

八八年提出重度障礙學生應在普通班中接受教育的訴求（Zinkil & Gilbert, 2000），於是融合教育的呼籲應運而生，並在一九九〇年代成為特殊教育的主流。融合教育意指將特殊學生安置在普通班級中，特殊服務在普通教育情境中提供（Zinkil & Gilbert, 2000）。融合教育，尤其是「完全融合」（full inclusion）教育的主張，是在學校教育主流中，教育所有的學生，包括有學習問題的、生病的、無家的，及資賦優異學生，都被安置在一般的教育班級內。而且教師必須互助合作，機動配置，隨時掌握每一位學生的學習過程及動向，確認學生的學習需求、學習風格、學習動機或學習障礙所在，然後設計與提供適當的教學策略（Farrell, 2001; Rainforth, 2000）。其特徵包括（邱上真，民88；Farrell, 2001; Rainforth, 2000; Sapon-Shevin, 1996; Shanker, 1995; Stainback & Stainback, 1992; Zinkil & Gilbert, 2000）：

（一）所有學生都在主流環境中接受教育

融合教育在讓特殊學生進入普通班級，成為普通班級的一份子，所有學生都在主流環境接受教育，個別差異受到尊重，每一個學生有同等參與學校活動的機會和責任。

（二）塑造適合每一位學生學習的環境

為了使學生在融合的環境中進行學習，教學環境必須經過特別設計，課程也必須經過調整或擴張，並以豐富、更新的教學資源符合每一個學生的需求，教室將變得更多樣化，學生將從中獲得許多不同的利益。在這之中，教師應做適當的調整，包括應有特殊教育的相關知能、應建立足夠的教育材料及相關資源。

（三）將學生的需求帶進普通班級內

融合教育在於將特殊學生的需求帶進普通教室內，在普通班級內執行滿足學生需求的服務，而不是把學生抽離班級，再給予特殊教育

服務。融合教育是在正常的、不孤立的環境中，提供特殊需求學生各種相關服務。

融合教育不是回歸主流的舊瓶新裝，亦不是侷限於非學業性的活動上，而是在普通班級中提供老師與學生必要的支援服務，並協助學生個別化的課程調整，以確保學生在課業、行為和社會的成長與進步，使其成為一個有貢獻且完全參與社會的個體。有些學者，如 Stainback 和 Stainback（1992）發表文章，主張徹底執行「完全融合」，認為應完全去除特殊教育——去除特殊教育安置、不再有特殊教育學生、不再有特殊教育教師，而強調所有學生應全時程地在普通班級內接受特殊教育（Fuchs & Fuchs, 1995; Mock & Kauffman, 2002）。而 Gartner 和 Lipsky 於一九八九年也說，如果不能執行完全融合，則兩個不同的教育系統便不可能合流，如此不過是將兩種體制混合起來罷了（Kavale, 2002）。完全融合其實與融合意義相近，只是有些學者特別強調所有學生，不論障礙程度多麼嚴重，應無條件地進入他們附近學校的常態班級中，全時程地、完全地安置在普通班級中，而以「完全融合」一詞強化其意義。

一九六〇年代的「反機構化」與「常態化」原則，為的是將重度智能障礙者從違反人性的大型養護機構中解放出來，讓他們也有享受教育的權利。一九七〇年代的「回歸主流」，主要是讓輕度智能障礙者能接受較常態的教育服務（邱上真，民88）。一九八〇年代的「普通教育改革」期待將更多的障礙學生安置在普通教育情境中，並配合資源教室方案以進行補救教學。一九九〇年代的「融合教育」，或說是「完全融合教育的主張」，主張每一位學生都應該在教育的主流裡，若他們有特殊需求，就必須將其所需的相關服務或支持系統帶進學校或教室內。二〇〇〇年，「自我授權」（self empowerment）給障礙者，並尊重其「自我決策」（self determination），成為新的趨勢（邱上真，民88；陳麗如，民91）。特殊教育安置議題因為現實面的

執行困境，乃有著一次次的更迭運動產生。

　　一般而言，回歸主流的缺失在於將特殊學生和普通學生一同安置在未經設計的環境下共同學習，特殊學生的學習教材不做特殊設計，學習成果不做特別評估，學生在普通班級中自行學習，並未得到充分的特殊教育服務。回歸主流的組織和教學往往造成教師對障礙學生期望降低，並且普通教育教師未能提供班上障礙學生充分支持性服務；而普通教育改革抽離式補救方案未能有效符合學生的教育需求，並使障礙學生漏失掉一些重要課程；完全融合教育則在整合普通教育及特殊教育體系，建立一套統整的系統，管理所有教育資源，以經過特別設計的環境和教學方法來適應不同特質學生的教育形式，必須改變現存教室班級形式及結構之後，引導所有學生在單一教育系統中接受適當的教育，然而其中理想卻在現實環境中難以圓滿。近來的特殊教育不再強調單一的教育型態安置原則，而強調對身心障礙者的教育成果應該以培養其獨立能力為目標，於是自我決策成為二○○○年特殊教育的新潮流（見表 4-1）。

第三節　現況

　　除了美國之外，在世界各國均有推行部分融合教育的相關運動。例如，英國在一九九三年《教育法案》（Education Act）中明確規定，特殊需求學生必須在一般學校內接受教育，並且應和學校內非特殊教育需要的學生共同參與學校的活動，除非有下列特殊情形：與父母的意願不相容、兒童的學習只有在特殊學校接受教育最適當、兒童與其同儕一起學習不適宜或不能有效利用教育資源。此外，還有加拿大、法國、丹麥、比利時、荷蘭、以色列、義大利、德國、澳洲、紐西蘭等等，也曾經積極討論或推行融合教育（王天苗，民 88；陳政見、簡華慧，民 88；Rainforth, 2000; Kavale, 2002）。至今，融合教育的呼聲雖然已經不強調全面性或必然執行，但是仍對特殊教育安置課

表 4-1　特殊教育相關運動的發展與特徵

運動名稱	常態化、反隔離	回歸主流	普通教育改革運動	融合教育（完全融合）	自我決策
主要興盛年代	1960s	1970s	1980s	1990s	2000s
主要運動緣由	爭取障礙者教育權益	爭取在常態環境中接受教育	爭取更多對象在常態環境中接受教育	爭取不分類、無標籤的普通班教育	重視培養障礙者獨立能力的教育
增列之主要保障對象	重度障礙者	輕度障礙者	中度障礙者	重度障礙者	所有障礙者
主要措施	提供障礙者教育	將障礙學生安置在主流教育中	提供資源教室方案	在普通教室中提供特殊需求	不強調教育形式，強調最後教育成果
特殊教育教師定位	在自足式班級中執行特殊教育工作	在自足式班級中執行特殊教育工作	在自足式特教班及資源教室執行特殊教育工作	消失或在普通班提供特殊需求、扮演諮詢及支援角色	在各種班級型態中執行特殊教育
執行困境；運動更迭原因	隔離式教育易受標籤	只顧及少數對象；普通班中障礙學生未取得特殊教育服務	障礙學生常遭漏普通班中某些重要課程	特殊教育功能不彰	（考驗中）

題產生相當大的引導力量。「部分融合教育」或有條件的融合，成了現實條件中融合教育的新姿態。

　　而我國現在完全融合教育的實施，主要以學前教育階段為主，例如，新竹師院實驗小學規劃的融合教育實驗班學前部、新竹市載熙國小學前部、彰化啟智學校之「融合教育實驗班」等。又如台中啟聰學校於八十六學年度創立之聽覺障礙幼兒與普通幼兒「幼稚部融合教育實驗班」，引導幼兒盡早在自然的聽、說環境中學習。在小學部及國中部則較為少數，包括新竹師院實驗小學及新竹市育賢國中成立的融合班。這些融合班級多是以一定比例的特殊學生與一般學生的招生組合（如新竹實驗小學及育賢國中融合班，以二比一或三比一普通學生

及特殊學生的比例進行安置），進行全時程的融合教育課程安排（吳淑美，民 92）。而如基隆市深美國小，則以另一種形式推動融合教育，該校稱之為「融入式的資源教室方案」，乃在鑑定出特殊學生的需要後，不將特殊學生抽離原班級，而安排特殊教育教師進入普通班輔導。例如，有數學輔導需求的同學，特殊教育教師在數學課時陪伴在旁進行課程學習的協助，平時並利用其他時間進行數學的課業輔導。其他同學除了知道數學課會有一位教師陪著該同學上課外，並未感受到他在學習上的特別。這些融合教育藉由精心的教育設計規劃及相當多的資源而得以實施。

　　融合教育雖然是一個理想的教育形式，然而所遭遇到的現實困難使其受到的爭議相當大（D'Alonzo & Boggs, 1990）。在美國，許多州認為融合教育使學生的進步有限，並且漸漸地，有些州重新安排障礙學生於較隔離的限制環境中接受教育，反融合的（anti-inclusion）聲音此起彼落（Baker, Wang, & Walberg, 1995; Kauffman, 1989; Mock & Kauffman, 2002; Rainforth, 2000）。甚至於有學者指出，融合教育是低估教育的困難度，將使許多人，包括一般學生、特殊學生以及教師，成為其中的犧牲者（Mock & Kauffman, 2002）。於是融合教育遭到新的檢視。

　　Kavale（2002）指出許多研究發現，在教育職場上，大多數教師均支持融合教育的理念，但是只有很少數的教師表達願意將特殊學生安置在其任教班級中。並且研究所看到的現象是，特殊學生在融合教育環境中，其學業問題普遍地沒有取得特別的、有方向性的、個別化的、嚴謹的教學。就特殊學生而言，他們似乎也比較喜歡抽離式的特殊教育方案。於是融合教育在現實環境中，似乎成為不獲全面支持的理想化的教育形式。

　　因此，在學業及非學業的發展成效間做一個平衡，以及在有限的教育資源及經費等各種因素考量下，以決定安置的適當性，成為現實條件中，對身心障礙學生教育安置的工作重點（Thomas & Rapport,

1998）。並且，為了同時顧及 LRE 與 FAPE 的原則，《IDEA》法案要求對學生的安置，應該是從最少限制環境到最大限制環境的各種可能選擇中，對學生進行多元形式的安置選擇，包括普通班、特殊班、特殊學校、在家教育（homebound education）、床邊教學（hospital instruction）及機構教育等（Thomas & Rapport, 1998）。至今較不受爭議的調整方案，是傾向於在學齡階段以輕度障礙學生為對象的融合教育安置為主，配合資源教室方案；對中重度障礙學生則以自足式特殊教育（self-contained special education）為主要安置形式（Rainforth, 2000）。而學前教育階段則傾向於以融合教育為主，即「普通班安置」為主軸，「資源中心」的運作為輔，讓每一位障礙學生都有在普通班上課的經驗（王天苗，民 88；Osborne, Garland, & Fisher, 2002）。

　　無論是常態化原則、回歸主流或普通教育改革、融合教育，雖然因為時代趨勢的改變而有不同的名詞與重點，但是其中精神相近，均在避免隔離（segregation）與標籤作用。現今的教育型態乃主張讓部分障礙學生，而不是全體障礙學生，直接在普通班中接受教育，並需輔以必要的協助。應提倡其他的特殊教育措施以滿足學生個別的需求，最常見的如資源教室方案或自足式的特殊教育學校班級形式。這些教育形式因為現實因素而不能消失。

第四節　趨勢討論

　　特殊教育的設計，在讓每個身心障礙學生接受的教育安排盡可能符合需求，並避免脫離社會現實，而有利於其成人的社區生活能力。這些均為融合教育推行之主要支持觀點。然而其在現實上的實施困境，仍是至今世界各國完全融合教育未能普遍推展的原因所在。但是因應個別差異，仍不應放棄對於部分特殊學生安置於普通教育環境的機會，唯此一政策更有待發展積極的相關策略予以克服。

一、融合教育實施的支持觀點

　　許多的理想與實證資料支持著融合教育理念的推展，期望將特殊教育帶入更人道的體制，包括（邱上真，民 88；D'Alonzo & Boggs, 1990; Fuchs & Fuchs, 1995; Hobbs & Westling, 2002; Stainback & Stainback, 1992; Vergason & Anderegg, 1991; Zinkil & Gilbert, 2000）：

1. 立法的保障，包括 94-142 公法、101-476 公法以及各國特殊教教育相關法案等，均紛紛訂定最少限制環境的教育安置原則，使融合教育與社會型態具有法定的地位。
2. 融合教育使每個學生，而非特定族群，都能從中受益，包括在課業、情緒表現及社會互動關係上，均可獲得充分的進步。
3. 基於經濟效益的考量，融合教育的形式減少特殊教育經費的支出及資源浪費的現象，得以將教育資源與努力充分運用在教學上。
4. 融合教育下的特殊學生沒有標籤效應，沒有次等學生族群的分類。
5. 輔助性科技的開發與應用可發展適當的學習情境，有利於身心障礙學生在普通班級學習適應，增加融合教育的可行性。
6. 教學技巧的發展，使教師有較多且較彈性的有效教學策略，得以在融合班級中靈活應用於不同特質學生身上。
7. 融合環境中個別差異的事實，可幫助老師、同學與家長有機會認識個別差異，並學習接納身心障礙學生以及掌握協助他們的方法。

二、融合教育實施的困境

　　在世界各國實行融合教育多年之後，漸漸地出現許多反對的聲音。例如，美國特殊兒童協會（Council for Exceptional Children，簡稱 CEC）及學習障礙協會（Learning Disabilities Association）提出了反對聲浪（Zinkil & Gilbert, 2000）。許多學者及實務工作者也認為，將某些特殊學生安置在常態環境下，學生的特殊需求並沒有真正被滿足，把所有特殊學生皆回歸主流進行教育，其效益是令人質疑的。特別是

將有複雜行為問題的學生回歸到普通班，不但增加老師的壓力，也對其他學生的學習產生負面的威脅（陳政見、簡華慧，民 88；Espin, Deno, & Albayrak-Kaymak, 1998; D'Alonzo & Boggs, 1990; Kauffman, 1989; Mock & Kauffman, 2002; Rainforth, 2000）。完全融合教育被抨擊為是一種理想卻不務實的教育形式，其所以未能現實化，主要的困境如下：

（一）適性安置的困境

　　無論是常態化、回歸主流、普通教育改革、融合教育的教育型態，其原則乃在做好配套措施，將學生帶進普通教室中。但應注意的是，若不能做適當的配合，則學生不應安置在其中（Sapon-Shevin, 1996）。許多實證發現，在融合教育下，將可能使障礙者擁有適當教育的機會減少，因此推論部分學生還是適合接受自足式特殊教育的安置（Fuchs & Fuchs, 1995）。反對融合人士辯稱，常態教育是強迫的和無能力處理所有的障礙學生，完全融合教育並不能滿足適性安置的首要教育原則。

（二）學生差異事實的困境

　　每個學生的起點能力、學習能力及學習需求是完全不同的，因此，將所有的學生安置在一起接受相似的教育，是無法滿足所有學生的需求的（Mock & Kauffman, 2002）。完全融合教育使得個別化教學（individualized instruction）的原則難以掌握，而不能周延照顧每個特殊學生的需求，學生特質殊異的事實使得融合教育理想難以實現。

（三）一般學生受教權的困境

　　在融合教育環境下，教師常常為了處理特殊學生的學習或行為問題，而耽誤一般學生的學習進度。尤其是特殊學生的嚴重問題行為往往威脅到其他同學的安全，而受到教師及家長的反彈（Zinkil & Gilbert, 2000）。這樣的安置使得一般生的受教權也受到討論。

（四）人員支持的困境

融合教育需要有充分的人力配合與相關人員支持，然而目前一般生及特殊學生的家長、社會人士、普通班教師，甚至特殊教育教師的支持不足。家長的過度保護或教育理念不同，擔心子女受到不公平的待遇，往往不願意讓其身心障礙的子女在普通班接受教育，使得學生在融合教育的安置上不能順利。而社會人士或普通班家長對身心障礙學生的了解不足，一味出現情緒性的反對聲浪，也是另一個融合教育推行的困境所在（Sapon-Shevin, 1996）。另一方面，由於缺乏相關專業人員的支援，使得直接面對身心障礙學生的教師工作負荷過重，教師士氣貧乏，而影響教學及班級經營成效。無力感的壓迫，往往使得特殊教育教師寧可選擇較易掌握的自足式特殊教育形式。

（五）一般教師特教能力的困境

融合教育的結果，多數特殊教育需求學生進入普通班學習，將導致每一位教師都有教導特殊學生的機會。這些教師可能只有修習三個特殊教育學分的訓練，卻要處理班級內每一件特殊教育問題，或要求對特殊學生執行評量或發展教育策略，更欲求滿足每一位特殊學生的特殊需求。這樣的現象已嚴重影響普通班級內的教室管理與教學成效問題（Mock & Kauffman, 2002）。一般教育教師若缺乏特教知能，則即使有足夠的接納態度，仍不能滿足在普通班級中障礙學生的特殊需求，融合教育因而不能充分掌握特殊教育的工作。

（六）融合教育功能發揮的困境

Fuchs 和 Fuchs（1995）指出，許多研究證實對多數學生而言，特殊教育方案能顧及學生發展的個別性。受過訓練的特殊教育教師可以運用各種教學技能、課程計畫、動機策略，及使用適當的評估系統以

監控學生的進步情形，而能設計出有效的教學方案。而融合教育安置的結果，往往導致特殊學生在普通班中被孤立，特殊需求受到忽略，特殊學生常因為支持不夠而沒有充分參加學校或班級安排的一般活動（Espin, Deno, & Albayrak-Kaymak, 1998; Farrell, 2001; Sapon-Shevin, 1996）。特殊教育成效往往不如隔離的教育型態，融合教育的意義與目的受到質疑，特殊需求學生的受教權再度受到檢討，進而受到相當的抨擊。

（七）共同合作的困境

普通教育與特殊教育的合作基礎尚未建立，兩方面的教育資源難以做充分的融合，合作技術尚未養成，行政體系間也未能充分配合，融合教育未能充分發揮機制，有關特殊需求學生的照顧未能全面發展，使得單一的主流教育型態仍然存在兩股脈動，而具有重重的問題，致使融合教育難以全面推展。

三、融合教育實施的應對策略

主張融合教育的學者試著尋找具系統性、結構性的改變，以使所有的學生可以從特殊教育策略中獲得益處（Sapon-Shevin, 1996; Vergason & Anderegg, 1991）。其中最常討論的包括：

（一）掌握安置原則

在安置特殊學生於普通班前，應考量是否妨礙到障礙學生或非障礙學生的學習與生活。如果學生的個別化行為會導致普通學生的困擾，則安置該特殊學生於普通班級中並不適當。又如果學生需要的是急迫且縝密的行為改變計畫，必須花費許多時間及資源，則該生應該是較適合安置在特殊教育情境中（Zinkil & Gilbert, 2000）。此外，在安置時應該顧及特殊學生的適應性，注意特殊需求學生在普通班級中的安全性，及能夠取得同學、教師的接受與尊重（Force & Schallhorn,

1993）。如果在特殊學生與一般學生均可雙贏的情況下，將特殊學生安置在融合班級中方為一個適當的政策。

（二）調整教育情境

有效的教學策略及適當的教學情境方能使融合教育推行成功（Stanovich & Jordan, 2002）。雖然是融合特殊學生與一般學生的教學情境，仍應依特殊學生教育需求進行評量與教學，因此融合教育的課程是多層次、特殊的和彈性的。在隔離環境中所提供的教學策略和行為改變技術應用，也應該在一般的教室內進行，並將功能性生活技巧和課業情境相結合，使所有學生受益。教師應該更專注於學生的特殊需要、興趣和能力，根據需要而非標籤來提供每一位學生服務（services based on need, rather than label）（Sapon-Shevin, 1996）。融合教育應該能因應學生的個別需求，提供每一位學生適性的教育情境。

（三）提升教師知能

要有效而成功地讓障礙學生在普通班就讀，必須提升教師的教學知能，無論是普通班教師或者特殊教育教師均應該接受訓練，以配合普通班提供彈性的課程。一般教師或特殊教育教師要有積極接納障礙學生的態度，應該具有各種相關的評量技能，能夠執行有效的教學，能夠參與 IEP 會議，並在教學和教室管理上做某些調適，才能兼顧一般學生和特殊學生的需要（Hobbs & Westling, 2002; Stanovich & Jordan, 2002; Vergason & Anderegg, 1991; Zinkil & Gilbert, 2000）。一位適任的教師應該有組織性又能保持彈性，具實驗精神又具有創造性，方能使融合教育成效彰顯。

（四）調整特殊教育教師角色

在融合教育裡，特殊教育教師必須重新界定其角色，使自己融入普通教育中，將學生所需要的特殊服務或支持系統帶進教室，成為班

級導師、協同教師、資源教師、特殊教育諮詢專家,或擔任鼓勵和協助組織支援的角色(邱上真,民 88;Sapon-Shevin, 1996)。融合教育的特殊學生需要長期性的支援服務,特殊教育教師無論扮演何種角色,應該在普通教育情境中,給予每一位需要的學生個別化的服務和支援。

(五)引導家長積極介入

在融合教育體制中,家長和教師必須一起工作,以建立一個有效及符合現實的教育方案(Sapon-Shevin, 1996)。因此,相關人員應引導及教育所有家長接納並參與學生的教育,共同擬定學生的個別化教育計畫,以便掌握適當的機會進行教育訓練,使學生達到預期的學習目標。

(六)調整學生態度

特殊學生在融合教育環境中學習調整和適應未來的社會環境,例如,他們將學習處理受他人嘲笑及遭到拒絕的不愉快情緒;而一般學生則在其中學習了解障礙學生,並積極與之建立友誼(Sapon-Shevin, 1996)。安置在常態環境中的特殊學生,必須在同儕能夠體諒其狀況下,方能取得社會及學業上的利益(Farrell, 2001)。在融合環境中,許多學生間互動的學習是社會性的,這些技巧期待被類化到其未來成人社會的常態環境中。

(七)建立合作共享的關係

在融合教育下,普通教育教師、特殊教育教師及相關專業人員合作協調,共同完成教學工作;而且,其間特殊教育與普通教育的資源應該是充分共享的。普通教育人員和特殊教育教師及相關人員之間應積極建立合作的夥伴關係,然後共同擬定與實施訓練方案,使團隊能發展更有效的教學方法。

（八）提供充分支援

　　許多有經驗的老師會要求各種相關支持系統，包括：與相關人員的合作、行政支持及持續的情緒支持等（Sapon-Shevin, 1996）。相關研究單位應發展各類補救教學之教材、教法與學習評量工具。而許多的教育知能有待師資培育機構在培訓教育人員過程建立、培養，並且為特殊教育教師進行適時的在職支援（Rainforth, 2000）。唯有充分的支援，方能建立長遠的融合教育形式。

　　融合教育是一個理想的教育型態，這個教育型態需要有充分的準備，應該在普通教室做徹底的改變，方能達到其效益。若無法達成，則不應固執於單一方案，否則將失去特殊教育「維持所有學生教育權益」的意義。如同 Kauffman 所言，隔離安置如果是以單獨個案為基本，不強迫也不是普遍的現象，則稱此為隔離教育是不適當的（Sapon-Shevin, 1996）。因此，在必要的時候，仍應考慮將特殊學生安置在較多限制但卻是最適合學生的教育情境中（Hindman, 1986）。美國國會《IDEA》的提案人曾經指出，回歸主流似乎無法提供所有特殊學生適當的教育，甚至於此種安置可能會對某些特殊需求學生有所傷害（Fuchs & Fuchs, 1995; Zinkil & Gilbert, 2000）。經過時代的考驗，最少限制環境不再等同於融合教育，完全融合已在現實環境中證實其推行廣度的有限；但是，部分融合或有條件的融合，則仍有其意義。亦即今日的特殊教育不意味著融合教育的安置型態應該消失，而是指示著一個重要宗旨：「唯有提供多元的教育形式，以供不同需求的學生進行個別化的安置選擇，方能符合學生需求，才是適當的教育安排。」

第五章

無障礙環境

claimed that the passage of the claimed that the passage
of the Act and its subsequent.....increased public
awareness of disability and changed attitudes ......
a statutory framework for service to which disabled
people were entitled... to involve........

美國《IDEA》法案要求在學生的 IEP 中寫明所提供的教學及支持性服務，於是因應各類障礙者需求的無障礙環境（barrier-free environment; disability-free environment; non-handicapping environment），成為身心障礙者各領域生活環境的設計安排（Dowling-Sender, 2000）。

第一節　源起與發展

無障礙環境的提倡，起先是由身體障礙者為擴展其日常生活空間而發起的運動，呼籲及倡導建築無障礙的生活環境，以爭取身為人的便利生活權利。而後引起社會大眾的關心及相關團體的督促，促進了各國政府種種措施的實踐（林玉子，民 81；Erekson, 1980）。美國早在一九六八年聯邦政府即制定《建築障礙法案》（Architecyural Barriers Act; P.L.90-480），然而由於缺乏強而有力的具體措施，無障礙環境的實施並未普及（Erekson, 1980）。一九七三年《復健法案》（Rehabilitation Act; P.L.93-112）中的第 502 條款即指示設立一個「建築及交通障礙管制局」（Architectural and Transportation Barriers Compliance Board），屬於一個監察單位，以督導公共建築物的設計，使障礙者得以順利進入生活空間。該法案的第 504 條款並明訂聯邦政府對於該設施實施的財政支援，以推廣無障礙環境的設計。《復健法案》並於一九七四年修訂（P.L.93-516），付予該管制局更大的權責。而後於一九七五年 94-142 公法，即《全體殘障兒童教育法案》中，聲明應使身心障礙學生擁有適性的教育，提出最少限制環境的理念，無障礙的校園環境於是成為特殊教育環境中的必然安排（Erekson, 1980; Velleman, 1980）。

美國於一九五○年代末期，提出無障礙環境的設計理念，而後各國陸續訂出相關的無障礙環境規格，以為各建築物的建造依循標準。例如，一九六一年美國國家標準協會（American National Standards Institute）提出「減低建築物障礙環境基本規格」（即 ANSI 規格），並

於一九八○年進行修訂，成為全美建築物建設的依循標準（Erekson, 1980; Velleman, 1980）。歐洲會議通過「使公共建築物容易為障礙者進出之設計與構成」決議文；瑞士對於障礙者之居住及復健有關建築物，分階段制定指導要領；歐美各國自一九六○年代以來，也積極推動無障礙環境；一九六○年代初期，英國建築家協會（RIBA）集合各方面資料製作建築指導手冊；一九七○年代初期，西德將有關障礙者使用建物規定納入德國規格 DIN 體系中；國際復健協會所屬技術情報中心整理英國、荷蘭規格資料，完成普及版，朝國際規準邁進；一九七四年聯合國與國際障礙者復健協會合作，根據聯合國障礙者生活環境專家會議整理出報告書等等，無障礙設計一詞於是普及。繼之國際標準機構（ISO）也完成目前之國際規格指南（林敏哲，民 81；曹淑珊，民 85；劉世閔，民 92）。

　　我國也因應障礙者的需要及世界的潮流，內政部於民國七十七年十二月於《建築技術規則建築設計施工編》中，增列第十章《公共建築物殘障者使用設施》之規定（內政部，民 92c）。教育部自民國七十八年起全面推展「建立無障礙校園環境」的理念與行動，列為發展與改進特殊教育五年計畫的重點工作之一（張蓓莉，民 81；楊國賜，民 81）。民國八十四年內政部又與營建署合擬一年的「加速推動無障礙生活環境執行進度表」，以具體推動無障礙環境設施。民國八十五年元月二十二日，全國的身心障礙者掀起抗議的浪潮，要求政府嚴格落實立法，使國內無障礙環境的改善有了更大的進步（黃旂濤，民 88）。《身心障礙者保護法》第二十三條也明訂：「各級教育主管機關辦理身心障礙者教育及入學考試時，應依其障礙情況及學習需要，提供各項必須之專業人員、特殊教材與各種教育輔助器材、無障礙校園環境、點字讀物及相關教育資源，以符公平合理接受教育之機會與應考條件。」

　　安排建築物的無障礙環境設施成為我國維護身心障礙者生活功能的必要措施。另一方面，為了使身心障礙學生得以順利就學，因而強

調對身心障礙學生的接納，及安置在適當的學習環境，於是無障礙的學習設備環境及心理接納環境也納入障礙者教育的一環，成為「最少限制環境」的涵義之一，並列為特殊教育及身心障礙福利相關法案中的必定規範事項（見表5-1）。

此外，其他包括《內政部處務規程》、《少年福利機構設置標準及許可辦法》、《老人福利法施行細則》、《老人福利機構設立標準》、《社會救助機構設立標準》、《民間辦理特殊教育獎助辦法》等等，也都將無障礙環境列入條文中，可見無障礙環境已在國內各建築領域內受到重視。

第二節　趨勢內涵

無障礙環境設施的使用對象：狹義乃單指身心障礙者或老年人等長期行動不便者；廣義而言則是全民適用，凡是需要者（如因車禍、運動傷害等造成暫時性的不便者）即可適當使用無障礙環境設施（張錫鈞，民91）。然而，並非所有無障礙環境設施均為行動不便者「專用」，即它是盡可能提供大家使用的設施（如斜坡道）；只是當行動不便者出現之時，應禮讓行動不便者「優先使用」。只有少數無障礙設施是行動不便者之專用，如身心障礙者專用停車位、專用廁所，一般人不應認為其閒置而占用或破壞（張蓓莉、林坤燦，民81）。

「無障礙的生活環境」乃指各種生活層面之環境處於無障礙狀況下，包括交通、建築、學習、工作、社區等各方面，其內涵包括軟體（他人態度、教材、教法、教學、工作機會及行政措施等）及硬體（建築物、公共設備、活動場所及交通工具等），協助障礙者與一般人一樣，在就醫、就養、就學、就業等方面，能安全而方便地使用設施及服務，以獲得生活上的「可及性」（accessibility），包括「可到達」、「可進入」、「可使用」，進而能在社會上有均等的競爭與生存空間。在學習環境方面固然要做到「不以障礙為理由而拒絕入

表 5-1　我國無障礙環境法案一覽表

年份	法案	條數	內容主旨
87	身心障礙者就業服務機構設施標準	3	身心障礙者就業服務機構之地點應選擇交通便捷之處，其空間及設施應顧及無障礙環境及身心障礙者特殊需要。
87	身心障礙者就業輔助器具補助辦法	4	身心障礙者參加職業訓練或就業所需輔具，其購置、製造、租用或改裝等費用，得申請補助。應改善之公共建築物、活動場所及公共交通工具，不符合無障礙環境之設施，應自行主動改善。
88	身心障礙者職業訓練機構設施標準及獎助辦法	4	身心障礙者職業訓練機構之設立，在空間、設施及交通情況應顧及無障礙環境及身心障礙者特殊需要。
88	高級中等以上學校提供身心障礙學生教育輔助器材及相關支持服務實施辦法	5	學校應依相關法令，並配合身心障礙學生之需求，建立或改善整體性之設施設備，營造無障礙校園環境。
88	國民住宅社區規劃及住宅設計規則	4	國民住宅社區規劃及住宅設計，應注意考量配合老人、障礙者及兒童之需要，提供無障礙環境。
89	中華民國憲法增修條文	10	國家對於身心障礙者之無障礙環境建構，應予保障。
91	身心障礙福利服務機構設施及人員配置標準	3	身心障礙福利服務機構之設施應注意空間及設施之設計，顧及身心障礙者之無障礙環境及特殊需要。
91	身心障礙者庇護工場設立及獎助辦法	14	直轄市、縣（市）主管機關對於庇護工場應依功能獎（補）助辦公室、休閒育樂、消防設施、無障礙環境、營運機具等設施設備。
91	身心障礙者庇護工場設施及人員配置標準	2	庇護工場之設施，應顧及庇護就業者特殊需要，提供無障礙環境。
91	高級中等學校就讀普通班身心障礙學生安置原則及輔導辦法	9	學校應建立無障礙校園環境，使身心障礙學生對校園設施及設備均符合可到達、可進入、可使用之要求，並注意安全及防範意外。
92	建築技術規則建築設計施工編	167-177	公共建築物障礙者使用設施標準。

續次頁

表 5-1　我國無障礙環境法案一覽表（續）

年份	法案	條數	內容主旨
93	身心障礙者保護法	16	中央應設立或輔導民間設立身心障礙復健研究發展中心，以促進身心障礙復健與無障礙環境之研究發展及整合規劃。
		23	辦理身心障礙者教育及入學考試時，應依其障礙情況及學習需要，提供各項必需之專業人員、特殊教材與各種教育輔助器材、無障礙校園環境、點字讀物及相關教育資源，以符公平合理接受教育之機會與應考條件。
	特殊教育法	24	學校應依身心障礙者學習及生活需要，提供無障礙環境、資源教室、錄音及報讀服務、提醒、手語翻譯、調頻助聽器、代抄筆記、盲用電腦、擴視鏡、放大鏡、點字書籍、生活協助、復健治療等必要之教育輔助器材及相關支持服務。

學」，以達到「有教無類」的理念；另一方面，也要排除校園內的各種有形與無形的障礙，使障礙學生能夠像一般學生一樣享受各種教育資源，進而接受「適性教育」，以達到「因材施教」的目的（林坤燦，民 81a；吳武典，民 81；陳香，民 92；Erekson, 1980; Velleman, 1981）。其中，學習生活之無障礙常指「無障礙校園環境」，而近來各領域也紛紛開闢探討無障礙環境的設計要素，如無障礙電腦環境、無障礙展示設計等，本節均闢空間予以探討。

一、無障礙校園環境

「無障礙校園環境」可就建築、學習、社會三個層面進行探討（張蓓莉，民 81；張錫鈞，民 91；楊國賜，民 81；劉世閔，民 92）：

（一）無障礙建築設施

傳統的無障礙環境是指供障礙者使用的建築（building）及其相關設備（facility）的物理性無障礙環境（Erekson, 1980）。依據我國

《高級中等學校就讀普通班身心障礙學生安置原則及輔導辦法》第九條規定：「學校為盡最大可能讓身心障礙學生與其他學生一同接受教育，應建立無障礙校園環境，使身心障礙學生對校園設施及設備均符合可到達、可進入、可使用之要求，並注意安全及防範意外」（教育部，民91a）。其意義如下：

1. 可到達：意思是讓障礙學生可以順利無阻礙地從任一地點抵達校園內所有建築物及環境設施。
2. 可進入：意思是讓障礙學生可以順利無阻礙地進入校園內各項建築物體及設施內。
3. 可使用：意思是讓障礙學生可以順利無阻礙地使用校園內各項公共設施及環境。
4. 安全及防範意外：主要在於確保建築物及設備的堅固，以避免使用時威脅到障礙者的生命及行動安全，造成二度傷害。

　　依以上原則，在建設無障礙環境時應注意幾個設計要點（林敏哲，民81；黃耀榮，民87；楊國賜，民81）：

1. 建築計畫及建築設計應以「無障礙環境」為原則。
2. 整體考慮建築物及其周圍環境，尤其是常被忽略的附屬部分。
3. 重要機能部分盡量集中於建築物的中心位置為宜。
4. 步道設計應讓障礙者易於辨別且安全到達目的地。
5. 建築物及空間的配置盡量採用直交動線系統（即棋盤狀路線系統），並建立定點標示或引導標示。
6. 考慮安全裝置，即使使用者以錯誤的方法運作設備也能保障生命安全。
7. 考慮各類障礙者的需求設計使用情況（參考表5-2）：
   (1) 肢體障礙者的需求及設計重點：肢體障礙者通常具有動作障礙及移動障礙，在設計上應考慮輪椅及拄拐杖者的使用行動空間、移坐方式、伸手可及範圍，及水平移動、垂直移動、

表 5-2　各類障礙者之障礙特徵及障礙能力分析

障礙別	障礙特徵	障礙表現
肢體障礙	1.上肢、下肢或軀幹（體）畸形麻痺，各關節無法活動或肢體不能站立。 2.需借重輪椅、枴杖、支撐等輔助設備。	動作障礙 移動障礙
視覺障礙	1.無法辨識物體形狀、視野狹窄、光學能力異常及不易分辨顏色。 2.需借重盲用手杖及引導設備等輔助設備。	資訊障礙 移動障礙
聽覺障礙	1.聽覺麻痺、聽野狹窄，或有複聽、聲音強弱敏感度差等聽覺障礙。 2.不易接受聲音訊息或信號。	資訊障礙
智能障礙	1.對訊息的辨識、認知能力不足。 2.運動機能及行為反應較遲緩。	資訊障礙

（引自黃耀榮，民 87，第 14 頁）

　　　　靠近設施的情況等。如設斜坡道或升降梯而能到達建築物二樓以上。

⑵ 視覺障礙者的需求及設計重點：視覺障礙者通常具有接收資訊的障礙及移動障礙，在設計時應考慮視覺障礙者看不清或看不見外界情況，應注意清除障礙物，並因應其特性設置觸覺及聽覺引導設施。如通道及建築物走廊設置導盲磚或導盲設備，並利用聽覺的警報裝置。又如樓梯扶手、功課表、課本、電梯按板、衛生設備等，應設有點字、放大字體或語音輔助系統。

⑶ 聽覺障礙者需求及設計重點：聽覺障礙者通常具有接收資訊的障礙，在設計上應考慮聽覺障礙者無法利用聲音溝通，因應其特性設置視覺引導設施，如利用視覺的警報裝置（如閃滅燈），及安排手語或明顯標誌導引等。

⑷ 智能障礙者的需求及設計重點：智能障礙者通常具有接收資訊的障礙，在設計上應考慮智能障礙者行動上的安全性，因應其特性設置各類圖案，以容易分辨公共空間等。如廁所符號以圖案標示男廁、女廁，而不是單以文字呈現。

　　我國內政部所公布的《建築技術規則建築設計施工編》中第十章《公共建築物殘障者使用設施》之規定，條文中對於無障礙設施，包括「室外引導通路」、「坡道」、「出入口」、「樓梯」、「升降梯」、「廁所及浴室」、「觀眾席位」及「停車位」等，均有具體的標準規範（內政部，民 92c）。依此原則，則在建築物的設計上應符合如表 5-3 的幾個要項，並規定在無障礙設施或附近明顯處所，設置國際所訂定的標準符號，呈現障礙者專用標誌（如圖 5-1）。

圖 5-1　障礙者專用設施標誌

（二）無障礙學習環境

　　為了使身心障礙學生擁有無障礙的學習環境，教學與輔導、設備與服務、輔具的運用等成為其中的要素，輔助性科技因此成為教學環境中的重要安排（見第六章）。我國《身心障礙者保護法》及《特殊教育法》指示相關單位依學生學習及生活需要，提供學生必要之教育輔助器材及相關支持服務等。其依各障礙類別所考量的向度如下（內政部，民 93a；吳武典，民 81；林坤燦，民 81b；曹淑珊，民 85；教育部，民 92b；楊國賜，民 81；Muhlenhaupt, 2002）：

1. 對肢體障礙學生

　　提供「行動輔助」措施，例如，提供肢體障礙學生缺乏的體育器材、機能訓練器材與設備及合適的課桌椅等。

2. 對聽覺障礙或語言障礙學生

　　提供「溝通輔助」措施，例如，錄音及報讀服務、提醒、手語翻譯、助聽器、代抄筆記、傳遞消息等。教師在表達上口齒需清晰，以一定的音量與速度正面向學生口述，板書字體應清楚，並善用視聽器

表 5-3　無障礙建築物設施標準

項目	內容	符合檢核	
		是	否
室外引導道路	• 寬度不小於 1.3 公尺。		
坡道	• 坡度不超過 1:20。		
出入口	1.包括避難樓層出入口、室內出入口、剪（收）票口，淨寬度不小於 80 公分。 2.地面順平。 3.裝設聽視覺警示設備。		
樓梯	1.不使用旋轉梯。 2.梯級踏面不突出。 3.加設防滑條。 4.梯級斜面不大於 2 公分。 5.梯級之終端 30 公分處配合設置引導設施。 6.梯緣未臨接牆壁部分，設置高出梯級踏面 5 公分防護緣。 7.樓梯底板至其直下方樓板淨高未達 1.9 公尺部分加設防護柵。 8.樓梯兩側裝設扶手。 9.扶手連續不中斷。 10.設於壁面之扶手，與壁面保留至少 5 公分之間隔。		
升降機	1.裝設點字、語音系統及供其使用之操作盤。 2.出入口淨寬度不小於 80 公分。 3.升降機出入口前方 60 公分處之地板面設置引導設施。 4.留設深度及寬度 1.5 公尺以上之輪椅迴轉空間。		
廁所及浴室	1.使行動不便者自由進出及使用門板。 2.內部設置固定扶手或迴轉扶手。 3.地面使用防滑材料。 4.廁所深度及寬度均不小於 2 公尺。 5.廁所附設於一般廁所內者，其淨寬度不得小於 1.5 公尺，淨深度不小於 1.6 公尺。		
觀眾席位	1.寬度在 1 公尺以上，深度在 1.4 公尺以上。 2.地板面保持順平。 3.加設扶手。		
停車位	1.設於便捷處所。 2.寬度在 3.3 公尺以上。 3.在明顯處標示行動不便者停車位標誌。		

整理自《建築技術規則建築設計施工編》（內政部，民 92c）

材等等。在環境安排上，學生座位的安排不宜太後面，學習場所宜選擇安靜地區，避免噪音影響聽覺接受結果。

3. 對視覺障礙學生

提供「視覺輔助」措施，例如，錄音帶、教師上課盡量口語詳述、提供聽覺及觸覺的學習材料、實物模型的實際操作、使用錄音繳交作業及考試，提供學生盲用電腦、擴視鏡、放大鏡、點字書籍及大字書籍、工具書、有聲圖書等。另外，標誌及文字宜以顏色明度對比強者呈現，學習環境之物品應定位不隨意更動，並應有適當採光以協助弱視學生擁有良好的學習環境。

4. 對智能障礙學生

應依學生的程度安排學習內容、課程、教材、教法及教具，以掌握學生學習成效。

（三）無障礙社會接納

無形的人文環境障礙，往往比有形的物理環境對障礙者的發展有更廣泛深遠的負面影響，如一般師生及社會人士對障礙學生的關懷與接納程度，也是影響障礙學生在校園內學習成就與生活表現的重要關鍵（Velleman, 1981）。因此，應設法消除學生學習環境中對障礙者的歧視、偏見，多提供障礙者表現的機會。在校園裡應注意以下幾點（吳清基，民81；楊國賜，民81）：

1. 提供障礙學生參與一般活動的機會。
2. 一般師生避免取笑障礙學生及談論其障礙問題。
3. 在適當的時候對障礙學生予以援手協助。
4. 學校加強對身心障礙學生的輔導，協助其適應學習、人際交往及活動。
5. 舉辦關懷身心障礙學生的活動，並鼓勵一般師生成立義工組織。
6. 舉辦特殊教育通俗講座，促進一般教師對特殊教育之正面關懷。

二、無障礙環境設計

　　落實無障礙環境，近來在各個領域陸續有學者及障礙者提出各領域環境設計安排，如無障礙電腦環境、無障礙展示設計等等，茲舉例說明，以釐清其中的概念：

（一）無障礙電腦／網路環境

　　近來由於電腦成為日常生活及學習環境中的必要工具，身心障礙者在使用電腦的過程中，卻往往面臨到距離、時間、學習管道、呈現方式等環境上的限制。在使用電腦或網路的學習環境中，障礙者首先需要克服輸入與輸出的困難。除了健全硬體設備之外，教材之內容亦應特別注意（彭映如，民 89）。無障礙電腦環境應注意兩個元素：

1. 障礙者本身的能力提升

　　此指藉由輔助性科技的使用，以使障礙者本身在動作、感官和認知等方面的弱勢表現獲得改善。例如，使用替代性鍵盤以協助肢體障礙者輸入文字，或藉由語音播報系統，以使視覺障礙者透過聽覺管道了解螢幕上的內容。

2. 調整電腦或網頁內容

　　藉由改善網頁內容，使其可及性提升，以使各類障礙的使用者正確且充分地讀取網頁內容的資訊。例如，網頁標題應建立相關的說明，以明確清楚表達意義。而在設計上，更應該注意各類障礙者讀取資訊的限制（王華沛，民 87；陳明聰、王聖博、郭俊旻、張祖銘，民 92）：

(1) 對視覺障礙者而言：電腦／網頁背景（background）與前景的顏色對比應明確清楚，字型不應太小，以提升視覺障礙者的辨識力；表單的呈現應做適當安排，以讓視覺障礙者利用螢幕閱讀機時，能明確知道讀取的所在位置；警告訊息應增加以聲音提醒，以做明確的提示。

(2) 對聽覺障礙者而言：在語音和影像檔中應提供字幕或文字檔的說明，以便聽覺障礙者也能藉由圖文了解電腦內容。

(3) 對肢體障礙者而言：應充分設計使用滑鼠做選擇的功能，以使肢體障礙者不一定需要使用精細的鍵盤操作才能達到點選的功能。

(4) 對認知功能缺損者：電腦／網頁內容不應做太多或過於複雜的連結設定，文字的訊息也不宜太難；必要的時候並以圖形符號資訊取代文字說明，以免認知功能障礙者難以充分理解呈現的內容。

(5) 注意力缺陷者：電腦／網頁內容若太長，又沒有運用標題加以區隔，會增加注意力缺陷者訊息擷取及閱讀理解上的困難。電腦／網頁的動畫或閃爍文字，對注意力缺陷者可能會造成分心而無法持久接收資訊，因此在電腦／網頁的設計上，應注意呈現簡單、明瞭的內容。

（二）無障礙展示設計

　　楊中信（民90）在文章中提出無障礙展示設計模式，認為在展示的過程中，設計師為傳送訊息的設碼者，將展示所要傳達的訊息設碼在展示媒介體中，參觀者透過其五官接收展示媒介體所傳達的訊息後，將此訊息解碼成為障礙者所能了解的訊息，此乃無障礙展示設計模式的原則。楊中信整理文獻指出可運用三種情境，以協助障礙者接收展示媒介體所擬傳遞的語言訊息，完成展示溝通的過程（楊中信，民90）：

1. 藉由輔助設備的輔助

　　例如，視覺障礙者利用視覺的輔助設備，如放大鏡或特殊眼鏡，看到足夠大的展示語言訊息；聽覺障礙者藉由聽覺的輔助設備，如借助助聽器及擴音器聽到展示的語言訊息。

2.利用殘餘的知覺感官功能

例如，使用色彩對比強烈的文字符號以傳達訊息；而多數聽覺障礙參觀者仍可能在無太多背景雜音干擾的環境下，聽到音量足夠大且聲音清晰的展示語言。

3.使用替代的語言訊息溝通管道

例如，視覺障礙的參觀者仍然可以利用聽覺感官管道聽到語言的訊息，或以觸覺管道觸摸到點字及符號、文字等展示語言訊息，聽覺感官與觸覺感官成為其可替代使用的溝通管道；而聽覺障礙的參觀者仍可利用其視覺感官管道看到展示的文字訊息。

其他障礙別，如智能障礙者、學習障礙者等等，均可以在考量過障礙者之障礙特質之後，做充分的考量，而呈現具有傳遞功能的展示內容及安排適合各種障礙者參觀的展示情境，如圖片輔助說明、充足的照明與較無背景雜音干擾的展示空間等。此即為無障礙展示設計模式的理念。

第三節　現況

「無障礙校園環境」為教育部八十三年起發展與改進特殊教育五年計畫的要項之一，當時教育部的計畫內容與執行項目包括：(1)規劃各級學校建立無障礙校園環境具體措施；(2)辦理無障礙校園環境之研習與宣導；(3)加強大眾認識特殊教育之宣導；(4)改善校園建築環境設施；(5)改善障礙學生上下學交通設施及住宿設施等（教育部，民84）。於是，當時中央及地方分別印製大量手冊，並編列充分經費以宣導相關觀念，市教育廳局並成立「無障礙校園環境清查暨督導小組」，以落實無障礙環境之執行推廣。無障礙環境最受到注意與加速推廣的時期約在八十五年左右。

由於法令之制度及倡導無障礙環境的設施日益受到重視，目前在校務評鑑中，無障礙環境亦為評鑑重點。雖然如此，無障礙校園環境

的具體措施仍然多只在特殊教育學校（班）最受到重視。一般學校由於身心障礙學生為少數，及一般經費不足，難以更改舊有建築物結構的情況下，無障礙環境之建造常顯得不夠理想，因此部分因校園非無障礙環境設施而引起的訴訟案例，仍見陸續發生（見新聞剪影）。

新剪聞影

無障礙環境判例

民國八十九年九月十三日，天雨。就讀於台北市某高中，患有先天性成骨不全症的「玻璃娃娃」顏同學，由熱心同學抱著爬樓梯準備前往上體育課時，由於學校無設置無障礙環境，及當天天雨路滑，不慎跌倒造成顱內出血，經送醫不治死亡。

事後顏父提出告訴，指稱該高中未設置無障礙校園環境……。（引自 chinesenewsnet.com）

而在社區及交通上，雖然無障礙環境在政府政策及學術理論中已被提出，然而卻因大眾的觀念及心態不理想，並未完全落實。例如，道路人行道上總有許多機車等障礙物置放，影響道路的流暢性，而使肢體障礙者行動困難；又如紅綠燈號誌未能普遍附設語言報導系統，影響視覺障礙者獨立的行動能力。

至於無障礙學習環境中，則由於近來電腦輔具在身心障礙學生的學習生活中占有一席之地，教育部在擴大內需的「全國資訊教育基礎建設」中，增列了校園無障礙電腦環境的建制（李天祐，民88）。無障礙電腦環境或無障礙網路環境成為近來障礙學生電腦學習環境的要素，其發展在近年來頗被重視。行政院研究發展考核委員會並制定無障礙網頁檢測，一旦經過委員會檢測認定為無障礙網頁的網站，則授

予權利張貼如圖 5-2 的標章於該網站首頁中，以為識別。

圖 5-2　無障礙網頁標章

第四節　趨勢討論

一、最少限制環境與無障礙環境

　　最少限制環境的要素之一在盡量消除障礙學生生活及校園環境中可能遭遇的障礙，希望使障礙學生與一般學生同樣享有生活及教育資源。為此，「無障礙環境」的實施不應只談狹隘的物理環境設施，舉凡任何會阻礙身心障礙者自由表現的建築、設備或人文環境皆應受到注意。因此，政府必須建立符合特殊學生需求的無障礙校園環境，免除特殊學生在學習情境中的障礙，並藉由適當教材及輔助器具的提供，協助身心障礙者操作及學習。這是我們在談「最少限制環境」時應當掌握的「無障礙環境」精神。

二、無障礙環境與個別化教育

　　為了掌握特殊學生個別化教育精神，考量障礙學生的需求而設計適當的教育環境，必須落實物理、設備以及人文各方面的無障礙環境。相對地，為了規劃一個屬於學生個別的無障礙環境，必定得充分掌握個別學生的教育需求，符合個別化教育精神，以便促使身心障礙學生在適當的學習環境中擁有最有利的學習狀態。其實，無障礙環境乃與個別化教育精神息息相關。

三、無障礙環境的領域

　　為了使身心障礙者的生活處於無障礙的環境之下,達成「可到達」、「可進入」、「可使用」、「方便」及「安全」原則的無障礙物理環境,應盡可能地延伸至身心障礙者的每一個生活環節。因此,舉凡身心障礙者的校園生活、學習生活、工作生活、社區生活甚或家庭生活,皆應該做全面性的考量。目前政府單位所建造的無障礙環境著重在公共建築或設備上,包括學校、公共建設、公園、街道和交通設施等,然而與生活息息相關的個人居家環境,雖然可以依法向內政部提出無障礙居家環境設置補助,卻還沒有受到普遍的重視與全面的推廣,此乃推行無障礙環境應該再努力的一環。

　　為了使身心障礙者在其學習及日常表現擁有適當的生活能力,其生活所及的元素皆應做充分的環境設計與安排,無論在建築物理環境、設備環境或人文態度環境皆應充分地調整,以使身心障礙者「可到達、可進入、可使用」環境中的任何空間,而能在無障礙環境中充分地學習與發揮其功能表現。

第六章

輔助性科技

claimed that the passage of the claimed that the passage
of the Act and its subsequent.....increased public
awareness of disability and changed attitudes.....
a statutory framework for service to which disabled
people were entitled... to involve........

　　輔助性科技（assistive technology，簡稱 AT），或稱為輔具／輔助器材（adaptive equipment），使視覺障礙者能夠獨力行走，使聽覺障礙者能夠說話，使肢體障礙者能夠操控家中的電器。現代科技（technological advances）使輔助性科技的發展愈見完整，而使障礙者的學習能力、行動空間和技能大為擴增，各類障礙者能夠表現出原來不能的生活功能。因此障礙者權利運動領導者（disabilities rights leaders）認為，科技的應用在二十一世紀將成為障礙者的平等促進者（equalizer）（Cavanaugh, 2002）。

第一節　源起與發展

　　美國於一八七九年制定《促進盲人教育聯邦法案》（Federal Act to Promote the Education of the Blind），呼應盲人對點字書與觸摸教具的需求，在聯邦法案中首次出現科技輔具的教育設備條文（Fein, 1996，引自陳明聰，民 93b），因而全面推展輔助性科技。經過多年來的發展，到一九九五年全美已有超過六十個與輔助性科技有關的立法、規定、計畫或活動（Galvin & Wobschall, 1996，引自陳明聰，民 93b）。其中較為重要的法案包括《障礙者科技輔助法案》（Technology-Related Assistance for Iniviuals with Disabilities Act，簡稱 TRAIDA; Tech Act）──即今《輔助性科技法案》（Assistive Technology Act，簡稱 ATA）、《復健法案》（Rehabilitation Act）、《美國障礙者法案》（American with Disabilities Act，簡稱 ADA）、《障礙者教育法案》（Individuals with Disabilities Education Act，簡稱 IDEA）等等，這些法案陸續予以多次的修訂。

　　一九八八年美國公布 100-407 公法，即《障礙者科技輔助法案》，強調政府應提供障礙者輔助性科技之必要「設備」以及「服務」。這項法令的頒布，成為輔助性科技發展重要的里程碑，不但加強了科技在特殊教育中的重要性，並且促使特殊教育和其相關服務更

加完善。一九九四年《障礙者科技輔助法修正案》103-218 公法並提出制度改革方案，要求各州政府負責貫徹制度改革，並繼續補助各州五年每年約五千萬美元的金額（Wallace, Flippo, Barcus, & Behrmann, 1995，引自朱經明，民 86）。一九九八年，《輔助性科技法案》（ATA; P.L.105-394）取代 TRAIDA，以全方位設計（universal design）原則推展輔助性科技服務，以減少設計專屬於障礙者的特定輔助性科技的動作，促使障礙者更容易接近資訊科技、電訊（telecommunications）、交通、環境結構（陳明聰，民 93a），期讓障礙者享有的科技與主流科技同步。

　　在教育法案中，首先出現輔助性科技的定義為一九九○年的《障礙者教育法案》，該法案同時在一九九七年中強調，在早期療育、就學期間及轉銜服務階段都須加入科技設備與服務，指出學生的個別化教育計畫中應該評估學生的輔助性科技需求，並且在特殊教育專業人員訓練方案中增加教育工學及輔助性科技內容（Lahm & Sizemore, 2002; Morse, 2000）。一九九二年 102-569 公法《復健法修正案》（Rehabilitation Act Amendments）中，職業復健局（vocation rehabilitation offices，簡稱 VR）也指出在為其個案擬訂個別化的書面復健計畫（Individualized Written Rehabilitation Plan，簡稱 IWRP），即今個別化就業計畫（Individualized Plan of Employment，簡稱 IPE），應陳述個案所需要的復健科技。

　　國內相關法規中並無「輔助性科技」一詞，而使用「輔具」、「輔助器具」或「教育輔助器材」等名詞。民國九十年修正通過的《特殊教育法》中，規定學校應提供身心障礙學生更多的教育輔助服務，其中第十九條規定：「學生屬身心障礙，各級政府應減免其學雜費，並依其家庭經濟狀況，給予個人必需之教科書及教育輔助器材。」第二十四條規定：「就讀特殊教育學校（班）及一般學校普通班之身心障礙者，學校應依據其學習及生活需要，提供無障礙環境、資源教室、錄音及報讀服務、提醒、手語翻譯、調頻助聽器、代抄筆

記、盲用電腦、擴視機、放大鏡、點字書籍、生活協助、復健治療、家庭支援、家長諮詢等必要之教育輔助器材及相關支援服務。」（教育部，民93）（見表6-1）。

此外，在《特殊教育設施及人員設置標準》（教育部，民92a）、《各級主管教育行政機關提供普通學校輔導特殊教育學生支援服務辦法》（教育部，民 88d）、《特殊教育學生申訴服務設施辦法》（教育部，民 88c）、《身心障礙者就業服務機構專業人員遴用暨培訓辦法》（教育部，民 88e）、《內政部處務規程》（內政部，民 91a）等，均有輔具服務與輔具研發相關的規定。

第二節　趨勢內涵

輔助性科技包括兩項內涵：(1)設備（devices）及(2)服務（services）（Kapperman, Sticken, & Heinze, 2002; Parette & McMahan, 2002）。

一、輔助性科技的意義

美國 100-407 公法《障礙者科技輔助法案》首先對「輔助性科技」進行定義：「直接由市面上購買、訂置，或進一步改良的（modified）設備或產品，其目的在提升、維持或增進身心障礙者之功能表現。」（Cavanaugh, 2002）輔助器材係以學生為導向，因學生之個別需要而變更或設計，其產品可分為三種：(1)一般產品的改良品，將原有產品附加一些功能，使之符合個人的特殊需求，例如攜帶式電子字典；(2)在一般科技上加入一些額外的配件，例如電器加裝氣壓開關，或者附加語言軟體，使障礙者能使用該產品；(3)為身心障礙者需求特別設計開發的產品，例如微電腦語音擴大性溝通板（Ashton, 2000）。其中又可分為「高科技」（high technology）、「中科技」（middle technology）與「低科技」（low technology）產品。高科技指的是有精密裝置的設備或產品，通常具有電源設備，例如，多媒體電

表 6-1　我國輔具相關法案一覽表

年份	法案	條數	內容主旨
87	身心障礙者就業服務機構設立及獎助辦法	5	身心障礙者就業服務機構，應視業務性質置各類專業人員，包括就業輔具服務員。
		6	身心障礙者就業服務機構應依其業務性質辦理各類個別化就業服務業務，包括就業輔具服務。
87	身心障礙者就業輔助器具補助辦法	3	就業輔助器具係指恢復、維持或強化身心障礙者就業能力之器具。 輔具如為電腦時，應包括工作者在其工作上所需之軟體。
		4, 7	身心障礙者參加職業訓練或就業所需輔具，其購置、製造、租用及改裝等費用，得由其本人、訓練單位或雇主申請補助。
		6	行政院勞工委員會應蒐集就業輔具相關資訊，提供身心障礙者福利機構、團體或個人參考運用。
87	身心障礙者職業輔導評量辦法	3, 5	職業輔導評量之內容，依身心障礙者之個別特質，實施就業輔具或職務再設計服務。
88	高級中等以上學校提供身心障礙學生教育輔助器材及相關支持服務實施辦法	2, 3	學校應依身心障礙學生之學習需求，提供必要之教育輔助器材，並設立資源教室，提供相關支持服務，包括調頻助聽器、盲用電腦、擴視鏡、放大鏡、點字書籍，及其他協助身心障礙學生克服生理機能障礙，促進學習功能之器材。
91	身心障礙福利服務機構設施及人員配置標準	22, 23	福利服務中心提供輔具服務者，應增設輔具服務室、提供輔具服務等相關事宜。
92	特殊教育法施行細則	11	鑑輔會應就鑑輔會會議所為安置決議，於身心障礙學生入學前，對安置機構以書面提出教育輔助器材準備之建議。
92	職能治療師法	12	職能治療師業務包括副木及功能性輔具之設計、製作、使用訓練與指導。
93	身心障礙者醫療及輔助器具費用補助辦法	2, 5, 6	申請輔助器具費用補助之資格及經費核撥方式。
		4	輔助器具係指協助身心障礙者克服生理機能障礙，促進生活自理能力之器具。

續次頁

表 6-1 我國輔具相關法案一覽表（續）

年份	法案	條數	內容主旨
93	身心障礙者保護法	2, 18, 19, 27, 29	衛生主管機關主管身心障礙者之醫療復健輔助器具之研究發展等相關事宜；教育主管機關主管特殊教育輔助器具之研究發展；勞工主管機關主管身心障礙者就業職業種類與輔助器具之研究發展及相關服務。
		23	辦理身心障礙者教育及入學考試時，應依障礙情況及學習需要，提供各種教育輔助器材，以符公平合理接受教育之機會與應考條件。
93	特殊教育法	19	學生屬身心障礙，各級政府應減免其學雜費，並依其家庭經濟狀況，給予個人必須之教科書及教育輔助器材。
		24	就讀特殊學校（班）及一般學校普通班之身心障礙者，學校應依據其學習及生活需要，提供手語翻譯、調頻助聽器、代抄筆記、盲用電腦、擴視鏡、放大鏡、點字書籍等必要之教育輔助器材及相關支持服務。

腦、有聲點字機等；中科技雖然也常有電源裝置，但通常是指使用比較不複雜的科技改良現成的設備或產品，例如，電動玩具上加裝經過改良的加大按鍵開關等；而低科技則通常是指不具有電源裝置的物品，例如，盲用放大鏡（Ashton, 2000; Cavanaugh, 2002）。除了硬體的輔具或設備之外，運用一些媒介來改善身心障礙者的生活，均屬於輔助性科技的範疇，例如，調整電腦作業環境以利身心障礙者操作。

美國在一九九〇年通過《障礙者教育法案》（IDEA; P.L. 101-476），其中 C 編（part C）規定教育主管機關應提供教育相關的各項輔助性科技，並且強調在早期療育、就學階段及轉銜服務中加入科技設備與服務。一九九七年的《IDEA》修正案中，更強調輔助性科技在特殊教育中的角色，其中的條文有（陳明聰，民 93a）：

1. 提供服務的公立機構應主動提供輔助性科技或負擔其中費用。如果未能如此，而由教育單位提供的話，教育單位可以向這些機構收取該經費（reimbursement）。

2. 發展個別化教育計畫（IEP）時應考量學生是否需要輔助性科技。

3. 進一步地設計、發展和統整科技、輔助性科技設備、媒體和教材，以改善障礙者早期療育、教育、轉銜的服務與成果。

4. 聯邦政府要支持各項服務和活動，以改善障礙學生早期療育、教育、轉銜的服務與成果之科技的研究與發展。

　　而我國在輔助器具的定義上，有兩個法案提及：(1)《身心障礙者醫療及輔助器具費用補助辦法》：「輔助器具係指協助身心障礙者克服生理機能障礙，促進生活自理能力之器具。」（內政部，民 93b）(2)《身心障礙者就業輔助器具補助辦法》：「就業輔助器具係指恢復、維持或強化身心障礙者就業能力之器具。輔具如為電腦時，應包括工作者在其工作上所需之軟體。」（內政部，民 87a）

　　特殊教育對身心障礙學生的教學，除強調矯治教育，期望能改善其缺陷的能力外，也注重補償教育，希望藉由適當管道，來協助學生繞過（by-pass）其障礙，而後運用他們的優勢能力充分參與學習。輔助性科技的角色即擴大（augment）學生殘存的能力，繞過無法發揮的能力，或補償（compensate）較為不足或有待提升之能力（Lewis, 1993），此即科技輔具的功能。

二、輔助性科技服務

　　若無完善的輔助性科技服務，即使障礙者取得設備，仍不能充分協助其生活表現，因此應安排充分的支持（Edyburn, 2002; Kapperman, Sticken, & Heinze, 2002; Lahm & Sizemore, 2002; Parette & McMahan, 2002）。《IDEA》明確規範應提供障礙者輔助性科技服務，其將輔助性科技服務定義為：「直接幫助障礙者選擇、獲得或使用輔助性科技設備的任何服務。」這些服務包括（Senate and House of Representatives of the U.S.A., 1997）：

1. 評估障礙者輔助性科技的需求，包括在其生活環境中表現的功能評

估。

2. 購買、租借及其他獲得輔助性科技設備的服務。

3. 選擇、設計、調整、訂做、應用、申請、保養、維修或更換輔助性
科技設備的服務。

4. 協調及使用與輔助性科技設備有關的其他治療、介入（interventions）或服務，這些均與學生的教育和復健計畫相結合。

5. 對障礙者或其家庭提供有關輔助器具使用的需求評估、訓練及技術
協助。

6. 提供專業人員（包括教育及復健服務人員）、雇主或其他相關人員
訓練和技術協助。

三、輔助性科技設備

在特殊教育的應用上，輔助性科技可以分為以下幾種類別（王華
沛，民 87；王曉嵐、吳亭芳、陳明聰，民 92；杞昭安，民 90；吳亭
芳、陳明聰、王華沛，民 89；李芃娟，民 86；陳明聰，民 93a；Ashton, 2000; Forgrave, 2002; Kapperman, Sticken, & Heinze, 2002; Parette &
McMahan, 2002）：

（一）聽覺輔具

對於聽覺障礙者，可以利用一些助聽設備（assistive listening devices）彌補聽覺方面的缺失，例如助聽器、多頻道調頻助聽器（見圖
6-1）、聾人電訊溝通器（telecommunications devices for deaf persons，
簡稱 TDDs）等等。

（二）視覺輔具

擴視機、放大鏡可以提升弱視者之閱讀能力；有聲時鐘、有聲計
算機、柏金斯點字打字機（見圖 6-2）、點字印表機、點字閱讀機、
語音合成器系統（speech synthesizer）等，可以使視覺障礙者藉由觸

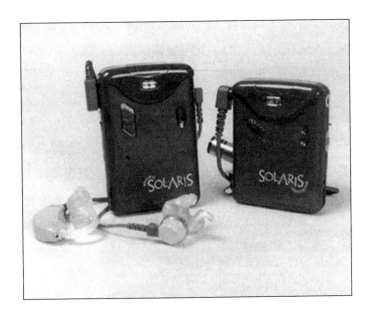

圖 6-1　多頻道調頻助聽器

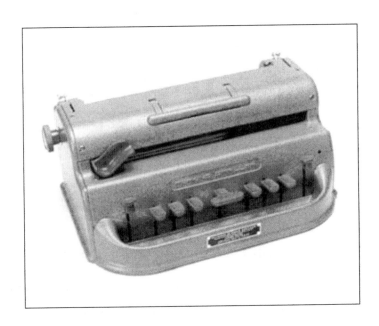

圖 6-2　柏金斯點字打字機

摸或聽覺得到訊息；具錄音功能的PDA可以協助視覺障礙者隨時做筆記。而新近開發的「盲用點字圖形繪圖軟體」（Tacitile Graphics Designer），可以透過 Windows 介面的操作環境，使盲生發揮其繪圖的創造力。

（三）行動輔具（mobility aids）

行動輔具可以提升肢體障礙或身體病弱者獨立行動的能力，如輪椅、枴杖、各式助行器（walker）（見圖 6-3）等。而定向行動輔具，如雷射手杖（lacer cane）、導盲器（pathsounder）等，更可以協助全盲學生擁有良好的行動能力。

圖 6-3　助行器

（四）支撐或擺位輔具（body support / positioning aids）

協助障礙者在坐或站等靜態時，有良好的姿態、能持續較長時間，以及可以預防關節變形。如脊柱側彎者可藉由泡棉材質之輔具，以避免側彎的惡化加速；又如腦性麻痺的個案可以藉由擺位椅，而能

持續較長的坐姿時間。另外，如站立架以及各式預防褥瘡的坐椅、坐墊等，皆屬於擺位輔具。

（五）學習輔具

例如，寫字輔具、寫字座、筆架固定器等，可增加書寫障礙者及腦性麻痹者寫字的穩定性；盲用錄音機（聽讀索引卡帶）使視障學生擁有良好的學習工具；又如計算機加大按鈕面積，可以方便精細動作控制不佳的學生使用；而利用電腦軟體的協助，如文書處理、文字預測系統，可以訓練學習障礙者之寫作技能。

（六）溝通輔具

提升溝通障礙者與他人溝通互動的能力，最常見的為擴大及替代性溝通系統（augmentative and alternative communication systems）。擴大及替代性溝通系統可分為兩類：一類是指不需要依賴個體之外的器材或設備即能進行的溝通方式，例如，手勢、表情及手語；另一類的溝通方式則在外物的協助下完成，例如，由簡單的紙筆、打字、字母表、圖卡或高科技的微電腦語音溝通版（見圖6-4）完成溝通。

圖 6-4　微電腦語音溝通板

（七）生活輔具

在飲食方面，使用附有吸盤的餐具，或加上止滑墊，協助肢體障礙者或手部功能不佳的障礙者進食；又如切口杯、長吸管，可以使頭部活動度受限的障礙者順利喝水。在衣著方面，以黏扣帶的方式替代鈕扣，簡化穿衣的複雜性，方便肢體障礙者或智能障礙者自行穿衣。在如廁方面，安裝馬桶加高器及自動化的沖水設備等，可以使肢體障礙者具獨立如廁的能力。在生活安全性方面，例如視覺呼叫器，可以將聲音轉換成燈光，以為聽覺障礙者傳達危險訊息等。

（八）環境控制輔具

環境控制系統（environment control units）是藉由電子設備，例如開關（switches），來操控環境中的設備。可以根據障礙者的生理動作，如大肌肉動作和重壓、輕壓、摸，或吹、吸氣，以讓嚴重肢體障礙者操作各種事先設定好的電器設備，強化獨立生活的可能；另外，如電動門、遙控器、電腦介面，可以操控環境。控制系統讓障礙者在不需要旁人協助下，對周遭環境有主控力，以積極並成功地與環境互動。

（九）電腦操作介面

透過特殊的操作介面，能快速準確地操作電腦，及延長障礙者的使用時間。操作介面在輸入的部分，包括概念鍵盤（concept keyboard）（由文字、記號或圖片的紙張覆蓋在垮狀鍵盤上）、人體工學鍵盤（ergonomic keyboard）（順應障礙者人體工學的需求而有不同的設計）、擴大或迷你鍵盤（mini keyboard）、延伸鍵盤（expanded keyboard）（鍵的反應可以設定延續 0-2 秒）、點字鍵盤（braille keyboard）、鍵盤護框、按鍵鎖、軌跡球（trackerball）、觸控式螢幕（touch screen）、語音辨識系統、打字輔助器、頭部指標遙控器

（head pointers）、口桿器（mouth sticks）、搖桿（joy-stick）等；輸出設備則有強化視覺顯示的螢幕、點字顯示器、語音合成系統、螢幕閱讀器等。

（十）電腦輔助軟體

　　使用電腦輔助軟體的重點在提高學生對課堂活動的獨立參與。身心障礙學生可以使用文書處理、拼字檢查、字預測與字庫、文法及字體檢查等功能，來協助書寫障礙者完成書面報告（吳亭芳、陳明聰、陳麗如，民92）。語音辨識系統對於視覺障礙者在讀取電腦時有很大的幫助，例如金點一號可以將電腦上游標所在列的文字轉譯成點字及／或聲音（參考資訊櫥窗──金點一號）。又如蝙蝠語音導覽系統可將游標所在的位置以語音播放其內容，而視障資訊網路系統也具有報讀網路資訊的功能，均可方便視覺障礙者隨時掌握充分的資訊。藉由電腦輔助軟體的安排，將可以使身心障礙者的電腦使用範圍擴大。而近十幾年來各界一直研發的電腦輔助教學（Computer-Assisted Instruction，簡稱 CAI）（參考資訊櫥窗──CAI 與聽障教育），也成為特殊教育中常用的教學輔助器具之一。

資訊櫥窗

金點一號

　　金點一號中文電腦點字觸摸顯示器乃由淡江大學教授於民國八十年開發，一套約 38,000 元，其設備包括：點字輸入、點字輸出與語音輸出三個部分。可系統化地將螢幕上游標所指列的文字同步轉譯為國語點字，視覺障礙者可以在點字顯示器上隨時以點字觸摸的方式閱讀螢幕上的內容。

資訊櫥窗

CAI 與聽障教育

美國應用於聽覺障礙者的電腦輔助教學方案大致可以分為三個領域：讀唇訓練、符號訓練及發音訓練。除了針對生理缺陷而給予教育訓練外，亦有專為擴展聽覺障礙者思考及解決問題技巧之訓練。（引自李禎祥，民84）

上帝的疏忽　科技來彌補

四、輔助性科技的應用

採用功能取向的觀點時，應當省思輔助性科技如何使障礙者表現其原本不能的能力（Morse, 2000）。美國 100-407 公法指出，輔助性科技可以協助障礙者達到幾項功能：(1)對自己的生活有較大的控制能力；(2)對家庭、學校、工作環境及社區有較多的參與及貢獻能力；(3)與非障礙者有較多的互動；(4)可以獲得與非障礙者同樣的機會（朱經明，民86）。輔助性科技的提供須針對身心障礙者的需求來設計，且須由專業人員來製作和維修，以強調身心障礙者可接近環境（accessiblity），減少環境的障礙限制（杞昭安，民90）。一般常以專業團隊及以家庭為中心的模式進行輔助性科技的評估與服務提供，以教育人員、職能治療師、物理治療師、語言治療師等組成團體，並強化相關專業人員的培育，思考如何進行跨單位的合作來共同提供學生輔具設備（Lahm & Sizemore, 2002）。

第三節　現況

輔助性科技對身心障礙者在各領域的表現有相當的助益，然而，現今輔助性科技仍未普遍應用在身心障礙者的生活之中，尤其安置在普通班內的身心障礙學生，由於教師的相關知能不足，認為輔助性科技為特殊教育的專業領域，而常常沒有善用輔助性科技（杞昭安，民90；Cavanaugh, 2002; Forgrave, 2002）。因此，如何推廣輔助性科技的運用為當務之急，台灣地區各級單位紛紛成立各種性質的服務，期望使身心障礙者充分運用輔具資源。

一、科技輔具研究發展中心

我國國家科學委員會於民國八十九年五月成立北、中、南三區科技輔具研究發展中心，分別由台灣大學、中山醫學大學、成功大學負

責各區域職務之運籌，期能集合學界之資源，促進跨專業整合，來改善身心障礙者之就醫、就養、就學與就業等問題。所服務之障礙者年齡層涵蓋學齡前階段及學齡階段、成人，甚至銀髮族之長輩，其服務內容包括（國家科學委員會中區身心障礙者輔具研發中心，民91）：

1. 個案服務：分為定點服務及外展服務，內容包括輪椅及擺位評估、居家環境改造、電腦輔具評估、輔具調整維修、一般輔具諮詢等等。

2. 提供現場展示與試用：專業人員進行現場輔具評估與試用。

3. 教育推廣：舉辦創新輔具發表會、輔具研習會，並製發各種衛教資料。

4. 輔助器具開發：提供開發中輔具諮詢、建議，以及新開發輔具的使用與評估。

5. 輔具服務制度研議：舉辦專家座談會，協助社政單位研議適合國情的輔具服務制度。

6. 蒐集國內外輔具相關資料。

二、醫療復健輔具中心

　　行政院衛生署自民國八十六年起，在台灣各地區推動成立「身心障礙者醫療復健輔具中心」，各輔具中心均有教學、研發及服務功能，主要提供身心障礙者必須之各式輔具服務及轉介服務，分別位於北部、中部、南部、東部及東北部，區域級以上醫院復健部門設立。期以輔具中心為核心，整合區域內復健輔具資源，建置社區化服務網絡。並希望與衛生、社福及教育體系、專家團體合作，建立緊密合作關係，至民國九十二年已成立十一個中心（見表6-2）。

三、特殊教育資源中心

　　在教育體制中，目前台灣地區各縣市均有成立特殊教育資源中心，能夠獲得政府單位一定經費補助，以評估區域內身心障礙學生之

表 6-2　台灣地區醫療復健輔具中心一覽表

醫院	中心地址	電話
北區		
台北榮民總醫院	台北市北投區石牌路二段 201 號	(02) 28712121 轉 3494
台大醫院	台北市中山南路 7 號 復健部一樓	(02) 23123456 轉 7292
林口長庚紀念醫院	桃園縣龜山鄉復興街 5 號復健科	(03) 3281200 轉 3852
東元綜合醫院	新竹縣竹北市縣政二路 69 號	(03) 5527000 轉 3214
中區		
中山醫學大學附設復健醫院	台中市北屯區太原路三段 1142 號	(04) 22393855 轉 1155, 1156
佑民綜合醫院	南投縣草屯鄉太平路一段 200 號 3 樓	(049) 2358151 轉 1330 (049) 2332390
南區		
嘉義基督教醫院	嘉義市忠孝路 539 號	(05) 2765041 轉 3067
高雄長庚紀念醫院	高雄縣鳥松鄉大埤路 123 號	(07) 7317123 轉 2849, 2890
東區		
羅東博愛醫院	宜蘭縣羅東鎮南昌街 83 號	(03) 9543131 轉 3321, 3322
花蓮慈濟醫院	花蓮市中央路三段 707 號	(03) 8561825 轉 2317, 3281
馬偕紀念醫院台東分院	台東市長沙街 303 巷 1 號	(089) 310150 轉 490, 491

需求，並採購必要之輔具。此外，亦提供專業支援及資源，其中包括輔助性科技的借用與應用指導，教師可以直接向各中心獲取他們所需要的協助，以利教師在教室中使用輔助性科技於教學上，提高身心障礙學生的學習效益，以達適性教育之目的。

　　此外，民國八十七年辦理的中小學擴大內需採購電腦網路相關設備時，亦為身心障礙學生採購相關的電腦上網輔具設備，配置至各中小學特殊教育學校班，以期身心障礙學生能夠順利使用網路（陳明聰、王華沛，民 87）。

四、各區域機構輔具資源中心

　　許多機構為了身心障礙者的實際需求，研究發展相當多元實用的輔具，並且由各地區政府提供補助經費成立輔具中心，例如，心路文教基金會輔具中心、第一康復輔具服務中心、伊甸輔具服務中心、瑪莉亞復健部輔具資源中心、勝利之家復健暨輔具資源中心、台南無障礙之家，以及財團法人第一社會福利基金會所設立的第一輔具展示中心等等，提供身心障礙者及家屬、醫療復健及教育專業人員專業諮詢、評估與指導。其服務內容包括：輔具的簡易修繕與借用服務；建立身心障礙者輔具資料系統，提供借用或參觀；建立輔具網路資訊提供需要者參考；專業團隊到宅評估重殘者對輔具的需求；協助設計「個別化輔具」；建議居家無障礙設施及購置適當的輔具，以改善其居家生活品質等等。

第四節　趨勢討論

一、學校提供輔具的範疇

　　美國特殊教育服務局（Office of Special Education Programs，簡稱OSEP）在一九九三年的規定中，即修改過去學校不提供個人設備（如輪椅、助聽器）的規定，而要求學校需依學生的 IEP 來決定提供的設備；亦即如果制定 IEP 的小組決議個案需要輔助性科技，才能完成其免費而適當的公共教育，則學區必須免費提供此項輔助性科技設備（Bowser & Reed, 1995）。Bowe（1995）解釋OSEP的政策為：如果此項輔助性科技設備只有在學校課程中使用且為教育所必需，則應免費提供；但若此項科技設置是學生整年終日及課後使用，如輪椅等，則屬個人設備，教育機構不予免費提供（引自朱經明，民86）。

　　依據《IDEA》法案規定，為了符合適性之公共教育的原則，應

由 IEP 小組決定學生在達成教育目標、接受相關服務時所需要之輔助性科技，並撰寫在學生的 IEP 內，校方需依計畫提供所列的輔助性科技產品或服務項目（Senate and House of Representatives of the U.S.A., 1997）。

二、輔助性科技的選擇

在應用輔助性科技前應做充分的準備，依據學者（Edyburn, 2002; Parette & McMahan, 2002）的建議，在選擇輔助性科技前應該要思考幾個問題：

1. 希望達到什麼目的？
2. 輔助性科技器具能提升什麼表現或功能？
3. 要如何使用該輔助器具？
4. 多久使用該設備一次？
5. 需要什麼訓練？
6. 要付費多少？
7. 需要哪些協助？
8. 誰將提供協助？

三、輔助性科技的使用服務

因為輔助性科技設備的應用是需要訓練的，美國法案因此指示輔助性科技應包括設備與服務，方能善盡其功能。許多學者均紛紛提出輔助性科技服務的重要性，認為如果沒有適切的訓練與環境的支持，輔助性科技的功能將大為減低（李芃娟，民 86；Butler, Crudden, Sansing, & LeJeune, 2002）。

另外，輔助性科技政策的落實需要龐大的經費，美國由於有各種法案的支持，例如《復健法案》、《勞動力投資法案》（Workforce Investment Act）、《醫療補助、健康保險及電訊溝通法案》（Medicaid, Medicare, the Telecommunications Act）、《輔助性科技法案》等等，障

礙者可藉由表達各種目的與需求，而透過合法的管道取得經費的補助（Butler, Crudden, Sansing, & LeJeune, 2002）。在國內，除《身心障礙者保護法》以及《特殊教育法》上的相關規定外，並未有充分的支援提供相關的服務或經費補助，使得障礙者在輔助性科技的取得與應用上並未普遍。

四、機能表現與能力提升

　　輔助性科技的功能在提升身心障礙者的機能表現，並不能因此直接提升障礙者的學業能力。例如，點字輸入能使視覺障礙學生藉由電腦完成一篇文章，但是如果老師沒有教導其寫作的原則，則視覺障礙學生仍可能文法錯誤百出，而使他人無法理解內容。因此教師應該了解，身心障礙者在有較好的身體機能表現之後，仍應該設計適當的教學技巧與策略，方能真正提升障礙者的能力表現，達到特殊教育的目的。所以，特殊教育工作者應了解各種輔助性科技的可行性及其限制，並配合課程的指導，來提升障礙學生的能力表現。

五、輔助性科技成功應用的要素

　　輔助性科技應用的成敗常取決於以下幾個要素（吳亭芳、陳明聰、王華沛，民 89；Edyburn, 2002; Lahm & Sizemore, 2002; Smith & Robinson, 2003）：

1. 完整詳盡的評估介入：完整詳盡的評估才能知道適合個別身心障礙者的輔具為何，使輔具發揮最大的效益。
2. 以專業團隊的型態提供服務：以專業團隊的型態進行輔助性科技的篩選及訓練，以專業人員加上普通教育、特殊教育教師及家長密切配合，才能為身心障礙學生選取最適合的輔具，並且加以訓練後，應用在教育環境之中。
3. 引導學生參與決策過程：在輔具的選取與訓練過程中，學生本身的動機以及意願相當重要，因此評估過程中，應引導學生共同參與決

策的過程。

4. 加強相關人員對輔助性科技的知能：教師或家長等相關人員對輔助性科技的認識與態度，往往影響障礙者應用輔助性科技的效益。因此，為了讓障礙學生都能應用相關的輔助性科技設備來協助其學習，則相關人員應建立正確的器具使用態度，並且接受適當的訓練，以具備使用相關設備的知能。

六、選擇輔助性科技的流程

　　Baumgart 等人於一九八二年提出發展個別輔具流程，共五個（引自杞昭安，民 90）：

1. 為教學選擇一個合適的環境：選擇學生想從事活動之環境，該環境的選擇須以學生為考量。
2. 描述在環境中所需之活動和技能：選取一特定環境之後，描述一般人在該環境中，表現其工作所需之活動及技能。
3. 評估障礙學生的表現：評估身心障礙者在環境中如何表現，並對其表現予以記錄。
4. 確認學生有困難的表現：確認哪些是一般人能勝任，而身心障礙者卻有困難之表現。
5. 發展適性的教學策略：發展輔具，包括環境改變及教導他們促進參與的策略。對於不同技能的每一小項，決定如何教導才能使其靈巧地應用輔具。

七、輔助性科技的開發

　　我國輔助性科技的內容多為聽覺障礙、視覺障礙與肢體障礙者運用的輔具，對於其他障礙類別所需的輔具則常無法充分開發與應用；且國內許多輔助性科技均由國外開發，屬於較本土化的應用則常受到忽略。因此，應鼓勵教師及相關人員因應事實的需要，從事本土應用的輔助性科技研究及產品開發，並促進輔助性科技相關資訊的傳播，

以使輔助性科技充分運用於障礙者日常生活之中。

　　二十一世紀科技帶來了人類的福音，不但使人類增加效率，對障礙者更是使不可能變為可能。「上帝的疏忽，科技來彌補」，障礙者表現了其生理上所帶給他的限制，但是「科技」帶給了障礙者希望，然而唯有運用者了解並善用，方能使輔助性科技發揮最佳的功能。

第七章

早期療育

claimed that the passage of the claimed that the passage
of the Act and its subsequent.... increased public
awareness of disability and changed attitudes....
a statutory framework for service to which disabled
people were entitled....to involve.......

　　醫學與科技的進步，使許多原本無法存活的嬰幼兒得以倖存，導致障礙的幼兒個案數增加，相對地，產生一些身心障礙嬰幼兒發展與照顧的問題（Ysseldyke, Algozzine, & Thurlow, 1992）。根據美國人口普查處（Census Bureau）一九九八年所提供的資料，在保守估計下，全美每年出生的嬰兒中有 3%的比例是障礙幼兒（Osborne, Garland, & Fisher, 2002）。由於人權的提倡，以及社會成本付出的考量，早期療育（early intervention，或譯早期介入）近年來成為世界各國對障礙幼兒的照顧策略，例如在美國、日本、德國、英國等國家，已制定相關福利法規或服務制度。本章的內容即對早期療育之發展與內涵進行初步的介紹。

第一節　源起與發展

　　早期療育有補償、治療、預防和啟發的效益，其目的在增進身心障礙嬰幼兒生理、認知、語言以及社會能力等的發展，有助於減輕障礙程度，減少社會依賴、機構式收容，以及未來被安置於特殊班級、特殊學校的必要，期望藉此減少家庭的壓力，並且運用社會資源以協助父母指導障礙兒童的發展。由於醫學以及療育的實證效益，學前障礙兒童的鑑定與處遇已受到廣泛的注意，茲分析如下，並提出美國與我國在早期療育工作上的發展。

一、早期療育的功能效益

（一）醫學的研究指示

　　許多的醫學研究數據顯示，嬰兒出生後的五年內，是嬰幼兒腦部發展最迅速、最重要的階段。在此關鍵時期，若嬰幼兒未受到良好的照顧及教育，將不利其腦部發展，而日後在認知、語言、情緒等各方面的學習能力，會有相當程度的不良影響（周文麗、鄭麗珍、林惠

芳，民 89）。醫學的觀點通常主導著身心障礙者的療育，早期的醫療
復健介入因此深刻地引導著一般人士對早期療育的提倡。

（二）學前療育之效益指標

　　何華國（民 90）引述 Karnes 和 Teska（1975）的論點指出，從相
關的研究顯示，兒童之發展層次能經由精心設計的教育方案而改變，
早期療育的成效可能將兒童的智力分數提高一個標準差。許多學術論
點均支持「愈早進行療育，其效果愈好」（The sooner, the better.）這
一個理念。美國早期教育研究學會（National Institute for Early Educa-
tion Research）所做的研究即指出，良好的學前教育經驗將可以使特
殊兒童在成年以後有較高的工作收入，他們較不需要特殊教育服務，
其母親也能夠從事較高收入的工作（Council for Exceptional Children,
2003）。從啟蒙計畫（Abecedarian Project）的研究資料中亦發現：在
早期療育中，每投入一元的成本將可回收四元的利益；參加方案的人
比沒有參與方案的人在一生當中可多賺取十四萬三千元的美金；每一
個兒童可以省下美金一萬一千元的特殊教育或復健課程的費用；除此
之外，障礙者的母親可以在其一生中多賺取十三萬三千元的美金
（Council for Exceptional Children, 2003）。於是在談早期療育時，常
說：「三歲前做一年，勝過於三歲後做十年」。「發展的可塑性」
（plasticity）及「成本效益」（cost effectiveness）是確認推動早期療
育的兩個基本前提（Ysseldyke, Algozzine, & Thurlow, 1992）。

二、美國早期療育的發展

　　早期美國持環境論者主張，早期介入和補償教育方案（compensatory
education programs）可使身心障礙者或高危險群（包括低收入、早
產、文化環境不利）學齡兒童在入學後，因各種充實教育方案之實施
或其他配合措施，奠定其學習基礎，以避免日後學業低成就的現象。
一九六四年由於《經濟機會法案》（Economic Opportunity Act），聯

邦政府對文化不利幼童進行一系列的協助，並得到不錯的實驗性成果，因而促使一九六五年「啟蒙教育方案」（Head Start Project）的推動，以學校為策劃指導單位，結合社區與家庭資源改善文化不利幼兒的成長環境。而在一九六八年更因此通過制定《障礙兒童早期教育協助法案》（Handicapped Children's Early Education Assistance Act; P.L. 90-538），特別聲明父母親在早期介入方案中的角色（Gallagher, 2000）。聯邦政府並積極於一九六八年推行「障礙兒童早期教育方案」（Handicapped Children's Early Education Program，簡稱 HCEEP），乃是首次為障礙幼兒需求而擬定的官方政策，著重充實兒童早期生活經驗，提供三到五歲障礙幼兒及家庭所需的各項服務（王天苗、廖鳳瑞、蔡春美、盧明，民 88；林美和，民 81；Gallagher, 2000; Ysseldyke, Algozzine, & Thurlow, 1992）。

一九七五年 94-142 公法《全體殘障兒童教育法案》（Education for All Handicapped Children Act），雖然提出對身心障礙者應提供免費而適當的公共教育，然而其所服務的範圍只限定在三到五歲的階段。一九八三年 98-199 公法《修訂殘障者教育法案》（Amendment to the Education of the Handicapped Act），則提出中央應提供各州經費以計畫、發展及執行零至五歲兒童的服務系統。

一九八六年頒布的 99-457 公法《全體殘障兒童教育修正法案》（Amendments to Education for All Handicapped Children Act），其中 B 編（Part B）規定應提供三至五歲發展遲緩幼兒特殊教育和相關服務，提供各醫療與教育服務的早期介入方案；而 H 編（Part H）則宣告以經費補助州政府及地方政府提供零至三歲發展遲緩或高危險群嬰幼兒早期介入服務（王天苗等人，民 88；Ysseldyke, Algozzine, & Thurlow, 1992）。提供相關單位發展和實行全州性的、綜合性的、科際整合的、機構間的，並具協調性的特殊需求幼兒及其家庭的早期介入服務，並因以擬定個別化家庭服務計畫（Individualized Family Service Plan，簡稱 IFSP）。此後美國所修訂各特殊教育法案，如一九九○年

101-476 公法的 H 編（Part H）、一九九七年 105-17 公法的 C 編（Part C），也強調零至三歲早期療育工作的執行，及加強其功能效益（Gallaher, Christakis, & Connel, 2002; Senate and House of Representatives of the U.S.A., 1997），並加入轉銜的觀點（見表 7-1）。

表 7-1 美國早期療育法案一覽表

年份	法案	內容
1968	90-538 公法 障礙兒童早期教育協助法案	聲明父母親在早期介入方案中的角色；聯邦政府因而「推行障礙兒童早期教育方案」。
1975	94-142 公法 全體殘障兒童教育法案	對身心障礙者應提供免費而適當的公共教育，其所必定服務的範圍限定在三到五歲的階段。
1983	98-199 公法 修訂殘障者教育法案	提出應提供各州經費以計畫、發展及執行零至五歲兒童的廣泛服務系統
1986	99-457 公法 全體殘障兒童教育法修正案	(1) Part B：積極強調各州應為三到五歲的特殊需求幼兒提供各醫療與教育服務的早期介入方案。(2) Part H：擴大經費補助服務對象到所有殘障兒童，包括從零到三歲的幼兒。
1990	101-476 公法 障礙者教育法案	Part H：強調早期療育的服務與功能效益，加入轉銜的觀點。
1997	105-17 公法 障礙者教育法修正案	Part C：繼續推展早期療育的服務規劃與執行制度。

三、我國早期療育的發展

　　我國在一九八〇年代以前對於障礙兒童的照顧與訓練，多以民間教會慈善組織為主，在部分縣市提供少量的服務；當時對身心障礙者的特殊教育，只限於國民教育階段提供特殊教育班的安置型態。一九八〇年代前後，陸續有多位由國外留學回國的特殊教育專業人員投入學前機構的服務工作，以致於身心障礙學前發展中心開始提供專業的特殊教育訓練工作。同時，開始有少數醫療院所發展復健醫學及兒童心智科，對障礙嬰幼兒提供鑑定與醫療復健服務（周文麗、鄭麗珍、林惠芳，民 89）。

　　民國八十年，由台北市政府社會局委託心路文教基金會辦理「心路兒童發展中心」，服務零至三歲障礙幼兒，為台灣地區第一個正式成立的早期療育中心。其他陸續開辦的早期療育單位有瑞復益智發展中心、瑪利亞啟智學園、育仁啟智中心及十方啟能中心等等，開辦幼兒班。然而在此階段，尚無法案的明文支持，服務量亦有限。

　　在法案的制定上，民國七十三年《特殊教育法》中並未提出學前特殊兒童療育的部分，直至民國八十二年《兒童福利法》修正時，有關發展遲緩兒童及早期療育政策的相關條文方才呈現。該法案並於民國九十二年與《少年福利法》結合為《兒童及少年福利法》，以更多篇幅規範特殊兒童接受療育服務的內涵（內政部，民 92b）。而民國八十六年《特殊教育法》明確地指示對三至六歲身心障礙幼兒進行早期療育。而《身心障礙者保護法》亦提出對六歲以下身心障礙幼兒的療育工作進行辦理。自此，早期療育正式成為對障礙嬰幼兒的服務工作內涵。此後政府與民間都有相當大的回應，台灣發展遲緩兒童早期療育服務因此快速發展（見表 7-2）。

　　有了法案的支持，政府單位陸續推動早期療育工作。民國八十三年內政部社會司開始推動零到六歲障礙兒童職能評估及個案管理工作。民國八十六年台北市政府社會局專責成立通報及轉介中心，並由各公立托兒所招收發展遲緩幼兒（蔣明珊和沈慶盈，民 89）。台灣其他各縣市亦因而陸續地展開各區域的早期療育工作。

第二節　趨勢內涵

一、早期療育的介入原則

　　一般均同意早期療育愈早開始，成效愈好，美國特殊兒童協會指出，有效的早期療育必須在幼兒三歲以前即予介入（Council for Exceptional Children, 2003）。根據 Dunst 和 Bruder（2002）的定義，早期

表 7-2　我國早期療育法案一覽表

年份	法案	條數	內容主旨
83	兒童福利法施行細則	4, 5, 11, 12	定義各名詞，包括殘障兒童、特殊兒童、發展遲緩兒童、早期療育服務。
		13	相關人員對發展遲緩兒童之發現、通報與服務之相關介入工作。
92	兒童及少年福利法	4	指示對於需要治療、早期療育、身心障礙重建及其他特殊協助之兒童及少年，應提供所需服務及措施。
		9	規範中央及省市主管機關掌理之事項，包括對發展遲緩兒童早期醫療等相關事宜。
		19, 21, 22, 23	規範縣（市）政府應辦理之兒童福利措施，包括對發展遲緩及身心障礙兒童進行指紋建檔、建立早期通報系統並提供早期療育服務，以及早產兒、重病兒童之醫療補助。
		23	政府對發展遲緩及身心不健全之特殊兒童，應按其需要，給予早期療育、醫療、就學方面之特殊照顧。
		50	指示各級政府創辦或獎勵民間辦理兒童福利機構，包括早期療育機構及教養機構。
93	特殊教育法	9	規定各階段特殊教育之學生入學年齡及修業年限向下延伸至三歲。
		25	指示各級政府應由醫療主管機關召集，結合各主管機關，共同規劃及辦理早期療育工作。
93	身心障礙者保護法	14	衛生主管機關應建立疑似身心障礙六歲以下嬰幼兒早期發現通報系統。
		17	指示中央衛生主管機關整合全國醫療資源、醫療復健及早期醫療等相關服務。
		24	規定各級政府設立及獎勵民間設立學前療育機構，並辦理身心障礙幼兒學前教育、托育服務及特殊訓練。

療育是指提供服務、支持、資源以符合特殊幼兒發展需求的介入；這些服務、支持、資源的提供需要其父母親及家人的參與，方可以增進幼兒的發展。而我國早期療育依照《兒童福利法施行細則》第十二條定義：「係指由社會福利、衛生、教育等專業人員以團隊合作方式，依發展遲緩特殊兒童之個別需求，提供必要之服務。」可知早期療育

具有幾個重要的介入原則：

（一）早期療育係針對發展遲緩兒童的介入工作

《兒童福利法施行細則》第十一條定義：「所稱發展遲緩之特殊兒童，係指在認知發展、生理發展、語言及溝通發展、心理社會發展或生活自理技能等方面有異常或可預期會有發展異常之情形，而需要接受早期療育服務之未滿六歲之特殊兒童。」由此條文可知，發展遲緩指嬰幼兒因先天或後天的因素，造成其在動作、認知、語言及社會適應等能力的發展，產生發展偏差，或發展速度落後於同年齡的小孩。上述包括兩類兒童：(1)正處於發展遲緩表現之兒童，例如，在動作、認知、人際互動等能力上，已表現明顯落後同儕發展水準者，如四歲的兒童語彙表達仍只有簡單的單詞；(2)已確定為障礙者，則預期他的成長發展有一定的遲緩現象，例如，四個月的視覺障礙者或腦性麻痺嬰兒，即使因年齡太小，未有明顯落後於同儕的表現，但仍可預期他將來在某些發展上會有遲緩表現的可能。因此，當孩子在發展上有一些問題，還不十分確定其發生原因或範圍時，則概括性地先以「發展遲緩」暫做診斷。如此一來，一則因為遲緩現象，而能在法令的保障下，及時予以早期療育措施，以免錯失最佳的介入黃金時期；二則因為以「發展遲緩」一詞暫做診斷，可以避免標籤對兒童未來發展的影響。

（二）早期療育乃一專業團隊的工作

無論就現實的需要或就法令的要求而言，早期療育乃一多專業的工作，其所涵蓋的體系除了醫療與教育之外，尚需社會福利工作的介入，其成員包括小兒科、心智科、復健科、神經科、精神科、眼科、耳鼻喉科、內分泌等小兒專科醫師、語言治療師、職能治療師、物理治療師、社工師及護理人員等（蔣明珊、沈慶盈，民 89；American Academy of Pediatrics, 2001）。機構間的整合（interagency coordination）成為早期療育工作的必要型態，以著重跨科技的服務（multidi-sciplinary services），結合各種訓練的專業人員來迎合幼兒的特殊需求（張世慧，民85；American Academy of Pediatrics, 2001; Council for Exceptional Children, 2003; Dunst & Bruder, 2002）。其主要工作在要求不同機構或單位共同計畫、支持、實施及評鑑特殊需求幼兒及其家庭所需之介入，以協助發展幼兒取得適當的個別化家庭服務計畫（IFSP）。

1. 醫療體系

在早期療育工作中，主要由醫療體系執行鑑定及治療的工作。在鑑定工作方面，為了及早發現，醫療體系透過各種管道以發現身心障礙嬰幼兒。例如，新生兒出生後第三到五天或餵奶滿四十八小時即採取腳跟血，進行各種先天性疾患之檢驗，包括先天性甲狀腺低能症、苯酮尿症、高胱胺酸尿症、半乳糖血症、葡萄糖六磷酸鹽去氧缺乏症（蠶豆症）等。而小兒科醫師一直被視為是發現障礙兒童的重要人員，也是一般父母親最信賴的人員（American Academy of Pediatrics, 2001），現今我國醫療體系所執行健兒門診制度，即由小兒科醫師為嬰幼兒進行定時的篩檢，以期盡早發現發展遲緩兒童。

2. 教育體系

早期療育的目的在於充分激發嬰幼兒的發展潛能，預防第二種或第二次障礙的發生，避免日後的學業低成就現象，期望降低未來教育與社會成本（林美和，民81；周文麗、鄭麗珍、林惠芳，民89）。發展遲緩幼兒最常見的發展問題首推「語言」，其次為「認知」、「精細動作」、「行動」、「自理」、「社會情緒」。其中，三歲前以「行動」和「精細動作」發展問題最常見，三歲後則主要為「語言」問題，認知和精細動作為其次的問題（王天苗等人，民88）。因此，與一九六五年美國所實施的「啟蒙教育方案」精神一致，目前在對發展遲緩幼兒所進行的特殊教育至少包括（林美和，民81；傅秀媚，民85；American Academy of Pediatrics, 2001）：

⑴ 溝通能力：包括語言表達與語言接受的能力發展。前者如發音與口語詞彙表達，後者如語言理解。

⑵ 基本認知能力：如空間、時間、顏色、大小、形狀、物品等的認知。

⑶ 感覺動作能力：包括感覺能力與動作能力，前者如聽知覺、視知覺等的敏感訓練；後者如跑跳、平衡等粗大動作和執筆、剪貼等精細動作能力。

⑷ 自理能力：包括處理自身周邊事務的能力等。

⑸ 社會情緒表現：包括與人交往的態度和情緒表現技巧。

3.社會福利體系

　　發展遲緩兒童早期的家庭經常面臨各種問題，例如，對兒童發展遲緩事實的抗拒、照顧人力不足、父母心理壓力調適問題、家庭系統緊張、早期服務需求與服務資源提供無法滿足、支持系統不足或經濟壓力等等（林惠芳，民 87）。早期療育社會福利服務的介入便在協助父母及家庭減輕這些問題與壓力，包括經濟支持、家庭功能重建、社會支持網絡建構、福利服務的諮詢等等服務。

（三）早期療育是在自然生態中進行的工作

　　早期療育的施行仍以「最少限制環境」為安置原則（Ysseldyke, Algozzine, & Thurlow, 1992）。105-17 公法亦強調早期介入應在兒童的自然情境中進行，並定義所謂自然情境乃指與其同儕生活條件一樣的自然常態情境。Tisot 和 Thurman（2002）指出，105-17 公法所稱自然情境常被誤會為與「融合」（inclusion）為同義詞，他們認為服務提供者主要在幫助障礙者家庭，找出對家庭及其子女重要的及有意義的教育和復健情境。自然情境是一個符合兒童需求的最適當環境，而家庭才有權利對兒童定義所謂的自然情境，那應該是一個豐富的、有意義的、對兒童發展有利的環境。Dunst 和 Bruder（2002）也指出，自然情境是指幼童平常學習及培養其日常生活技能的場所，包括家庭、

社區及幼兒情境。而我國《特殊教育法施行細則》第七條規定：「學前教育階段身心障礙兒童應以與普通兒童一起就學為原則」（教育部，民92a），亦在以最符合自然生態的最少限制原則進行學前早期療育之環境安排。

（四）早期療育是以父母親為要角的介入工作

父母親是障礙幼兒的最大支持力量來源，更由於零至六歲的兒童仍然依附家庭生活，因此早期療育所服務的對象包括二者：一為遲緩兒童，二為其父母親。在早期療育的工作上，多要求父母親充分參與，父母親成為早期療育團隊工作成功與否的關鍵人物，也往往是早期療育成效的最直接感受者（Council for Exceptional Children, 2003; Dunst & Bruder, 2002; Gallagher, 2000; Ysseldyke, Algozzine, & Thurlow, 1992）。通常父母親在療育中的角色，乃在經由諮詢取得適當的資源及支援，以及經由早療單位服務人員的指導而對嬰幼兒直接進行教育與復健。

（五）早期療育是個別化的介入方案

美國一九八六年頒布99-457公法，其H編聲明早期療育是以家庭為中心（family-centered），其工作在對父母、家庭的指導與援助。這時候，服務人員所要做的是對發展遲緩兒童及其家庭訂定個別化家庭服務計畫（IFSP）（林麗英，民87；張世慧，民85；Ysseldyke, Algozzine, & Thurlow, 1992）。IFSP乃美國99-457公法所規定，對發展遲緩兒童提供服務時所應擬定執行的早期療育計畫。根據105-117公法的規定，IFSP的內容必須包括：「⑴以標準化測驗評估描述障礙嬰幼兒在生理、認知、溝通、社會情緒及適應行為等各方面能力的發展現況；⑵描述障礙嬰幼兒之家庭可助長其子女發展的資源及優勢所在；⑶描述可為障礙嬰幼兒及其家庭預期達成成果的標準、過程與進度表；⑷描述適合障礙嬰幼兒及其家庭需要的服務頻率、次數及方法；

(5)描述適合進行早期療育的自然情境；(6)服務開始的日期及預期的療育時間；(7)確定服務協調員（service coordinator），他將與其他相關服務機構及服務人員進行協調，並執行IFSP之服務內容；(8)描述由早期療育轉銜至學前教育或其他適當服務的過程。」此法並規定此項服務計畫必須每年至少重新評估一次，每半年一次或更多次的重新檢討並進行彈性修訂（Senate and House of Representatives of the U.S.A., 1997）。

二、早期療育服務的模式

目前國內外所執行的早期療育之服務模式一般可分為三種：即家庭本位模式（home-based model）、中心本位模式（center-based model），以及結合兩者的綜合服務模式（combination home-and-center based model）（黃俊瑋，民 87；傅秀媚，民 85；程國選，民 87；Beirne-Smith, Patton, & Ittenbach, 1994; Osborne, Garland, & Fisher, 2002; Tisot & Thurman, 2002; Ysseldyke, Algozzine, & Thurlow, 1992）。

（一）家庭本位模式

家庭本位模式是將服務重心放在母親或照顧者身上，指導他們教養特殊幼兒。親人成為療育服務的主要介入者，以身心障礙幼兒的家庭為接受服務的地點，訓練幼兒日常基本技能，增進親子互動關係，減少學習遷移和類化的困難。通常有一跨專業領域的小組為身心障礙幼兒擬定長程教育目標，並根據所定的教育目標，規劃次目標及每週的服務措施。小組中並安排協助者（facillitaor）定期拜訪家庭，以評估身心障礙幼兒的學習進展，並與家庭做充分的溝通，提供進一步的介入措施。但由於父母親畢竟非受過各方面專業訓練的人員，家庭的儀器設備又往往不能符合療育需求，或者家長常因其工作或生活等因素，無法扮演一位稱職的介入者，往往因此限制了早期療育的效果。

（二）中心本位模式

　　中心本位模式常在社區內設立機構，包括福利機構、醫療復健中心、學前特殊幼兒中心或學前特殊班級，提供集中服務，使幼兒得以有機會與同儕相處。此服務型態也有一跨專業小組為身心障礙幼兒進行評量，針對其個別差異擬定療育目標，並且透過協助者直接對身心障礙幼兒提供教育。通常，身心障礙幼兒在機構中所接受的教育時間，一星期約有三至五天，一天數小時或整天。多數機構仍會要求家長充分參與，例如，參與教學活動、在一旁觀察學習、定期與小組成員會談、執行指定的家庭活動和參與家長支持團體、家長成長團體等。中心本位模式之優點為較有組織，系統較為完善，專業人士較為齊全，較可以滿足家長及幼兒之需要，其成效往往較被肯定。然而，此模式常常使得父母花費相當多的時間在交通往返上，且易影響父母親的工作，使得中心本位模式常常帶給障礙者家庭相當的困擾，並可能會造成家長有意無意地推卸教育責任，使得本模式仍有缺失之處。

（三）綜合服務模式

　　實務工作者嘗試截取兩種模式之優點並克服兩種模式之缺點，而發展所謂綜合性的模式，並廣受歡迎。綜合服務模式或稱為混合模式，父母可以依自己的需求與條件安排前往機構療育的時間，是一個較具彈性的模式。美國有些州對出生至三歲之嬰幼兒提供家庭本位服務模式，三歲以後則轉為提供中心本位模式，亦有些州針對特殊幼兒同時提供中心本位課程而輔以家庭本位課程。這些都是綜合服務模式的實施型態，期望使早期療育獲得最大的效益。

　　早期療育雖然有各種不同的模式發展，其中心精神是不變的，乃是針對學齡前（零到六歲）具有特殊需求的嬰幼兒及其家人，針對其所存在的障礙，提供教育、治療與福利等整合性的專業個別化服務。

其主旨在以家庭為中心，透過自然情境的安排，予以提早的教育、補償或充實等方案，用於防患未然或及時培育幼兒健全的就學與生活適應能力。在台灣地區，政府與民間正積極開發早期療育工作時，唯有從其發展與原則進行了解，方可以掌握重要的精神，而發展適當的早期療育策略。

第三節　現況

我國《特殊教育法》（教育部，民86、民90）規定學前特殊教育可從三歲開始，並指出：「學前教育階段，在醫院、家庭、幼稚園、托兒所、特殊幼稚園（班）、特殊教育學校幼稚部或其他適當場所實施。」目前國內針對身心障礙幼兒的早期發現、早期介入服務的有關機構中，除醫療體系中的婦產科、兒科門診及各地衛生機關外，教育的安置則是以托兒所、幼稚園和社會福利機構為主，各縣市並成立巡迴輔導服務，及提供療育補助費等以落實早期療育工作。

就台灣地區而言，目前早期療育服務工作乃對六歲以前身心障礙兒童所提供的教育服務，在民國九十二年新修訂的《兒童及少年福利法》中有明文規定，其中第十九條指出：「建立發展遲緩兒童早期通報系統，並提供早期療育服務」（內政部，民 92b）。為了掌握適當的療育時機，提早發現、提早介入便成為重要的工作，而周延的通報系統與流暢的服務機制便成為重要的工作原則。在執行早期療育時，一般可以下列幾個步驟進行（傅秀媚，民 85；蔣明珊、沈慶盈，民 89；Gallaher, Christakis, & Connel, 2002）：

1. 發現：早期療育的契機在於及早發現、及早介入，而要達成及早發現的目標，至少應該從醫師、親人、教師等各個方向介入，其內容包括：(1)產前的預防服務；(2)新生兒的篩檢與追蹤；(3)嬰幼兒的健康檢查與發展追蹤；(4)家長親職教育的提供；以及(5)衛生教育的實施等。

2. 通報：發現疑似個案後，即通報至通報中心，以便著手做轉介的規劃與準備。二〇〇三年台灣地區通報中心共有二十七個（見表7-3）。透過通報中心，可以主動提供服務，以便有效運用有限的資源。

3. 評估：疑似發展遲緩兒童應先確定其問題所在，以規劃處理重點，此即進行評鑑的工作。發展遲緩的確定來自對嬰幼兒各項資料的蒐集，包括身心發展背景、病歷調閱、語言發展樣本、以遊戲為主的評估、觀察、正式或非正式的評量，以及家長提供的資料（周文麗、鄭麗珍、林惠芳，民89）。而其評鑑的工作包括神經生理、心理、智能、動作、語言溝通、學習、家庭功能等層面，且應由不同專業人員視兒童的個別需要進行，因此，建立評鑑中心與組成跨專業的工作團隊是此階段的工作重點。台灣地區至二〇〇三年共有十八所發展遲緩兒童聯合鑑定中心（見表7-4）即在進行此工作。

4. 轉介：確認兒童問題與需求後，轉介到適當的服務單位（如醫療、教育及社政等不同機構），使個案能盡快取得滿足其需求的服務。

5. 療育服務：療育服務在直接接觸兒童以協助其改善發展現況，服務的內容則如前內涵所言，可分三大部分：即醫療服務的提供、教育服務的提供，以及福利服務的提供等。目前台灣地區以個案管理之型態進行發展遲緩兒童早期療育之工作，其工作內涵包括與案主家庭建立關係、為個案建檔、執行個案管理工作、受理通報轉介並就需要進行家庭與個案訪視工作、協助與協調安排醫療鑑定及發展評估、連結社會醫療教育等資源、定期追蹤輔導以確保服務之完整與時效性、提供相關服務諮詢、提供轉銜服務、確保個別化家庭服務計畫（IFSP）之擬定暨執行等等，其服務流程見圖 7-1（林惠芳，民87；高雄市早療網，民92）。

6. 評鑑與結案：評鑑的目的為發現嬰幼兒及其家庭中之優點、資源及需要（needs），而在提供早期療育服務時，其重點在加強及發展嬰幼兒的潛力與才能，協助與支持家庭與孩子的需要（周文麗、鄭麗

表 7-3　發展遲緩兒童通報及轉介中心

機構名稱	地址	電話
1.宜蘭縣發展遲緩兒童早期療育通報轉介中心	宜蘭縣宜蘭市同慶街 95 號	(03) 9328822 轉 512
2.基隆市發展遲緩兒童早期療育通報轉介中心	基隆市信義區東信路 282 之 45 號（伊甸社會福利基金會）	(02) 24662355 轉 250
3.台北市早期療育綜合服務中心	台北市松山區民生東路五段 163-1 號 7 樓	(02) 27568852 (02) 27568792
4.台北縣發展遲緩兒童早期療育通報轉介中心	台北縣板橋市中山路一段 161 號 25 樓（社會局）	(02) 29688068
5.桃園縣發展遲緩兒童早期療育通報轉介中心	桃園縣中壢市環西路 83 號	(03) 4947341 轉 18, 22
6.新竹縣發展遲緩兒童早期療育通報轉介中心	新竹縣竹北市光明六路 10 號	(03) 5510134 (03) 5518101 轉 338
7.新竹市發展遲緩兒童早期療育通報轉介中心	新竹市中正路 120 號	(03) 5245559
8.苗栗縣發展遲緩兒童早期療育通報轉介中心	苗栗縣苗栗市嘉新里經國路四段 851 號 2 樓	(037) 356441 (037) 261473 (037) 261493
9.台中縣發展遲緩兒童早期療育通報轉介中心	台中縣大里市新光路 32 號 2 樓	(04) 24829477
10.台中市發展遲緩兒童早期療育通報轉介中心（北屯區）	台中市北區大連路一段 339 號之 2（伊甸社會福利基金會）	(04) 23167571
11.台中市發展遲緩兒童早期療育通報轉介中心（西區、西屯區）	台中市西屯區甘肅路一段 67 號（家扶中心）	(04) 22962696
12.台中市發展遲緩兒童早期療育通報轉介中心（南區、南屯區）	台中市西屯區市政路 700 號（瑪利亞啟智學園）	(04) 22549799
13.台中市發展遲緩兒童早期療育通報轉介中心（中區、北區、東區）	台中市北區健行路 360 號 3 樓（兒童心智發展教育協會）	(04) 22363133
14.南投縣發展遲緩兒童早期療育通報暨轉介中心	南投縣南投市南崗一路 300 號	(049) 2236157
15.彰化縣發展遲緩兒童早期療育通報轉介中心	彰化縣和美鎮彰美路五段 160 號（家扶中心）	(04) 7569063

續次頁

表 7-3 發展遲緩兒童通報及轉介中心（續）

機構名稱	地址	電話
16.雲林縣發展遲緩兒童早期療育通報轉介中心	雲林縣西螺鎮中山路 227 號（家扶中心）	(05) 5878317
17.嘉義市發展遲緩早期療育中心（發展遲緩兒童通報轉介中心）	嘉義市保建街 100 號（嘉義基督教醫院）	(05) 2765041 轉 2056
18.嘉義縣發展遲緩兒童早期療育通報轉介中心	嘉義市保建街 100 號（嘉義基督教醫院）	(05) 2765041 轉 2056
19.台南市發展遲緩兒童早期療育通報轉介中心	台南市中華西路二段 315 號 1 樓（天主教瑞復益智中心）	(06) 2996648 (06) 2365445
20.台南縣發展遲緩兒童通報轉介中心	台南縣新營市育德街 99 號（慶美社會福利慈善事業基金會）	(06) 6591998
21.高雄市發展遲緩兒童早期療育通報轉介中心	高雄市三民區九如一路 775 號（社會局）	(07) 3850535 轉 204
22.高雄縣發展遲緩兒童早期療育通報轉介中心（一）	高雄縣鳳山市體育路 65 號	(07) 7473632
23.高雄縣發展遲緩兒童早期療育通報轉介中心（二）	高雄縣旗山市中學路 42 號	(07) 7473632
24.高雄縣發展遲緩兒童早期療育通報轉介中心（三）	高雄縣岡山鎮公園東路 131 號	(07) 7422971
25.屏東縣發展遲緩兒童早期療育通報轉介中心（一）	屏東市建豐路 180 巷 35 號 2 樓	(08) 7382592
26.屏東縣發展遲緩兒童早期療育通報轉介中心（二）	屏東縣東港鎮光復路二段 117 號	(08) 8310085
27.台東縣發展遲緩兒童早期療育通報轉介中心	台東市中山路 276 號	(089) 326141 轉 515
28.花蓮縣發展遲緩兒童通報轉介中心	花蓮縣花蓮市國富十三街 63 號	(03) 8580973
29.連江縣政府社會局發展遲緩兒童通報轉介中心	馬祖南竿鄉介壽村 76 號（民政局）	(0836) 22381
30.金門縣發展遲緩兒童早期療育通報轉介中心	金門縣金城鎮民生路 60 號（瑪利亞社會福利基金會）	(082) 323019 (082) 373000
31.澎湖縣發展遲緩兒童早期療育通報轉介中心	澎湖縣馬公市治平路 32 號（社會局）	(06) 9274400 轉 288

整理自：內政部兒童局網頁，民 93；發展遲緩兒童基金會網頁，民 93

表 7-4　發展遲緩兒童聯合鑑定中心

醫院名稱	地址	電話
1.羅東聖母醫院	宜蘭縣羅東鎮中正南路 160 號	(03) 9544106 轉 6146
2.衛生署基隆醫院	基隆市信二路 268 號	(02) 24292525 轉 3502
3.台北市立婦幼綜合醫院	台北市中正區福州街 12 號 2 樓	(02) 23916471 轉 369
4.長庚醫院林口兒童分院	桃園縣龜山鄉復興街 5 號	(03) 3281200 轉 8147
5.衛生署新竹醫院	新竹市經國路一段 442 巷 25 號	(03) 5326151 轉 3551
6.中國醫藥學院附設醫院	台中市北區育德路 2 號	(04) 22052121 轉 2153
7.台中榮民總醫院	台中市西屯區中港路三段 160 號	(04) 3592525 轉 5936
8.彰化基督教醫院	彰化市南校街 135 號	(04) 7238595 轉 7401
9.嘉義基督教醫院	嘉義市忠孝路 539 號	(05) 2765041 轉 2706
10.天主教若瑟醫院	雲林縣虎尾鎮新生路 74 號	(05) 63304047
11.奇美綜合醫院	台南縣永康市中華路 901 號	(06) 2812811 轉 2978
12.成功大學醫學院附設醫院	台南市北區勝利路 138 號	(06) 2353535 轉 3565, 4188
13.高雄醫學大學附設中和紀念醫院	高雄市三民區十全一路 100 號	(07) 3154663
14.長庚醫院高雄分院	高雄縣鳥松鄉大埤路 123 號	(07) 7317123 轉 8167
15.屏東基督教醫院	屏東市大連路 60 號	(08) 7368686 轉 2235
16.慈濟綜合醫院	花蓮市中央路三段 70 號	(03) 8561825 轉 2311
17.金門縣立醫院	金門縣金湖鎮復興路 2 號	(082) 332546 轉 1350
18.衛生署澎湖醫院	澎湖縣馬公市安宅里 91-2 號	(06) 92611511 轉 241

珍、林惠芳，民 89）。當服務完成或兒童需求改變時，需要修訂個別化家庭服務計畫、定期追蹤服務兒童的狀況，或決定結案以及結案後的追蹤等工作。評鑑工作可以與轉介工作合併，交由一位專責人員統籌辦理（即個案管理員）；並且準備相當資源，以協助兒童進入新的學習環境中。

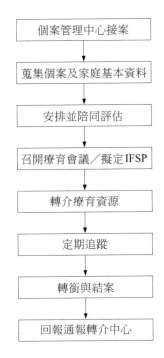

圖 7-1　個案管理服務流程

（引自高雄市早療網，民 92）

第四節　趨勢討論

台灣地區早期療育之制度已施行十年，至今仍有其困境尚待克服，包括（黃俊瑋，民 87；萬育維、莊凰如，民 84）：

一、醫療體系方面

1. 專業人力不足：專業人員參與早療工作的福利不佳，部分專業人員證照制度亦尚未建立，目前體制仍缺乏醫療人員參與的誘因。
2. 醫療專業間的聯繫不佳：各醫療專業間缺乏橫向溝通聯繫，致使服務工作顯得零散。

3. 與教育機關的聯繫不夠：包括與教育安置的聯繫不夠，並且對於教育介入未能充分溝通討論。
4. 整合的態度不良：部分醫療人員認為不需要與其他領域專家合作做完整的評估，致使服務的工作不良。

二、教育體系方面

1. 相關人員的知識不夠：教育人員缺乏醫學專業知識，不太了解幼兒發展，易延誤醫療機會。
2. 相關單位的配合不良：教育單位與醫療體制的配合不易，且多數安置機構與特殊教育人員並無交流。
3. 家庭的介入不足：目前早期療育仍以家庭介入為主要形式，需要家庭充分的配合與參與。然而多數家庭或因父母親本身工作的因素，對於社經地位低下的家庭更難以建立早期介入的觀念，往往使家庭參與的情形不理想，而未能有良好的教育成果。

三、社會福利方面

1. 完整網絡缺乏：目前台灣地區各縣市雖然有通報系統的建立，然而全國性的聯絡通報網絡仍不理想。
2. 社福人員知能不夠：多數社會福利服務人員醫療專業知識不足，影響相關資源的提供，使得服務之專業性不足。
3. 相關的人力支援不夠：在服務過程中常得不到醫療團隊人員充分的幫助，無法及時進行評估、鑑定和安置，而致耽誤服務的提供。
4. 安置機構不足：發現個案後常面臨缺乏安置機構的問題，使得轉介不易，而無法予以適當的安置。
5. 資源缺乏：整體社會所提供的社會福利相當缺乏，最常見的仍是家庭單打獨鬥地，此常常導致障礙家庭的無力感。並且服務系統間常只有上下縱向的聯絡，缺乏橫向資源的協助。

四、其他方面

1. 行政體系不良：相關單位配合措施不夠，致使某些執行單位常無法取得充分的配合。
2. 相關宣導未盡理想：早期療育相關宣導未盡理想，使得社會大眾的認知不夠甚至誤解，尤其幼兒父母對兒童健康檢查的重要性認識不足，致使常未能徹底或及時配合相關措施。

　　由於現實效益的考量及福利服務的推動，早期治療早期教育如今已為各國所全面推展，歐美國家更強調從零歲起即予以介入。我國在特殊教育的部分，雖然目前只規範至三歲以後的障礙兒童，但其制度在近幾年來有著明顯發展。期待我們對特殊教育有更多的努力後，未來的措施將能更加周延。

第八章

個別化教育計畫

claimed that the passage of the claimed that the passage
of the Act and its subsequent....increased public
awareness of disability and changed attitudes....
a statutory framework for service to which disabled
people were entitled...to involve.......

　　依據我國《特殊教育法》第五條指出：「特殊教育之課程、教材及教法，應保持彈性，適合學生身心特性及需要。」（教育部，民93）為了適合特殊教育學生多元性的需求，教學應事先經過評估後，做審慎計畫，而後依照計畫進行符合障礙學生需求的教學，此即個別化教育計畫之功能與目的。

第一節　源起與發展

　　個別化教育計畫（Individualized Education Program; Individualized Education Plan，簡稱 IEP），早期我國或有稱為個別化教育方案（林孟宗，民67；教育部，民77），乃源自於美國特殊教育法案的要求。為確保障礙兒童接受適當教育，美國94-142公法，即《全體殘障兒童教育法案》，乃首先規範個別化教育計畫之內容與實施。指出對已鑑定出具有特殊需求之兒童，應在開學後三十天內，由行政人員、教師，及障礙兒童之父母或監護人等，組成委員會，共同為該生研擬 IEP。當時，94-142公法對 IEP 的規範事項較為基本，至最近一九九七年的《IDEA》法案（P.L.105-17）對於 IEP 的執行，已經有更多且更具體的項目指引。

　　IEP 立意良好，因此廣為各國實施特殊教育時所採用。我國約於民國六十四年以後，國內特殊教育界幾乎都知道 IEP（張蓓莉，民88）。然至七十三年時，我國在第一次所制定之《特殊教育法》（教育部，民73）中，並未強制學校教師為特殊學生制定 IEP，法案內也並未指稱「個別化教育」一詞，唯在第六條中指出：「特殊教育之設施，以適合個別化教學為原則。」但特殊教育學者專家仍積極呼籲使用，故仍受到多數教育行政當局與實務工作者的重視，常列為評鑑教學績效的項目之一。民國七十七年公布的啟智學校（班）課程綱要中提及：「個別化教學應依據每一學習者之個別化教育方案實施」；台北市教育局在民國七十七年評鑑特殊教育班時，更將 IEP 列入評鑑項

目之一（張蓓莉，民 88）。雖然如此，但其推廣效果十分有限，而且一般教師常將 IEP 直接定義為個別化教學計畫。《特殊教育法》於第二次修訂時，正式提出「個別化教育計畫」的規範（教育部，民 86、民 90），並條列其內容，將 IEP 列為特殊教育工作的必定執行項目。自此 IEP 成為特殊教育工作中的法令契約，每一位接受特殊教育服務之學生，其教師皆應依法為其設計 IEP，否則即為違法，IEP 也不再只是狹隘的教學計畫。至今，IEP 成為現階段特殊教育的管理工具及品質指標之一。

第二節　趨勢內涵

「個別化教育計畫」一詞乃包含兩個步驟和層面：一是指「個別化教育計畫會議」，另一則是指「個別化教育計畫」的書面文件（李翠玲，民 90）。而其間內涵的掌握應能區別個別化教育、個別化教學（individualized instruction）、個別化教育計畫，及個別化教育計畫的形成。茲分別敘述如下：

一、個別化教育

所謂「個別化」乃是針對單一學生所需要，而不以班級或小組為目標的安排。「教育」的定義，依據美國 94-142 公法指示為「為障礙兒童提供免費而適當的公共教育」，包括學生個別的「特殊教育」及個別的「相關服務」。為個別學生提供適當的教育內容，即是個別化教育的意義。為了達到個別化教育的目的，則應為障礙學生做充分詳實的診斷鑑定與評估，方能掌握學生的個別需求，而後設計適合該生的個別化教育，即設計個別化教育計畫，以提供適當的教育環境及個別化教學。

二、個別化教學

　　在個別化教育下所進行的教學即為個別化教學，每位身心障礙學生因為有一份屬於他個人的 IEP，任課教師根據該份 IEP 為學生執行個別化教學。「個別化教學」與「個別教學」不同，個別教學是一種「一對一」的教學實施型態，可能是個別化教學，也可能不是個別化教學，關鍵乃在於是否符合該生能力需要而設計教學內涵（林寶貴，民 83）。為了滿足個別教學之目的，在教學過程中，常常以「評量→教學→評量」反覆地進行評估與設計教學。反之，個別化教學也未必是個別教學，亦即即使是小團體教學，若教師能夠符合學生的個別需求進行課程，則仍可能掌握個別化教學之功能。其主要特徵有三點（林寶貴，民 83）：

1. 學習能力的個別診斷：採多元評量方式，應用客觀的測驗、課程本位評量、觀察、會談、資料檔案查閱等方式，發掘學生學習的長短處及當前之成就水準。

2. 教材的個別設計與提供：根據診斷評量結果，設計教材、教法等進行教學。

3. 個別的成績評鑑：學生的成績以多元評量的方式為學生狀況進行評量。

　　通常個別化教學應有 IEP 在前面引導，方能是一件有組織、有結構的個別化教學形式。

三、個別化教育計畫的內涵

　　以個別化教育為目標所擬定的計畫即為個別化教育計畫（IEP），「個別化教育計畫」乃在具體地陳述為單一身心障礙學生所特別設計的「個別的、適當的」教育與服務內容。IEP 的擬定即是保障身心障礙學生接受「適當性」（appropriate）教育及相關服務之權益的文件。

　　美國 94-142 公法乃首度規範特殊教育教師擬訂並執行 IEP 工作，其內涵一直為各國規範 IEP 之重要依據，例如，規定 IEP 內容應包括當前學生的能力表現、學年度目標與短期教育目標、所需的相關服務及時間、安置方式以及評量標準等。而後經法案一再地修正，一九九○年《IDEA》法案將 IEP 界定為：「以會議形式發展、檢討及修改，以確保身心障礙學生特殊教育及相關服務之書面文件。」至一九九七年《IDEA》則新規定 IEP 必須包含以下內容（胡永崇，民 92；Clark, 2000; Dowling-Sender, 2000; Lytle & Bordin, 2001; Senate and House of Representatives of the U.S.A., 1997）：

1. 學生當前的教育表現水準：如學業成就、社會適應、職業技能、心理動作技能及生活自理能力等。
2. 年度目標：期望學生學年結束時所能達到的年度教育目標。
3. 短期目標：與年度長期目標相呼應之可測量的具體短期目標。
4. 特殊教育及相關服務：擬提供學生的教育調整方案或相關人員的支持服務及輔助科技，如職能訓練、聽語訓練、行為改變方案，或各種教學媒體與教材等。
5. 服務介入的起迄時間：個別化教育計畫教學活動及相關服務的起迄時間、實施頻率與地點。
6. 評量之方式：學校為身心障礙學生之成就評量所做的任何調整或替代方案。
7. 學生無法安置普通班的理由說明：若身心障礙學生無法進入普通教育學習，則說明其限制範圍及原因。
8. 參與普通班的程度：敘述學生可能參與普通教育的程度。
9. 轉銜服務內容：至遲應於學生十六歲以前，必要時應提前至十四歲，為每位身心障礙學生擬定「個別化轉銜計畫」（individual transition plan，簡稱 ITP）。
10. 其他說明：載明個別化教育計畫的負責人，及家長定期接獲有關其子女進步情形的通知方法。

　　一九九七年《IDEA》要求對 IEP 的執行應每年重新檢討一次，強調藉由課程反應學生的需求、強調學生優勢能力的善用，及學生參與 IEP 的機會，是一個相當以學生為中心的 IEP 內涵。

　　我國《特殊教育法施行細則》第十八條定義：「個別化教育計畫，指運用專業團隊合作方式，針對身心障礙學生個別特性所擬定之特殊教育及相關服務計畫。」其內容及意義包括下列十項（教育部，民 92a；張蓓莉，民 88；謝健全，民 88；Clark, 2000; Dowling-Sender, 2000; Snyder, 2002）：

1. 起點行為：指學生當前在各方面表現的能力水準，包括學生認知能力、溝通能力、行動能力、情緒表現、人際關係、感官功能、健康狀況、生活自理能力、國文、數學等學業能力之現況。如果可能的話，當前能力表現的描述應該能決定學生教育需求，包括技能、團隊要求以及資源。

2. 學生家庭狀況：除了基本的家庭資料外，尚應包括家長對身心障礙學生的教養態度與期待、家庭狀況能提供學生的協助內容，或所處不利學生學習的因素。

3. 學生身心障礙狀況對其在普通班上課及生活之影響：了解學生的特殊教育學習需求與普通班上課情境不能配合之處，主要希望藉此掌握身心障礙學生進入普通班之最大適應性。

4. 適合學生之評量方式：對於身心障礙學生而言，傳統的紙筆測驗未能進行充分的評量工作，因此在 IEP 中，應該註記採取何種方式進行評量，以真正達到評量功能，符合公平原則。

5. 學生行為問題之行政支援及處理方式：在一般的教學情境中，如果身心障礙學生發生了嚴重的情緒或行為問題，任課教師往往會有措手不及或不知如何處理的狀況，因此事前擬定應變措施，教師方能有所依循。

6. 學年教育目標及學期教育目標：指學生在接受一學期及一學年的特殊教育之後，預期能達到的狀況。長期目標與短期目標的制定應首

先評估學生的行為狀況、教育需求、能力表現……等，再擬定該生的長期目標，然後由長期目標（或學年目標）衍生出短期目標（或學期目標）。IEP 內所呈現的目標應經由各種管道建立，其目標應該能夠達到，並且是具有挑戰性的。其中長期目標的內容通常是較廣泛的／概念的／導向的；短期目標的內容則是對應長期目標下，比較明確的／具體的／可觀察的／可測量的／特定的事項（見表8-1）。

7. 學生所需要之特殊教育及相關專業服務：指為了協助學生達成學期、學年教育目標，其需要的特殊教育內容、輔助性科技（見第六章）及相關專業服務（見第七章）。

8. 學生能參與普通學校（班）之時間及項目：評估及規劃學生可能與普通班學生接觸之時間項目，以滿足學生在最少限制環境學習的原則，讓學生盡可能有機會與普通班學生一起學習，因此，應該強調學生可以參與普通班學習的能力、優勢及學習潛能。

9. 學期教育目標之評量日期及標準：由於身心障礙學生學習速度不一，不能以一致的標準作為績效指標，因此，應訂出適當的評量日期以評估學期教育目標是否達成以及適當的評量標準，作為評鑑特殊教育實施的成果及未來特殊教育方案調整的依據。

10. 轉銜服務：學前教育大班、國小六年級、國中三年級及高中（職）三年級學生之轉銜服務內容，包括升學輔導、生活、就業、心理輔導、福利服務及其他相關專業服務等項目。

　　依據我國《特殊教育法》之規定，每一學期應對 IEP 之內容重新檢討一次（教育部，民 93）；亦即這是一份隨學生成長而變動的計畫，是過程的而非有固定結果的，沒有固定格式卻有必須包含的項目。而且 IEP 不是一份各科的教學計畫，也不是平日教學的計畫（張蓓莉，民 88）；它是一份以學生個別差異為出發的教育計畫，引導著教師教育的方向，其應呈現的內容依據每個學生的需求而有所不同。

表 8-1　教育目標示例

學年目標／長期目標	學期目標／短期目標
1.調整 A 生的行為表現，尤其是 A 生的脾氣管理。	1-1. A 生在不高興時，不會以大叫表現情緒。 1-2. A 生在不高興時，能以深呼吸抑制自己的不悅情緒表現。
2.以直接教學法教導 A 生書寫表達的能力。	2-1. A 生在本學期末時的上課筆記能達到 90%的正確率。

引自 Keyes & Owens-Johnson, 2003, p.148

四、個別化教育計畫的形成

　　IEP 的制定過程與學生所取得服務的質與量有直接的相關（Shriner & DeStefano, 2003）。為求客觀性，各國也因此多要求 IEP 能夠以團隊的形式訂定。擬定 IEP 的過程需要一個團隊合作互動的過程，需要分享思考，以符合學生的需求，期望藉由不同專業間的能力

互補，以增進學校中教與學的教育品質（Clark, 2000）。就美國《IDEA》法案及我國《特殊教育法》的規範下，IEP 的團隊（IEP team）應包含以下人員（周俊良，民 92；胡永崇，民 91；教育部，民 93；張蓓莉，民 88；Clark, 2000; Dowling-Sendor, 2000; Keyes & Owens-Johnson, 2003; Lytle & Bordin, 2001; Snyder, 2002）：

1. 學生的父母親或監護人：提供學生個人資料與教育的需求或期望。

2. 學校教育行政人員：提供教育行政上的支援，如經費、交通工具、教師的安排、人員的調派等。

3. 地方教育主管機關代表。

4. 特殊教育教師。

5. 普通教育教師：若學生將參與或可能參與普通教育，則至少應有一位普通班教師與會，以描述學生在普通班的表現，及提供普通班可能的支援及教育策略。

6. 心理評量人員：評量診斷及可以解釋評量結果之教育人員。

7. 相關專業服務人員：可能是醫師、物理治療師、職能治療師、語言治療師、社會工作師、臨床心理師、職業輔導員、定向行動訓練師等，依照學生的需要而安排。

8. 特殊學生：若適當，則應邀請障礙者本人參加，表達其自身的興趣與期望。通常在國中以上階段的轉銜計畫中，學生的參與最為重要。但是當障礙者認知能力較差或較年幼時，其意見應做適當的修正調整。

9. 其他相關人員：必要時，學生家長得以邀請相關人員陪同或直接成為團隊的成員，例如律師、專業人員、護士、公車司機或者其他機構人員。如果家長是聽覺障礙人士或者是以母語溝通者，則需要有翻譯員，以進行充分的溝通。

　　而一般個別化教育計畫之擬定可分為五個步驟：

1. 了解學生需求：乃透過各種診斷評量的過程發現身心障礙學生之教

育需求。例如，經由教師觀察、各種測驗（如適應行為量表）、各種評量（如生態評量）、訪問家長教師等了解學生需求。

2. 擬定 IEP 初稿：經由確定學生需求後，依課程進度計畫及各種可取得資源，擬定 IEP 初稿。

3. 召開 IEP 會議：集合家長、專業人員等召開 IEP 會議，協調統整學生之 IEP 內容。IEP 會議目的是藉著讓身心障礙學生之家長和相關人員面對面進行溝通和協調，以擬定出適合此身心障礙學生個別需求的教育方案。

4. 撰寫計畫：將 IEP 之協調內容進行書面的撰寫，成為正式的 IEP 內容。

5. 相關人員簽名定案：正式之 IEP 內容再經由相關人員，包括家長、教師、行政人員、相關專業人員等確定同意，簽名定案後，以成為未來執行個別學生的特殊教育及相關服務的執行準則。

　　IEP 一旦擬定完成，便成為教師執行教學及提供學生相關服務的依據。為使 IEP 的擬定與執行發揮功能，我國特殊教育相關法案訂定各項配套規範（見表 8-2）。其中依據我國《特殊教育法施行細則》的規定，應於身心障礙學生開學後一個月內訂定個別化教育計畫，每學期至少檢討一次，以確定所訂年度目標是否達成（教育部，民92a）。因此，IEP 會議應該同樣在開學後一個月內召開完成，而在學年中若有必要，仍可適時再召開 IEP 會議（見圖 8-1）。

五、電腦化 IEP

　　而電腦化 IEP（computerized IEPs; computer-generated IEPs）可以做時間與金錢的節省，在輸入、儲存、檢索、修改資料等工作也較書面撰寫更為優勢，一九八〇年代因而相當盛行。尤其美國，由於特殊教育發展較早，對 IEP 的要求非常重視，而且因為其市場較大，許多商業軟體公司紛紛投入開發各障礙類別電腦化 IEP 系統，而廣為特殊教

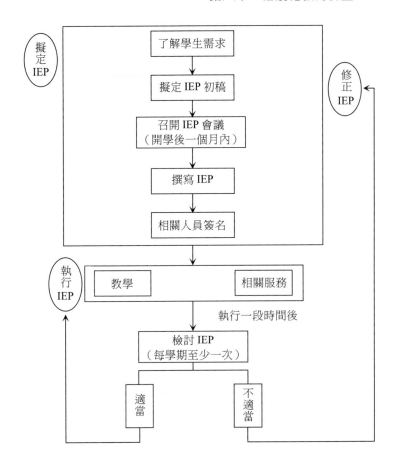

圖 8-1　IEP 的擬定與執行流程

育教師所採用。

　　電腦化之個別化教育計畫系統分為三大類：廣域網路的網頁呈現版本、區域網路版本，以及單機版本。電腦化 IEP 整合電子績效，可以使特殊教育教師在撰寫個別化教育計畫時達成下列幾點（蔡秉燁、蘇俊鴻，民 92）：

1. 減少資訊過量和文件負荷，促成校務行政自動化。
2. 減低教育訓練時間和教育訓練成本，增加個人工作績效。

表 8-2　我國個別化教育計畫相關法案一覽表

年份	法案	條數	內容主旨
88	身心障礙教育專業團隊設置與實施辦法	3, 6	專業團隊參與及擬定學生個別化教育計畫，依該計畫提供學生所需之教育、衛生醫療及轉銜輔導等專業服務，並執行追蹤評鑑。
88	特殊教育相關專業人員及助理人員遴用辦法	3	個別化教育計畫之擬定與執行由特殊教育相關專業人員與教師或其他人員充分合作。
88	特殊教育課程教材教法實施辦法	3	學校實施身心障礙教育，應依課程綱要，擬定學生個別化教育計畫，進行教學，且應彈性運用教材及教法。
91	高級中等學校就讀普通班身心障礙學生安置原則及輔導辦法	4	身心障礙學生就讀普通班者應依學生之個別化教育計畫予以安置，計畫變更時，應重新評估其安置之適當性。
92	特殊教育法施行細則	18	個別化教育計畫之定義、訂定形式、參與人員及內容。
		19	應於身心障礙學生開學後一個月內訂定個別化教育計畫，每學期至少檢討一次。
93	特殊教育法	27	針對每位身心障礙學生應擬定個別化教育計畫，並應邀請身心障礙學生家長參與其擬定與教育安置。

3. 工作環境即學習環境，在工作上遇到的困難狀況得以直接求助該系統得到立即的解決，提升學習成效。

4. 標準化流程得以簡化工作內容，減少工作量。

5. 提升個別化教育計畫撰寫的品質與服務的效能。

6. 簡化備份管理，進而提升學校組織與成員的工作效率。

第三節　現況

美國自從 94-142 公法指示 IEP 的執行，法案經過三年準備工作後，在一九七八年正式實施時，已有 95%接受特殊教育之障礙學生擁有個人的 IEP（吳武典，民 76）。至今幾乎每一位身心障礙學生均擁

有校方為他評估擬定的 IEP。而後 IEP 經過幾次法案的修訂，至一九
九七年《IDEA》法案，較以前更強調以個案為中心（person-centered
approach）的、強調專業合作效率的、父母完全參與的取向（Keyes &
Owens-Johnson, 2003）。然而其執行過程中仍有不理想之處，例如，
在調查研究中發現，許多教師認為在一九九七年《IDEA》法案的要
求下，致使文書工作太多，影響教學，而希望減少此方面的工作
（Huefner, 2000）。因此近來有學者指出，應簡化 IEP 的內容及形式，
例如，英國在一九九四年為配合其新修訂之教育法，簡化 IEP 形式，
因而將 IEP 調整為以綱要式（outline）陳述為主（Visser, 1994，引自李
翠玲，民 90）。Pyecha 等人於一九八○年調查全美國 3,207 份公立學
校及機構的 IEP，顯示 IEP 的平均長度為五頁；但我國林千惠於民國
八十八年抽樣一百八十份國內啟智班的 IEP，則發現十頁以下者占
38.2%，十一至二十頁者占 36.1%，22.3%高達四十頁以上（林千惠，
民 88）。這也導致國內學者紛紛提出簡化 IEP 之工作，聲明更應加強
實質的教學功能（吳武典，民 76；李翠玲，民 90；胡永崇，民
92）。

　　另外，有研究發現美國學生介入 IEP 的過程不理想（Snyder,
2002）。此現象在台灣地區亦相當明顯，無論在哪一教育階段內，學
校邀請學生參與 IEP 會議，表達其需求或期望的現象十分少見。此
外，依據學者的研究，台灣地區在執行 IEP 的工作上，發現其中的現
象為（李翠玲，民 88、民 89、民 90；胡永崇，民 92；張蓓莉，民
88）：

1. 大多數計畫幾乎都是由老師擬定，且分科撰寫與執行，與 IEP 的真
　 正內涵差去甚遠。此可能與過去 IEP 曾被稱為「個別化教學計畫」
　 之現象有關，而使一般教師未能適當撰寫。
2. 內容多偏重教師可能執行的範圍，而未能真正顯現學生的需求。
3. 特教班老師使用 IEP 之機率最高，占 91.7%，其次為資源班
　 （77.6%），巡迴輔導教師之使用率最低（40.0%）。

4. 目前礙於相關專業團隊人員的合作模式及經費考量，行政人員及相關專業人員參與 IEP 的比例仍低。

5. 教師在實際發展及執行 IEP 時多面臨若干困難，而難以普遍推展。

6. IEP 內容呈現多不完整，例如沒有呈現起點行為，缺少短期目標或評量程序，而且安置決定常不能基於 IEP。

7. 全班或小組學生共用一份 IEP，個別化精神無法落實。

8. IEP 與實際教學脫節，許多教師未依 IEP 的撰寫內容進行教學，IEP 常只供備查之用。

9. IEP 會議不理想。有些學校教師並未實際召開 IEP 會議，或者由於與會人員的時間考量與經費問題，往往全班的 IEP 會議在短時間內即一起召開完成，無法一個一個照顧到學生個別的狀況與需求。

10. 有些教師覺得 IEP 之內容及格式過於繁瑣，教師花費過多時間編寫 IEP，影響實際教學。

　　在電腦化 IEP 的應用方面，台灣地區也有部分學者及機構陸續出版身心障礙學生的電腦化 IEP。早期曾有屏東勝利之家開發智能障礙類電腦化 IEP 系統；嘉義啟智學校亦曾開發智能障礙類電腦化 IEP 系統，然該系統並未大量推廣；台東縣特殊教育網路中心與精誠資訊軟體合作開發之實用數學 IEP 軟體，亦屬於智能障礙類 IEP，相當適於推廣，使用亦相當簡易。另外，有孟瑛如教授與吳東光教授發展以學習障礙學生為對象的電腦化 IEP 系統，以及王華沛教授附在台灣省特殊教育網路中心研發的網路化 IEP 系統。部分縣市教育局也陸續發展電腦化 IEP 系統，指導各區域內教師應用於特殊教育工作中。根據李翠玲（民 89）對使用電腦設計 IEP 調查情形發現，使用電腦來設計 IEP 者占 44.3%，未使用者比例較高，占 55.7%。但是，電腦化 IEP 系統由於資料庫的限制及教師電腦使用能力的問題，目前仍未能全面推廣善用於特殊教育界；並且，國小、國中及高中職間電腦化 IEP 未能整合連貫，使實用性受到限制，其技術及架構仍有待克服。

第四節　趨勢討論

一、IEP 的功能

　　世界諸國皆已將 IEP 列為特殊教育中的強制工作，且對 IEP 的內容及發展做出規範，其主要乃因為 IEP 具有以下功能（李翠玲，民 88；林寶貴，民 83；胡永崇，民 91；謝健全，民 88；Keyes & Owens-Johnson, 2003; Lytle & Bordin, 2001）：

1. 適性教育的保障：IEP 是保障身心障礙學生接受「適當性」（appropriate）教育及相關服務之權益的文件，是促進相關專業合作以保障學生有效參與學校生活的重要歷程，並確保身心障礙學生的安置為符合最少限制環境之原則。

2. 特殊教育工作的管理工具：IEP 有助於特殊教育課程的發展規劃，依訂定之目標進行教學，使教學活動不至於雜亂無章、隨心所欲地進行，並促進特殊教育相關人員的教學品質控管，以進行有效率、有組織的教學。

3. 家長介入的引導：引導家長適時介入特殊教育，保障身心障礙學生及家長的法定權益，促使家長負起應有責任，並讓家長與教育人員成為計畫的平行參與者（equal participants）。

4. 多專業的介入整合：一份合適的 IEP 乃整合家長、教師及專業人員的意見與期望，不至於失之主觀，並明訂相關人員在整個特殊教育過程的職責。

5. 評鑑的功能運作：檢視教學目標是否達成，以檢視身心障礙學生進步的情形，並可依以評鑑教師及特殊教育的績效表現（accoutability）。

6. 溝通與協調的充分發揮：促進家長與學校人員的完整溝通，協調家長與學校間化解意見的分歧，而呈現適切的服務內容，以滿足特殊

學生的需求。

二、IEP 的執行困境

　　IEP 立意雖佳，但是在現實環境中遇到諸多的限制，而不能充分表現其功能，其中問題包括（李翠玲，民 88；胡永崇，民 91、民 92；謝健全，民 88；Huefner, 2000; Lytle & Bordin, 2001; Shriner & DeStefano, 2003）：

1. 相關人員協調不夠：包括普通班教師、專業人員等之間的參與和協調不足，成員之間的整合困難，且在需要的時候常缺乏相關專業及相關服務人員的介入或協助。

2. 整合性不夠：許多 IEP 不能將評量與教學目標及計畫目標做適當的結合，IEP 對教育實務工作並沒有太大的助益。

3. 不能涵蓋個別學生的需求：一般 IEP 最常出現的是未顧及學生的個別需求，常常出現全班擁有同樣內容的 IEP。對於認知課程以外的部分更容易受到忽略，例如，對過動症學生不能涵蓋行為改變之目標於 IEP 中。而近來使用電腦編寫 IEP 固然可節省若干時間，在「剪與貼」之間，往往忽視學生的個別需求。

4. 時間花費過多：文書工作太多，可能影響實質的教學投入時間，而使教學品質降低。

5. 相關資源不夠：多數教師覺得其擬定 IEP 的過程中獲得的協助太少，責任太重，學校環境並常無法配合 IEP 的發展與執行；且目前仍缺乏明確的職責劃分及個案管理制度，使 IEP 的專業執行仍受到相當的限制。

6. 教師專業能力不足：國內的研究發現，教師未編寫 IEP 的部分原因為專業能力不足，許多教師缺乏 IEP 發展及執行的專業能力，不能適當掌握 IEP 的撰寫原則而影響 IEP 的品質。

7. 教師態度不當：教師及相關人員可能因「應付」心態而影響 IEP 的實質效益，並且有些教師對 IEP 的認識不清或存有誤解，而對 IEP

有負面的排斥態度。

8. 教學與計畫脫節：特殊教育教師每日的班級教學與 IEP 的書面資料常沒有明確的相關性，許多教師所發展之 IEP 可能僅為形式化的書面文件，常無直接關係。而教學過程中學生差異大時，所編寫不同之 IEP，難以在實際教學時付諸實現，也因此計畫目標更不易在教學中掌握。

9. 家長參與不足：許多家長忙於生計而無法抽空參加 IEP 會議，或對子女漠不關心不願參加 IEP 會議，或不願意配合教學，或對於 IEP 未能完全及公平地參與，這些都使得 IEP 的功能受限。

10. IEP 內容不當：IEP 的目標往往不夠整體性、明確性、合理或有意義，使得 IEP 的擬定常未能符合法定規範，或應有的內容不能依以評量學生的學習成果，或常不能實際執行於教學情境中。

11. IEP 格式不一：各教育階段、各地區或各校的 IEP 格式不一，常造成溝通或資料轉移的不便。且不同學者或評鑑委員對 IEP 的格式與內涵要求不同，常造成教師無所適從的困擾。

三、提升 IEP 效能

為了提升 IEP 的效率及功能，應發展適當的原則。依據學者的說法，一份適切的 IEP 內容應該注意幾個環節，包括（吳武典，民 76；李翠玲，民 90；周俊良，民 92；胡永崇，民 92；Clark, 2000; Huefner, 2000; Keyes & Owens-Johnson, 2003; Lytle & Bordin, 2001; Muhlenhaupt, 2002）：

1. 應具有宏觀角度：一份適當的 IEP 應顧及學生全面性的發展、適切性的特徵，以及具個別化的，而不是片面的、隨性的或與全班同學一致的內容。

2. 充分的評量應用：擬定 IEP 前應有充分的評量工具及評量方法介入，以確切掌握學生的需求所在，而不是隨意制定 IEP 內容。

3. 符合跨專業整合模式運作：有效的 IEP 應該是各領域專業人員共同

提供相關專業知能，以規劃滿足學生需求的教育方案，並於會議結束後商討後續的訓練與合作事宜，以跨專業整合模式運作的過程方能掌握此目的。

4. 家長參與及同意：在 IEP 的擬定過程應有家長適當的參與，若家長不了解 IEP 的意義及內容，則教師應做盡可能的解釋，經由適當及充分的溝通後，與家長共同研商擬定合法的「個別化教育方案」，引導家長融入學生的特殊教育中，最後並須經過家長同意簽字。同時在過程中，應將法規中的父母權益完整地通知障礙學生的父母或監護人。

5. 注意學生的優勢能力：一個基於優勢的教學是正向的，可以藉以找出教學目標的方向，其 IEP 可以提供更多的教與學的指導。例如一般教師會描述：「小明如果沒有用其手指指讀，則不能閱讀同年級的教科書，而且他的理解能力是弱的。」但如果描述為：「小明閱讀為 5.2 年級的程度，在閱讀五年級的教科書時，如果以其手指頭指著閱讀，將能夠正確地讀出 92%的課文內容。而其理解能力約達到 3.4 年級。」則可更正向地擬定學生的個別化教育方案。

6. 建立適當的 IEP：IEP 所建立的教育內容應該是學生的「適當的教育」，而非「理想的」或「最好的」教育，學生方能從 IEP 獲利。而且，一份理想的身心障礙學生的個別化教育計畫，並不等於他（她）各科的個別化教學計畫，而應該是具有整體性的教育方向在內。

7. 建立適當個案管理制度：目前特殊學生的 IEP 資料多由各任課老師撰寫該科的學年目標及學期目標，再將資料交由一位專門負責該個案的個案管理老師彙整管理（在台灣通常為導師）。個案管理並非書面資料的蒐集與整理，「個案管理」與「檔案管理」不可畫上等號。個案管理老師應該根據特殊學生及其家庭的需求，運用校內外的資源（如校內的教學資源、行政資源、校外的社會福利資源），與行政單位、導師、相關專業人員進行溝通協調，使特殊學生滿足

其學習及相關需求。

8. 不設限 IEP 長度：一份適當的 IEP 不應該侷限在書面上的作業，而應著重在強化實質幫助。IEP 的長短也不應該做限制，應根據個體不同的教育需求，而有長短不一的 IEP。

9. 訂定可測量的 IEP 目標：IEP 應訂定具有「可觀察」及「可評量」的具體目標，否則將難以做後續的評估及評鑑工作，這也正是《IDEA》所特別強調的 IEP 目標之形式。

10. 掌握 IEP 溝通功能：IEP 所訂定的目標應該能被執行，呈現的文字敘述與內容也應該讓學生與家長看得懂。

11. 建立適切的 IEP 格式：不同學者或評鑑委員對 IEP 的要求不同，常造成教師無所適從的困擾。若能藉由評鑑評估個別學校教師擬定並執行 IEP 的成效，考量教師反應，共同商討教師的需求，進而提出建議與要求，對教師的教學與學生的學習均有效益。或者在適切的情況下，教育體制內應嘗試建立統一的適當格式，以提升教師對 IEP 內涵的掌握，並可增加學生 IEP 資料轉移的方便性。

四、發揮 IEP 團隊

一份適切的 IEP 有賴一個有效能的 IEP 團隊去擬定與執行，其具有以下特點（Lytle & Bordin, 2001）：

1. 明確的角色參與：為了符合學生的個別需求，每個團隊成員應該扮演一個清楚明確的角色，為其責任而適當表現。

2. 社會支持的：社會支持是指團隊成員間彼此是可以分享、傾聽，及提供了解、同理和鼓勵的。而且，障礙學生的親人也可以邀請他認為能提供適當社會支持的人參與。

3. 具有共識的：團隊的成員視適當 IEP 的訂定與執行為團隊目標，愈能接近彼此，則愈能發展一個具有共識的 IEP 架構。

4. 有區別的：區別性是指在團體中每個成員能夠充分表現其在團隊中的特有專長，展現互補的功能，使 IEP 的呈現更為完整。

5. 平等的：為了確保團隊成員間的平等，必須確保所有的成員是彼此信任的，尤其是家長的感受。當家長從專家一方聽到許多他們為學生做的事情時，信任感便很容易建立起來。

6. 有效的溝通：有效的溝通是分享資訊、理念、思想、感受的過程，以使 IEP 能確切訂定出適當的內容。

　　IEP 的目的在引導提供服務者，規劃並提供身心障礙者一個具結構性、有組織的特殊教育與相關服務的內容，因此成為當今世界各國特殊教育工作上的必然要求。唯如何善用 IEP 成為具效能的工具，而非一件負擔，則有賴運用者有正確的認知及正向的態度。

第九章

生涯轉銜

claimed that the passage of the claimed that the passage
of the Act and its subsequent.....increased public
awareness of disability and changed attitudes.....
a statutory framework for service to which disabled
people were entitled.....to involve.......

每一個人均有生涯發展的問題，尤其在生涯發展過程中，不同階段間的轉換常遇到適應的問題。就特殊學生而言，這些轉銜階段的問題更明顯嚴重於一般人。因此，對特殊學生的生涯輔導也就更強調在銜接過程中的介入，而有所謂轉銜輔導、轉銜教育、轉銜服務方案等，以特殊學生為主要服務對象的課題被探討。本章從美國在轉銜服務的政策及法案轉變談轉銜服務的內涵，當可使一般轉銜服務提供者更容易掌握其中的精神。

第一節　源起與發展

民國八十六年，我國同時在《特殊教育法》及《身心障礙者保護法》出現「轉銜」（transition）一詞，其內涵至今正為國內各界人士所詮釋當中。而美國聯邦政府於一九八二年即開始使用「轉銜」一詞，強調對特殊學生的轉銜服務，至今已逾二十年，其服務運作已相當成熟周延。

一、從就業到各方面的適應問題

第一次世界大戰使得美國出現大量傷殘人士，其傷殘現象導致就業困難，而造成全美普遍且嚴重的民生問題，於是美國國會於一九二〇年立法，以提供大戰後傷殘人士的復健服務，提高其就業能力，即《職業復健法案》（Vocational Rehabilitation Act; P.L.66-236）。此後對身心障礙者的服務，乃集中於職業復健與輔導工作，長達五、六十年之久。其間除了曾於一九六三年訂立《職業教育法案》（Vocational Education Act; P.L.88-164），將服務對象擴大，不再侷限於因戰爭所導致的傷殘人士，在對障礙者的職業或生涯轉銜輔導上，並無太大變革。

一九七五年美國聯邦政府通過《全體殘障兒童教育法案》（Education for All Handicapped Children Act; 94-142 公法），為三至二十一歲

身心障礙者提供免費、適當及公共的教育。強調零拒絕的做法使得多數身心障礙兒童及青少年得以順利就學。然而在方案實施十年之後，這些學生面臨畢業後的轉銜問題，卻由於無適切的成年生活輔導，及缺乏令人滿意的就業機會，於是「畢業就是失業」成了多數身心障礙人士最後的生涯發展狀態（許天威，民82）。在當時，身心障礙者即使接受了特殊教育，但在離開校園生活、進入社會後，同樣會面臨嚴重的失業問題。

依據當時美國民權委員會（U.S. Commision on Civil Right）的統計，美國身心障礙人口中有 50%到 75%的人是處在無工作狀態下（Wehman, Kregel, & Barcus, 1985）。Edgar（1987）的研究也有相似的結果，他發現美國身心障礙青少年人口中有 60%的人於畢業後未能順利就業（許天威，民82）。身心障礙學生離校前雖然多接受著各種不同程度的職業和教育訓練，但是對於將他們安置在工商業界就業的轉銜工作仍不理想，以致於在大部分的學校教育制度下，身心障礙人士通常不能獲得與他們能力相當的工作，這種缺乏轉銜服務的現象，可能是身心障礙者持續高失業率的主要原因。教育的場所對於多數身心障礙者而言，似乎只是一個從幼童過渡到成人角色的「收容所」，而終得成為依附他人的人口。於是就業的不良現象，使當時政府單位覺察到身心障礙者離校至工作環境間的銜接存在著嚴重的問題。

Halpern（1993）指出，有鑑於此一問題的嚴重性，美國教育部官員 M. Will 於一九八四年倡導要將障礙青少年的轉銜服務列為優先要務，並將重點放在就業輔導上。對於身心障礙者從學校到離校後就業的轉銜服務工作，因為現實的需要，而受到政府單位及學者的重視。

另外，從教育階段內的學習問題來看，美國有特殊教育需求的學生中有相當高的比例在未完成中學教育前就中途輟學。在一九九二年美國第十四期國會年報的統計發現，身心障礙學生中有高達 43%的學生中途輟學，同時期一般學生則只有 24%的比例中途輟學。身心障礙學生的輟學率明顯高於一般的學生，其中的原因不是因為這些學生是

學習環境中的「失敗者」，根據 Lichtenstein（1993）的說法，是「不適當的中學課程和不適當的轉銜方案，使得這些學生成為教育下的犧牲者」（Brolin, 1995）。根據美國學者的說法，一般傳統的教育系統與課程並不能符合特殊兒童的需求。而且，在一些對障礙學生離校後的追蹤研究發現，只有 40.4%的人可以表現一些具功能性的心智能力，例如，使用電話、算零錢、看時間等，其他大部分的學生離校之後，則有許多的適應性問題存在。特殊教育學者認為，如果給予學生適當的訓練，學生將可以在畢業以後過著獨立、具生產性的生活，及成為一個對社會有貢獻的一員（Brolin, 1995）。障礙者所產生離校後的種種適應問題，使關心特殊教育問題的人士不得不重新深入思考教育的方向。

在美國 98-199 公法《修訂殘障者教育法案》（The Amendment to the Education of the Handicapped Act）指出，障礙者在過去很少為自己畢業後的生活做適當的準備，幾乎沒有人善用轉銜服務，而且也幾乎沒有設計出一個能協助障礙者進入就業市場，使之成為社會中有用的個人服務系統。因此在此公法中規定了新的課程標準，其中包括持續的教育和訓練服務等（Wehman, Kregel, & Barcus,1985）。從學校到學校後的轉銜服務工作，因為實質的需要，而受到更直接的注意。因此，聯邦政府「兩千年美國教育目標法案」（Goals 2000: Educate America Act）提出了六大教育目標，其中第五項特別指出：「每一個成人必須是一個具有技能且有涵養的工作者及公民，能夠在整體經濟環境中與人競爭。」此一目標對於特殊學習需求學生的教育，提供了一件重要的教育方針。在教育單位，當然得為特殊學生設計一個使之可以成為社會中競爭者的教學策略（Brolin, 1995）。聚焦於轉銜的生涯教育工作便成為教育策略的核心工作。於是，從學校生活到成人生活，是一個走向受雇及成功社會生活的轉換過程，對身心障礙者而言，此即成功轉銜之觀念。

二、轉銜教育政策的轉變——從工作學習方案、生涯教育到轉銜教育與服務

（一）工作學習方案

　　早在一九八〇年代，轉銜這一觀點被提出以前，美國教育界已經有其他的用詞描述相似的主題。一九六〇年代有所謂的「工作學習方案」（work/study program），指出當時智能障礙教育中學課程的安排不恰當，因而提出一個強調直接工作經驗的觀點，培養學生良好的工作技能，於是學校與社區內工廠建立合作的工作學習方案，期待學生們在畢業後能獲得工作，並擁有令人滿意的社會適應狀態。此方案包括提供學生特殊教育、職業教育及職業復健的服務，在美國盛行了十多年（Beirne-Smith, Patton, & Ittenbach, 1994; Halpern, 1994）。在當時，為了使身心障礙者離校後擁有一技之長，經由工作學習方案的推動，乃將職業訓練列入身心障礙者的中學課程中。

（二）生涯教育方案

　　由於學者及實務工作者感覺到單純的職業訓練，已經無法全然滿足特殊學生的生活需求。一九七〇年代期間，工作學習方案一詞在美國變得較不盛行，在方案中所呈現的需求問題，便由「生涯教育」的主題所取代討論，而且其觀念迅速傳播成長（Beirne-Smith, Patton, & Ittenbach, 1994）。一九七一年美國教育部指稱，美國學生在高中畢業以後，對自己的生涯未能具有充分的準備，於是提出三點重要的聲明：(1)所有學生均需要生涯教育；(2)每一個人的教育過程均應接受生涯教育，並且應該開始於幼稚園學習階段，而後持續到成年；(3)生涯教育在於使個人至少具有謀生的能力。生涯教育是一個比工作學習方案，更需要長遠地計畫與實施過程的教育概念。一九七四年美國因應中等教育制度與功能的反省，及全美經濟蕭條的影響，而正式成立全

國性的生涯教育局（Office of Career Education），並因此促使特殊兒童協會（Council for Exceptional Children）在一九七六年成立生涯發展組（Division on Career Devlopment of the Council for Exceptional Children），今改名為生涯發展與轉銜組（Division on Career Devlopment and Transition，簡稱 DCDT），而於兩年以後發表對生涯教育的看法（Halpern, 1994）。聯邦政府在生涯教育方面的努力，最早乃開始於普通教育，然而特殊學生的急切需求，使特殊教育界更不容忽略身心障礙學生生涯發展的課題。

（三）轉銜方案

　　一九八二年美國聯邦政府開始將生涯教育，轉為使用「轉銜」或「生涯轉銜」的說法。一九八四年《修訂殘障者教育法案》，即98-199 公法的第 626 條款提到，應努力增加中學特殊教育及提供合作教育、訓練及相關服務，以協助身心障礙者轉銜至就業市場、職業訓練、繼續教育及成人服務系統中。從學校到學校後的轉銜服務工作，從此在條文中有了明確的規定（Wehman, Kregel, & Barcus, 1985; Ysseldyke, Algozzine, & Thurlow, 1992）。一九八四年美國特殊教育與復健服務局（United States Office of Special Education and Rehabilitation Services，簡稱 OSERS）出版一系列有關轉銜的文章，對轉銜服務計畫的推動做了相當大的努力（Halpern, 1994）。轉銜的概念從此被廣為接受與應用，轉銜服務計畫也從此受到學者們與行政當局的推動。

　　Hobbs 和 Allen（1989）指出，大部分有特殊需求的學生即使已經上過特殊教育課程，在離校後受雇時仍然遭遇許多的困難，他們在畢業後的居住生活和社會選擇問題仍受到相當大的限制，以致於他們在畢業後有些學生留滯在家，其他多數人則只能在隔離的工廠中就業。根據Hobbs 及 Allen的推究，造成如此現象的原因之一，乃是因為缺乏成人輔導。於是，不管是在輟學問題，或是畢業以後的就業問題、適應問題，都引人思考特殊學生在生涯發展中的轉銜階段出現的問題。

在往後六年，此方案的概念被慢慢地擴充，不再只強調單一的就業問題，而包含更廣的教育目標，並注入 101-476 公法《障礙者教育法案》中，聲明轉銜計畫是個人生涯教育的一部分（Halpern, 1994; Ysseldyke, Algozzine, & Thurlow, 1992）。

一九八七年美國特殊兒童協會生涯發展組發行以「殘障者從學校轉銜至工作世界」為主題的第一份報告，自此經過許多學者的努力，已經使得轉銜的概念在特殊教育與輔導工作中有了實質上的成長，在立法的動作及相關服務的進行之後，更加支持了此一觀點。

第二節　趨勢內涵

生涯教育是以最少限制的環境提供個人學習日常生活、學業、就業知識及某些職業工作技術的機會，以達其將來在經濟上、人格上及社會上的自我實現。而特殊學生受教育之主要目的，更在學習將來能獨立地工作、在社會中生活、確保擁有一個快樂及滿意的生活，並使學生成為一位與他人互相依賴互助的個體（李崇信，民 72；Halpern, 1994; Inge, 1992; Wehman, Kregel, & Barcus, 1985）。

特殊教育工作的目的在為特殊學生將來的生涯發展而準備，亦即學校特殊教育應作為「過渡」到繼續受教育、過社會生活的一個階段，此一教育自幼年即開始進行一連串的生涯安排，如生涯覺察（career awareness）、生涯試探（career exploration），而最重要的乃在於生涯準備（career preparation），方能有適當的生涯安置（career placement）。Wehman、Kregel 和 Barcus（1985）認為，如果沒有做很小心的計畫及為畢業後的生涯安置做準備，將難以達到生涯上的重要目標。此即轉銜教育與輔導所期望發揮的功能。

一、轉銜與轉銜服務的意義

轉銜，含有銜接（linkage）、橋（bridge）的意思，指從一個狀

態到另一個狀態、從一個階段到另一個階段，或從一個職位到另一個職位的轉換階段，是一個動態且持續改變的過程（Halpern, 1994; Inge, 1992; Robinson & Others, 1988; Ysseldyke, Algozzine, & Thurlow, 1992）。Super（1969）指出，一個人的生涯可以分為成長（grow）、探索（exploration）、建立（establishment）、維持（maintenance）及衰退（decline）五大階段（Brown, Brooks, & Associates, 1990）。美國心理學家 Levinson 也提出，人們在生涯發展的表現過程中有三次明顯的轉銜期，分別是成年早期的轉銜、三十歲的轉銜及中年的轉銜（許天威，民 82）。這些銜接與轉變時段，就是生涯發展過程中明顯的轉銜時期。當吾人探討一個人的生涯發展時，便發現個體的生命中充滿著一個接一個的轉換階段。Halpern（1994）就說：「把這個觀點應用在發展主題上時，可以定義轉銜是從人生的一個階段進入另一個階段的過程。」所以，從幼稚園教育到小學教育、從學齡教育到離校、從未婚身分到已婚身分、從普通班學習到進入資源班接受補救教學等等，都是一些大大小小的轉銜階段。

　　就教育而言，Will 任職於美國聯邦政府教育部時，曾經提出轉銜的觀點：「轉銜係著重於學校生活與工作生活的轉換過程」。美國特殊教育與復健服務局（OSERS）也提出對轉銜的定義：「轉銜是一個以成果為導向（outcome-oriented）的歷程，包括引導個人就業的一系列服務和經驗。其間最主要關心的是學生畢業後的就業問題。」（Halpern, 1994）早期在談論身心障礙者的轉銜問題時，多將焦點放在離校階段的就業事件準備上。

　　然而，強調單一就業輔導服務的說法受到相當多人的反駁（Clark & Kolstoe, 1995）。例如 Halpern（1985）明確地指出，障礙者的成年生活狀況與其就業狀況沒有太大的相關性存在，良好的成年生活適應不應只講求就業的轉銜輔導，至少還得同樣地關心障礙者的居住環境與社交關係等其他生活要務。DCDT 將轉銜定義為：於一個社區中，由學生身分轉移至成人角色的轉變；這些角色包括就業、接受後中學

教育、持家、適當的參與社區，及體驗滿意的個人與社會關係。轉銜的內涵即包括自我覺知、生理變化、性生活、就業工作、經濟需求、旅遊與行動的獨立性等。林宏熾（民88）則提出，成功的轉銜是個人獲致信心、成就感、獨立生活能力、就業工作技能與個人生活品質的提高等。從此論點觀之，就業輔導只是轉銜服務的多項內容之一。

　　轉銜服務的概念不斷地擴充著，從強調單一的就業輔導，轉而包含更廣泛的教育目標，並注入一九九〇年 101-476 公法《障礙者教育法案》中，聲明轉銜計畫是個人生涯教育的一部分（Halpern, 1993, 1994; Ysseldyke, Algozzine, & Thurlow, 1992）。轉銜服務的內容很自然地從過去單一的就業訓練與安置服務，擴及至其他各生活領域的服務，並廣為應用在對身心障礙者的生涯發展與輔導服務上。

二、特殊學生生涯轉銜與其教育的涵義

（一）全生涯轉銜教育與服務

　　轉銜方案係針對身心障礙者所需要之個別化的需求，而發展之整體的教育措施或服務計畫，此方案並包含一系列活動與服務。最近，身心障礙者轉銜教育與服務強調生活素質的提升，與全時程的生涯轉銜安排。依此理念，則所謂全生涯的轉銜教育模式便發展形成，共包含了三個階段（見圖 9-1）：

1. 早期療育階段的轉銜（early intervention transition）

　　早期療育階段的轉銜係指三歲學齡前轉銜至學齡階段的教育與服務。一九九一年 102-119 公法《障礙者教育法修正案》的 H 編（Part H）要求政府相關部門針對身心障礙兒童及其家庭，提供「個別化家庭服務計畫」，藉由適當的轉銜，緊密地與入學後的「個別化教育計畫」（IEP）結合。在 IFSP 計畫方案中即需對孩子、各家庭的狀況和親子間的互動關係、各個家庭的文化等為主要考量因素，以提供重要的資訊、資源及服務（Somers,1982; Robinson & Others, 1988），並把

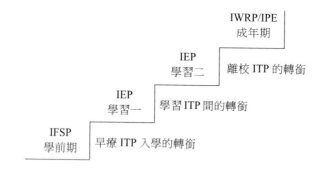

圖 9-1　全生涯轉銜教育模式

這些資訊轉銜進入學習教育階段。

2. 學習階段間的轉銜（between schools transition）

　　每一個學習階段間的轉銜均為教育與服務轉移的重要階段，因此其個別化轉銜計畫（ITP），便銜接著各個學習階段間的個別化教育計畫（IEP），例如，幼稚園進入小學、小學進入中學等，使教育與服務能夠有系統地延續（Ysseldyke, Algozzine & Thurlow）。

3. 離校階段的轉銜（post-school transition）

　　美國中學階段的轉銜（secondary transition）明訂於一九九○年《IDEA》法案，其中規定有關教育機構得於學生未滿十六歲，中學畢業以前，於身心障礙學生的「個別化教育方案」中說明並提供有關的轉銜服務，以幫助學生順利成功地由學生生活時期轉移到社會生活的階段。其間轉銜服務的定義也擴大為以「成果為導向」之一系列的綜合協調活動，包括：中學後教育、職業訓練、支持性就業（supported employment）、成人與繼續教育、成人服務、獨立生活或社區參與。此時期的轉銜教育與服務藉由列於學生的個別化教育計畫（IEP）中之「個別化轉銜計畫」（ITP）來達成。

　　離校後的服務係銜接學生最後一個學習階段（通常即為中學階段）的轉銜需求，其有關的轉銜教育與服務更涵蓋於一九九二年公布

的《復健法修正案》之轉銜服務。根據該法案的規定，身心障礙者州政府或社區的復健機關得與諮商師完成「個別化的書面復健計畫」（individualized written rehabilitation plans，簡稱 IWRP）（林宏熾，民85），以便身心障礙者能順利地適應成人生活。

　　顯而易見，早期單一轉銜形式的職業復建、訓練、安置、轉業、升遷等，已不再是身心障礙者生涯轉銜規劃中的唯一指標，而單一時段的轉銜工作也不再符合全人生涯教育的目標。依照障礙者需求而變動調整的階段性、整體式、全方位規劃的生涯轉銜觀點，才是身心障礙者轉銜服務的向度。

三、生涯轉銜方案的要素

　　Will（1984）將轉銜形容為一座橋樑，他認為，從學校走向工作與成人生活的轉銜，需要中學的健全準備、畢業離校時的適當支援，及在必要時還得有成人生活情境中安全生活的機會與服務（Halpern, 1994）。Parmenter 和 Riches（1990）也說明此轉銜服務的工作主要分成三個階段，即：(1)中學階段——課程安排、個人活動計畫及生涯發展；(2)轉銜階段——連結學校本位服務及社區本位服務；(3)工作／社區生活階段——就業、訓練及教育、休閒及娛樂、日常生活需求等。

（一）橋的這一端——中學階段

　　吳武典（民85）及林素貞（民84）指出學生在中學求學過程中，個體是一個被保護及依賴之青少年，處在一個較簡單的學校環境中。對身心障礙者而言，這個時期的主要工作乃以學校生活為主，其主要的工作為：
1. 為特殊青少年提供有關未來生涯發展的各項學習訓練。
2. 為即將結束中學生活的特殊青少年適時建立學校、家庭、學生、雇主、社區，以及中學後教育機構等之間的連繫，以利特殊青少年在畢業後能獲得持續的教育、輔導與服務（許天威，民82）。

（二）橋面——轉銜階段

　　如何才能使這一座轉銜之橋得以穩固？什麼時候開始築橋？由誰來建築呢？要建的是一座什麼樣的橋呢？這些問題都將決定轉銜這一座橋的穩固力量，它需要長期性的規劃及科技的整合，這些 How、When、Who、What 的問題詳見下個部分轉銜計畫的訂定。

（三）橋的那一端——工作／社區生活階段

　　Hobbs 和 Allen（1989）強調，轉銜計畫的訂定在於使特殊學生未來的生活和工作能更加地獨立，使他們在將來成人時能成功地生活、工作和參與社會。吳武典（民85）及林素貞（民84）指出，轉銜工作乃在使學生轉換至獨立且充滿挑戰之真實生活的成人階段、轉換至高等教育階段，或是轉換進入就業市場中。而成功的轉銜則多被界定為獲致信心、成就感、獨立生活能力、就業工作技能，以及提高個人生活品質等。如同《美國國家轉銜工作網》（*National Transition Network*, 1993）期刊所言，「成功的轉銜成果包含身心障礙者：獲致就業工作、參與中學後教育、從事有意義的社區活動、擁有或居住於良好的住宅、隸屬於一個社交圈等」（引自林宏熾，民85）。成功的就業、成人生活與繼續受教育，乃是轉銜之橋那一端的目的地所在。

1.就業

　　就業是學生畢業後達成其獨立生活的必要條件，因此許多學者在談特殊學生的生涯時，便容易將焦點放在就業上。Rusch 和 Menchetti（1988）從 Will 的觀點說明：如果重視其他的結果，將會忽略 Will 所倡言之轉銜的本意，而且可能無法實質地改變障礙者的生活品質。轉銜方案務必全心貫注於發展以就業為背景的健全措施。我國學者許天威（民82）也說，生涯教育中的一個重要部分就是職業準備與就業輔導，乃著重於由中等學校走向社會生活的關鍵進路，特殊青少年之轉銜方案的提倡與其理論及實務都與職業表現有著密切的關係。

　　為了使身心障礙學生的資料轉移能通暢有效率，教育部對從學前至大專院校轉銜階段的學生（包括應屆畢業生及轉學生），要求其學校教師在第一時間以電子通報的方式將學生資料轉移至下一個安置單位。資料的轉移乃使轉銜的功能得以有機會發揮的最基本工作，而我國已見在這方面的努力，朝向全生涯的轉銜服務目標邁進。

　　對於障礙者的就業輔導，依其可能的就業性質不同而有不同的輔導方向，一般而言，就業的性質可分如下幾種（Wehman, Kregel, & Barcus, 1985）：

(1) 競爭性就業（competitive employment）：輕度障礙者可能擁有生理、感官或學習上的障礙，但是只要工作督導員（coordinator）或復健諮商員予以輔導就業、培養適應技能，並提供學生發展社會的人際技能及提供更多競爭性的工作經驗，則可以使其有機會從事競爭性的工作。

(2) 支持性就業：對某些障礙者而言，若能有更多的協助以獲得工作、訓練並適應工作，將能夠從事競爭性的工作。工作督導員藉著提供個人一對一的訓練及後續的追蹤輔導，將可以協助這些過去受雇率低的障礙者進入就業市場中（Wehman, Kregel, & Barcus,1985）。一般而言，支持性就業的服務，乃先確定可能的工作機會後，施予有關該工作能力的一系列訓練。近年來，支持性就業的實施由於強調以社區安置為原則，因此又稱為社區化就業服務。

(3) 庇護性工場（sheltered workshop）：是指多數聘用障礙者為員工之工作場所，通常為無法在競爭性就業市場中謀得工作的障礙者，若為智能障礙者之庇護工場，則通常會有一般人予以規劃督導工作的環境與內涵。在庇護性工場內就業的障礙者，雖然在剛開始被安排於特殊的就業情境中，但是之後將有機會進入部分時段或者全時段的支持性或競爭性就業環境中工作。

2. 成人生活

　　另外許多學者則相對地指出，除了就業外，更應該重視其他的生活層面。Parmenter 和 Riches（1990）就指稱，轉銜是指從學校到畢業以後的成人生活，其目標在增加身心障礙者的選擇，而且發揮潛能成為社會中獨立生活的機會。Halpern（1985）更明確地指出，障礙者的成年生活與其職業狀況幾乎無太大相關，良好的成年生活適應不應只講求就業的轉銜輔導，至少還得同樣地關心障礙者的居住環境與社交關係等生活要務（許天威，民82）。有效生涯規劃非僅能提供身心障礙者個人學校生活、經濟生活與社會生活有關的活動與訓練，更能提高身心障礙者個人及其家庭未來的生活品質（林宏熾，民84）。而許天威（民82）也指出，特殊學生轉銜教育的功能包含以下幾點：社會適應的能力、具良好的生涯發展、生活常態化、終生且持續進行的生涯規劃等。由此可見，一個整體而適應的成人生活更是特殊學生生涯轉銜工作之目的。

3. 繼續受教育

　　對許多障礙學生而言，中學後教育或進一步地接受訓練是轉銜工作中的重要目標。其中有許多可能的選擇，如：⑴一般之普通教育：如大學、社區學院、職業訓練機構等；⑵部分時間制之特殊教育：此為支持性地提供特殊教育服務，如職業復健和特別規劃之職業訓練方案等（Halpern, 1994）。繼續受教育在於使障礙學生有更大的機會成為一個領域內的專業或技術人員，使其成為獨立自主的個體，對於特殊教育而言，更是重要的教育目標所在。

四、轉銜計畫的訂定

　　對於轉銜計畫的訂定，可以從以下幾個主題詳細探討：

（一）計畫的時間

　　Hobbs 和 Allen（1989）指出，有效職業轉銜計畫的訂定應該在學

生離開校園生活前四年，就由學生、家長、老師及其他相關人員共同擬定完成，而其課程訓練必須在學生就學期間就完成。Wehman、Kregel 和 Barcus（1985）也主張，必須在學生離校前三到五年的時間就建立並實行。

　　在美國《IDEA》法案中規定學生的轉銜教育計畫不得晚於十六歲，在必要的時候應該在學生十四歲或更早的時候即放入 IEP 中，而且對於計畫的內容應該每年至少修改一次（Beirne-Smith, Patton, & Ittenbach, 1994; Halpern, 1994; Wehman, Kregel, & Barcus, 1985; Ysseldyke, Algozzine, & Thurlow, 1992）。儘管如此，但許多學者仍主張學生轉銜工作的準備應該愈早愈好。如 Alberta Education Response Center（1992）指出，在智能障礙者小學及中學階段就應該徹底地進行轉銜計畫的工作。Dietrich（1978）指出，在輕度智能障礙者的小學及中學階段，應該提供適當的生涯覺察與生涯探索活動。生涯探索的經驗中，除了掌握住他們可能的工作機會，透過刺激給予探索工作世界以外，也應強調發展適當的工作態度和習慣。

　　而我國則在《特殊教育法施行細則》中指出，在身心障礙者的學前教育大班、國小六年級、國中三年級及高中三年級時，應在其個別化教育計畫中，撰寫轉銜服務內容。其目的希望在身心障礙者的每一個學習生涯中擁有更加順利的轉銜狀態。

（二）計畫的成員

　　美國特殊教育界認為，特殊教育、輔導、社區組織與家長是輔助障礙者從學校轉換到社會的四大支柱（許天威，民 82）。Wehman、Kregel 和 Barcus（1985）也指出，透過父母與各機構共同努力，如學校、復健服務、成人活動、職業技術訓練中心等，可以確保每位障礙學生有適當且非重複的服務。此說明了這四大支柱共同合作的力量，更可避免形成資源的浪費。此外，Wehman 等人也指出，參與計畫的人應該包括特殊教育者、家長、成人服務系統代表、雇主、學生及復

健諮商員等六個角色，以組成所謂轉銜小組（transition team）。

1. 四大支柱

(1) 特殊教育：特殊教育過去著重在補救教學，授予學生基本的讀寫算知能，今則更強調需做到負起提供生涯發展活動的領導任務，積極支援普通教育教師、職業教育教師、家長以及行政人員共同致力推行相關活動。

(2) 輔導：輔導過去相當偏重非障礙學生諮商服務，今則更著重在結合家長與特殊教育教師的力量，主動參加障礙學生之生涯規劃，聯合特殊教育教師共同提早輔導障礙學生及其家長，以安排學生之教育計畫。

(3) 社區組織：社區組織在繼續過去為障礙者提供畢業後之生計發展的機會。另外，也加強與學校行政單位建立聯絡網，做更完整的後續輔導，針對學校之社會適應、職業教育及生活教育善盡其成為社區資源的角色。

(4) 家長：家長必須拋開過去只滿足於其子女謀得一職的心態，應多了解並關心其子女要扮演的各種生活角色，並及早聯合特殊教育教師與輔導教師為其子女安排相關活動。

2. 六大角色

(1) 特殊教育者：特殊學生的成長過程中，乃以在特殊教育教師輔助下的學習為主，因此轉銜計畫的發起與訂定過程中，特殊教育教師成為必然的成員，並常常是計畫的發起人。

(2) 家長：Rosenkcetter 和 Shots（1991）指出，家人涉入學生的轉銜計畫中，將可以使轉銜計畫的運作更加有效，其中的主要原因如：家長是孩子最主要的保護者、教導者、照顧者，及為孩子做選擇的最主要決策者；可以幫助學生適應新的課程方案；家長可以提供相當重要且有用的資訊；家長是相當有用的資源；家長可以實行家庭本位的課程；可學習如何與校方合作，以便涉入學生的正式教育中；家長可以在學生早年

的時候就學習轉銜技能，並在學生的以後歲月中繼續運用。將特殊學生的父母視為障礙學生的專業輔導人員之一，已成為近來教育障礙學生的新姿態。許多學者指出（Glimps, 1984; Ysseldyke, Algozzine, & Thurlow, 1992），在發展和實施轉銜計畫時，身心障礙者的家人應該參與，以增加身心障礙者培養獨立生活能力的機會。

(3) 雇主：Ysseldyke、Algozzine 和 Thurlow（1992）指出，在轉銜計畫訂定時，應該邀請就業雇主參與，以使學校的方案進行能與雇主的需求一致。

(4) 成人服務系統代表：校方安排學生或親人參觀地區的成人服務機構，適時地涉入接觸社區機構，可以提早為孩子的轉銜工作鋪路，協助學生度過轉銜階段。而成人服務中心的服務人員若能共同分享有關學生的各種資訊，並小心地評估各種選擇的特性，在為學生進行轉銜計畫的時候，將可以較正確地訂定學生的課程目標，而後進一步施以確切的訓練方案（Wehman, Kregel, & Barcus, 1985）。

(5) 學生：Halpern（1994）指出，一個適當轉銜計畫的訂定應該以障礙者的觀點來擬定，協助障礙者克服所存在不同於一般人的阻隔因素。在計畫的過程中，應該先了解學生所期待未來的居住、職業及社會生活為何，此計畫中的一切應該配合學生的興趣及需求。因此，一個最佳轉銜計畫的訂定過程應該有學生的參與。Halpern 提出，轉銜計畫與服務應該與四個成分相一致，才可能使計畫達到效果，這四個主要成分顯示出學生在轉銜計畫中扮演著相當重要的角色：
①強調學生的參與並增加其自我決策的能力。
②以學生的自我評量為轉銜計畫的根據。
③學生離校後的轉銜計畫目標必須根據學生所做的自我評量而訂定。

④根據學生自我評量及離校後的目標選擇適當的教育機會。

(6) 復健諮商員：在轉銜計畫中，復健諮商員扮演一個重要的角色，他們對各種障礙者的狀況多很清楚，通常與家庭一起合作，以決定家庭可獲得的服務內容。在美國有許多州將復健諮商員列為轉銜計畫專家之一，而且多派到學校服務系統中進行更直接的服務（Wehman, 1992）。

（三）轉銜計畫的訂定

訂定轉銜計畫的時候，可以從五個步驟及八個原則著手：

1. 訂定的步驟（Wehman, 1992）

(1) 組織轉銜小組。

(2) 召開個別化轉銜計畫（ITP）會議，並將結果列入學生個別化教育年度計畫中。

(3) 實行個別化轉銜計畫。

(4) 修改個別化轉銜計畫並實行追蹤：每年應該修改一次以上的個別化轉銜計畫。

(5) 掌握並退出會議：在學生畢業前，應該與學生及家長做結案準備，以使學生能從學校順利進入下一個階段。

2. 訂定的原則

生涯轉銜過程中應該注意幾個原則，包括（Halpern, 1994; Wehman, 1992; Ysseldyke, Algozzine, & Thurlow, 1992）：

(1) 學生、家長、教育人員、社區有關機構成員等應成為其中的成員，共同擬定計畫。

(2) 學生應該在就學期間學習功能性技能。

(3) 學校的支持系統著重在實際可以達到的結果。

(4) 計畫小組應該加強與成人服務和基金會發展良好的聯絡資源。

(5) 計畫小組的主要目標在促使學生畢業後進入有給職的、及與

非障礙者共同生活的社區就業環境中。

⑹ 轉銜計畫目的在於使每位學生獲得增加生活品質（quality living）的就業經驗及服務。

⑺ 系統化教學以逐步養成身心障礙者獨立生活的能力。

⑻ 增加學生自我決策的能力。

（四）轉銜計畫的服務內容

每個學者對於生涯轉銜計畫的內容有不同的觀點。有的學者特別強調職業訓練的工作，認為這是轉銜工作唯一的需求；有的學者則認為適當的轉銜服務應包括一生的生涯發展、日常生活的準備、人際社會的技巧，以及職業輔導與準備等（Ysseldyke, Algozzine, & Thurlow, 1992）。我國對於障礙者轉銜輔導的指施在民國八十六年《特殊教育法》及《身心障礙者保護法》修訂之後，轉銜一名詞方才出現，學者及實務工作者紛紛定義並探討其中的內涵而認為在身心障礙者的課業學習、生活、就業、醫療復健等各領域均應涵蓋在轉銜服務工作中。另外，《就業服務法》第二十四條規定：「主管機關對障礙者自願就業人員，應訂定計畫，致力促進其就業，並應定期檢討，落實其成效。」（內政部，民 89c）《中華民國憲法增修條文》第九條第六款也提到了障礙者生活層面的問題：「國家對於障礙者保險與就醫、教育訓練與就業輔導、生活維護與救濟應予保障，並扶助其自立與發展。」（總統府，民 89）

至今無論國內外的學者或實務工作者均認同，一個適當的轉銜服務內容應該包含身心障礙者各個生活層面，而這些服務內容的提供有賴一個國家政府的支持。法案的訂定即是從政府的角度引導服務者在服務身心障礙學生時推展的服務內涵。表 9-1 整理在我國的法令中與轉銜服務工作有關的條文，讀者可以藉之以廣泛的角度思考身心障礙者適當的轉銜服務內容。

表 9-1　我國轉銜服務相關條文一覽表

年份	條文名稱	章節	主題	內容主旨
85	發展與改進特殊教育五年計畫	第二期	就業	指出加強特殊教育學生之職業與生涯輔導，促進潛能發展，並指定在特殊教育學校增設轉銜輔導人員。
86	中華民國憲法增修條文	第 10 條	就醫、就養、就學、就業	訂定身心障礙者各方面之保障，以協助其自立與發展。包括保險與就醫、教育訓練與就業輔導、生活維護與救濟。
87	身心障礙者職業輔導評量辦法	全文	就業	配合身心障礙者個別特質，發現最適合的職種與就業情境。
87	身心障礙者就業輔助器具補助辦法	全文	就業	藉由就業輔助器具的使用，提升身心障礙者的就業能力。
87	身心障礙者創業貸款補助辦法	全文	就業	協助二十至六十歲有意創業的身心障礙者創業。
88	特殊教育課程教材教法實施辦法	第 6 條	職業教育	指明高中（職）身心障礙學生之職業教育課程，應隨年級增加其校外實習時數，並加強轉銜服務。
88	身心障礙教育專業團隊設置與實施辦法	第 2 條	就學、就養、就業	進一步制定有關身心障礙學生課業學習、生活、就業轉銜之需要，以專業團隊合作提供各方面之服務細節。
88	辦理身心障礙者職業訓練經費補助辦法	全文	就業	增加身心障礙者職業訓練機會。
91	各教育階段身心障礙學生轉銜服務實施要點	全文	轉銜服務	訂定轉銜會議之召開及轉銜服務資料之移送原則。
91	完成國民教育身心障礙學生升學輔導辦法	全文	就學	制定我國身心障礙學生國民教育階段後之升學辦法。
91	全民健康保險醫療辦法	第 31 條	就醫	肢體障礙者之義肢申請及配裝之療育。

續次頁

表 9-1　我國轉銜服務相關條文一覽表（續）

年份	條文名稱	章節	主題	內容主旨
92	身心障礙者保護法施行細則	第 15 條	轉銜計畫	指示以團隊方式訂定轉銜計畫之內容。
92	特殊教育法施行細則	第 18 條	就學、就養、就業	定義轉銜服務之內容，包括升學、生活、就業及福利服務等。
92	特殊教育學生獎助辦法	全文	就學	以獎助學金，鼓勵並協助身心障礙學生就學。
92	就業服務法	第 5 條	就業	指示雇主對求職人或員工，不得以障礙為由予以歧視。
92	就業服務法	第 24 條	就業	指示主管機關對身心障礙者自願就業人員，應訂定計畫，致力促進其就業，並定期檢討，落實成效。
92	全民健康保險法	第 36 條	就醫	重大傷病者之免付自行負擔費用。
93	全民健康保險法施行細則	第 11 條	就醫	保障身心障礙者為全民健康保險法之被保險人資格。
93	身心障礙者醫療及輔助器具費用補助辦法	全文	就醫	增加身心障礙者就醫及使用輔助器具的機會。
93	特殊教育法	第 22 條	就醫、就養、就學、就業	指示集合衛生醫療、教育、社會福利、就業服務等，為身心障礙學生課業學習、生活、就業轉銜之需要，以專業團隊合作提供各方面之服務。
93	特殊教育法	第 24 條	就醫、就養、就學	依身心障礙學生學習及生活需要，提供醫療、學習及生活各種支持服務。
93	身心障礙者保護法	第 15 條	就醫、就學、就業	提供身心障礙者個別化專業服務制度，包括個案管理、就業服務、特殊教育、醫療復健等制度。
93	身心障礙者保護法	第 8 條	需求調查	各級政府應至少每三年定期對身心障礙者進行生活需求調查。

續次頁

表 9-1　我國轉銜服務相關條文一覽表（續）

年份	條文名稱	章節	主題	內容主旨
93	身心障礙者保護法	第 42 條	轉銜計畫	指示各單位合作制定生涯轉銜計畫，以因應身心障礙者之生涯福利需求。
		第二章 17-19 條	就醫	提供身心障礙者醫療復健之服務，包括適當之醫療復健服務、早期醫療等；鼓勵設立醫療復建機構，發展醫療復健輔助器具，研究發展必要機構。
		第五章 38-57 條	就養	指出應提供或結合民間資源，提供八項居家服務及十一項社區服務。
		第三章 20-25 條	就學	有關身心障礙者的教育權益，包括提供就學的交通工具或交通補助，供應學習輔助器材及就學相關的各項補助。
		第四章 26-37 條	就業	促進身心障礙者就業的條文，包括個別化職業訓練、職業重建及就業服務、職業輔導評量、定額進用身心障礙者等相關規定，保障身心障礙者就業機會。
		第 28 條	就業	就業辦理職業輔導評量，以協助身心障礙者就業，並提供適當之就業服務。

第三節　現況

　　為了提升身心障礙者的就業能力，近年來有所謂職業重建（vocational rehabilitation）的推行。職業重建指職業訓練、職業輔導評量、就業服務、追蹤及輔導再就業（內政部，民 93a）。其目的在藉由提供身心障礙者一系列有關職業的專業輔導服務，包括能力訓練、就業媒合、就業環境改造、就業輔具評估等等，以使身心障礙者取得適當

的工作，並在其中有良好的適應狀態。

　　而為了使身心障礙者能有較良好的生涯發展，台灣地區相關機構團體在就醫、就養、就學、就業等方面，均紛紛發展相關制度，以利身心障礙者的生涯表現。

一、就醫

　　政府單位在醫療服務的部分增加許多就醫的資源，例如醫療及輔助器具補助等等。又如在各地區醫院成立「身心障礙者醫療復健輔具中心」等，提供身心障礙者之所需，並藉由各種醫療補助增加其醫療復健的機會，使身心障礙者在離開校園後，仍持續擁有適當的復健醫療資源。

二、就養

　　為了使身心障礙者在成人生活階段仍受到照顧，許多機構經由政府單位的補助成立成人身心障礙者養護中心，例如中壢啟智技藝中心、新竹香園紀念教養院等等，提供身心障礙者日常生活能力訓練，培養其獨立生活的能力，提供其獨立生活的空間。

三、就學

　　我國自七十六年起一系列的實證研究結果指出，對於身心障礙學生頗適合推行生活中心生涯教育課程（Life-Centered Career Education，簡稱 LCCE），發展為啟智班社會適應生活教育、職業教育課程架構。此教材在教育廳的經費支持下修訂發行，供各特殊教育學校（班）參考（吳訓生，民84）。此課程可作為國中及高中職階段生涯教育課程的良好教材。

　　而後，教育部為配合發展與改進國中技藝教育方案，邁向國民教育目標，成立專案規劃小組，曾經研擬中重度智能障礙、視覺障礙、肢體障礙、性格異常及行為異常學生接受第十年技藝教育方案（台灣

師範大學特殊教育中心，民 87）。並於近年進一步改為推展身心障礙
學生十二年就學安置，制定《國民中學畢業生就讀安置公私立綜合高
中暨高職辦法》，以完整培訓身心障礙學生職業能力。其中，目前身
心障礙學生就讀之高職部分包括一般特殊學校高職部及附設在一般公
私立高級職業學校的綜合職能科，以供特殊學生國中畢業之後繼續升
學。於九十三學年度共開放智能障礙類 1,230 名、學習障礙類 1,603
名、視覺障礙類 237 名、聽覺障礙類 483 名、自閉症學生 96 名，及特
殊教育學校 1,125 名，共 4,774 個升入高中高職名額。

　　而在中學後教育的部分，近年來無論在大學入學管道的部分，為
身心障礙者開放多元的入學機會，如身心障礙學生升大學專校院甄試
制度，於九十三學年度共有 106 所大專院校提供身心障礙學生甄試名
額 1,671 名；並因應特殊學生的個別需求，開闢特殊考場，引導學生
參加各種考試，期使身心障礙礙者能表現最大的潛能。

四、就業

　　行政院勞工委員會職業訓練局於民國八十九年身心障礙者生活需
求調查發現，全國十五歲以上之身心障礙者（共 612,942 人）失業率
高達 20.93%。為使身心障礙者就業能力與機會提高，職訓局目前成立
一個專責部門——身心障礙者就業訓練組，期對促進身心障礙者就業
有更多著力，其服務內容包括：就業轉銜、職業輔導評量、職務再設
計等。並發展庇護性就業，受惠人數逐年增加。同時積極培訓就業轉
銜專業人員，因應身心障礙者的需求進行社區化就業服務（即支持性
就業服務），九十二年度共有十二個單位進行對身心障礙者的輔導，
包括台北市心智障礙者關愛協會、高雄心理復健家屬關懷協會等十二
個執行單位（行政院勞工委員會職業訓練局，民 92）。

　　教育部（民 91b）並於九十一年制定《各教育階段身心障礙學生
轉銜服務實施要點》，規範在身心障礙學生學前、國小、高中
（職）、大專等各階段之轉銜服務工作原則，包括轉銜會議之召開及

轉銜服務資料之轉移時機、參與人員／單位及原則。

第四節　趨勢討論

在推動生涯轉銜方案時往往存在許多阻礙，如：

一、整合性合作的問題

Wehman（1992）指出，不能只以學校、職業復健機構或就業機構發展轉銜計畫，應該將社區的因素也考量進去。我國《特殊教育法》及《身心障礙者保護法》也一樣聲明為身心障礙者所訂定的轉銜計畫應以相關機構合作的方式訂定。然而 Halpern（1985）的研究發現，在 Oregon 的特殊中學與社區機構間的聯繫相當缺乏，只有 10% 的學校行政人員表示與成人服務機構間有正式的聯繫，在非正式的接觸上也只有少於 50% 的比例。目前在為學生擬定轉銜計畫時，很少在整合上有很好的合作表現。如同 Wehman、Kregel 和 Barcus（1985）所指出的，一些政策和態度所產生的障礙將阻擋整體性的合作。行政人員通常在合作的狀況下會懷疑其他機構的意願，害怕他們自己的工作會被侵占了，耽心整合性的合作將可能導致預算受到刪除。整合性的合作不理想，將使轉銜計畫的推行效果受到打折。

二、個別化轉銜計畫的實施不當

依據法令規定，學生的個別化教育方案應該包含可以使學生增加適應未來成人生活的項目，然而許多研究發現，學校所實行的 ITP 並沒有在此方面做很好的發揮。例如，在 ITP 中並沒有考慮到學生的個別性需求和興趣、親人沒有參與計畫，還有以認知學習課程為主進行教育，沒有包含一些功能性課程等（Brolin, 1995; Halpern, 1994）。這些現象使得 ITP 常常有所偏頗，而不能使身心障礙學生有良好的轉銜成果。

三、學生參與轉銜計畫與自我決策的表現不理想

當一個人被標籤為障礙者，尤其是智能障礙者時，其周遭的人往往認為他不能為自己的生活負責任，這種態度使得他容易受到過度的、不當的保護，結果很容易減弱當事人為自己的重要生活事件做決策的能力與機會，更成為有效轉銜的阻礙。為使轉銜計畫得以成功執行，應該協助障礙者獲得有關自己轉銜計畫的決策權利（Halpern, 1994; Wehmeyer, 1993）。學生自我決策（self-determination）的能力，在於讓學生能夠基於自己的價值觀、信念、興趣、能力等，對自己的生活有較大的控制和自我負責的表現。在一九九七年所發布的《障礙者教育法案》（IDEA）中，便指出以障礙者為重要決策者的教育與輔導原則（Senate and House of Representatives of the U.S.A., 1997）。

Wehman（1992）提出在轉銜計畫中，需要將學生的個別因素也考量進去，如學生想要從事何種工作？他希望將來住哪裡？他希望如何安排休閒生活？如果讓學生有參與選擇的機會，才可能更實際地了解這些問題。然而一般在選擇或做決策時，智能障礙學生往往很少有表達的機會，美國統計在一九九〇年只有 35%的學生參加 ITP 會議（Parmeter & Riches, 1990; Wehmeyer, 1993）。根據陳麗如（民 93）的研究，台灣地區國中國小障礙學生參與 ITP 擬定的比例也只有 34%左右。障礙學生經常因為被假定不能做到有效的自我決策，而不能獲得同等的機會去做決定。

四、對障礙者的不當認知

許多工商業界的雇主和家人對障礙者的工作能力有不當的認知，使得他們的能力無法完全發揮（Brolin, 1995）；另一方面，也有部分的家長對自己子女的問題認識不清。為了使特殊學生的教育能夠徹底踏實，使障礙者本身及其父母認清並面對其所存在的問題是非常重要的，他們必須了解某些一般人的期待是身心障礙子女不可能去達到

的。但障礙者的父母親常常為了不使其子女感受到與他人的不同，而不坦誠地討論其中的問題，如此一來，將對所存在的問題無法徹底了解，進而阻礙了適合特殊學生的教育方向（Somers, 1982）。

五、家庭功能未能充分發揮

在教養特殊學生的過程中，幾乎很少有親人得到訊息或訓練，去處理他們在教養子女過程中所遭遇到的問題，這使得教育特殊學生的效果將減低許多（Glimps, 1984）。在家中進行生涯教育確實可以提供許多訓練，例如認識工作世界的方向、職業的相關知識、職業技能、生涯選擇的相關倫理價值問題、人際關係等。家庭對任何一個人均是提高學習很好的機會，對特殊學生而言，更是提供教育經驗很好的場所。Alberta Education Response Center（1992）也表示，為了使智能障礙學生在未來能夠成功地在社會中生活，指導智能障礙者的父母親參與其子女的轉銜計畫是一件重要的工作。

六、親師互動的功能未予發揮

特殊學生父母因為其子女的障礙種類、年齡及發展需求而有不同的資訊需求（McLoughlin, Edge, Petrosko, & Strenecky, 1985）。在教育特殊學生的問題上，教師和父母間往往存在著不同的觀點，以致於在為特殊學生提供服務和課程時，常有不適當的安排。Somers（1982）認為，在父母及教師為特殊兒童進行教育時，有三個主要的障礙破壞了所付出的努力，他們皆因兩者間不當的溝通所產生的，分別為：混淆（confusion）、孤立（isolation）及無知（ignorance）。Somers 認為，教師和父母間應該有一個較明確的共同觀點，以改變混淆的現象；他們應該分享並交換有利的資訊，以改變彼此呈現孤立的狀態；他們應該不斷地分享訊息，以去除各自無知的現象。

為了使身心障礙者擁有全面性的生涯轉銜發展，對障礙者的轉銜

輔導不應只著力在就業層面上,對障礙者的生涯轉銜應以專業團隊合作的型態,著重全面性的規劃而後進行整體性的教育與輔導。

第十章

專業團隊

claimed that the passage of the claimed that the passage
of the Act and its subsequent....increased public
awareness of disability and changed attitudes....
a statutory framework for service to which disabled
people were entitled....to involve......

　　從單向的、片面的服務，到雙向的、全面的專業服務，為了滿足身心障礙者多元的需求，在特殊教育機制中，專業團隊成為必然的趨勢。在理論發展的檢視下，現今特殊教育專業團隊在台灣地區的實際運作上，雖然有待發展的空間仍相當大，但是其成熟的運作模式指日可待。本章擬以法案的聲明為中心，就專業團隊之形成趨勢、內涵及運作，談專業團隊之推行發展。

第一節　源起與發展

　　專業團隊為今日特殊教育服務的必要工作形式，其發展歷程主要可以從三個向度探討：

一、學生障礙事實的需要

　　美國 94-142 公法《全體殘障兒童教育法案》中聲明零拒絕（zero exclusion principle）及最少限制環境的原則，使重度身心障礙學生的就學權利大為提高（Lehr, 1990）。而由於醫療技術的進步，具有嚴重生理問題的兒童能比以前生存更久，學齡階段的嚴重生理障礙問題的學生數比以前明顯增加，使得多重障礙及重度障礙的學生進入學校系統的比例多出許多（Essex, Schifani, & Bowman, 1994）。多數障礙兒童生理的發展問題十分明顯，可能包括心肺功能的屢弱、粗細動作、語言發展或社會心理發展的遲緩或不正常。所以，醫療復健在障礙者的生命中扮演了相當重要的角色（Caldwell & Sirvis, 1991; Lehr, 1990）。因此，特殊教育體制下的教師與相關專業服務的提供者，普遍面臨了一個重要問題——如何在特殊教育與相關專業服務之下，積極照顧障礙者的身心發展問題。

　　另一方面，身心障礙者往往是造成家庭低收入的主要原因之一（孫健忠、張清富，民 85），且其就業競爭力往往不如他人，因此，經濟支援或就業服務等，更成為身心障礙者服務介入的必要內容之

一。而如賴慧貞、潘文弘、徐弘正、吳坤霖、許國敏（民 82b）所指出的，學齡階段身心障礙者的生活重心雖然在特殊教育界，但如果醫療單位不能提供充足的肢體及生理復健資源，或社政、勞政等相關單位不能提供適當支援，則障礙者的教育與服務就可能會滯礙難行。在全方位介入的特殊教育趨勢中，認為個體是全面的、整體的，其服務不應被分割，因此發展了團隊服務的形式，主張專業服務需要各領域的專業人員介入，以了解及處理一個人的全面性問題（Ogletree, Bull, Drew, & Lunnen, 2001）。由於身心障礙學生的需求是多元的，為了使身心障礙者得到周延的照顧，各單位機構各類專業人員的介入成為必要的形式，專業團隊的設置應然形成。

二、相關服務訴訟案件的檢視

在美國有幾個著名的法庭訴訟案提醒特殊教育教師不得忽視學生在學習上之醫療服務問題。例如，一九八三年的塔求對德克薩斯州政府案（Tatro v. Texas），塔求是一位天生脊柱裂（spina bifida）的八歲女孩，需要長期的導尿介入。美國最高法院決議：「障礙學生擁有乾淨的導尿管是學生從特殊教育中應獲得的相關服務之一。」其理由為予以適當的導尿方能使該學童避免引發腎臟問題而能適當地學習，並由於導尿只是一件經由幾分鐘的訓練即可勝任的工作，教師應該執行。其他如夏威夷教育部對杜爾案（Department of Education, State of Hawaii v. Dorr, 1983），最後均在適性教育的考量下，決議學校應該安排或提供學生相關的服務（Bartlett, 2000; Lehr, 1990）。為了使身心障礙學生在教育環境中得到適性教育，乃必須配合實施適當的醫療或復健服務，以便能將教育服務的潛在障礙予以去除。可見在身心障礙者的教育體制中，仍無法脫離醫療復健服務的提供。此觀點使對特殊學生的教育系統不再只考量學生的認知學習問題，而能全面性地思考學生的發展需求。

三、法案的立法指示

　　自從 94-142 公法頒布以來，免費而適當的公共教育即意味著相關服務（related services）的存在方可使服務適當。於是在美國個別化教育方案中，相關服務與特殊教育、參與普通班並列為提供障礙兒童的主要服務項目（周天賜，民 83；Dowling-Sendor, 2000）。其中「相關服務」意指發展性、矯正性及其他支援性服務，包括「交通、語言病理學、聽力學、心理學服務、物理治療、職能治療、休閒活動、早期篩檢、諮商、以診斷及鑑定為目的之醫療服務、學校健康服務、學校社會工作服務、家長諮詢與訓練」等十三項主要的相關服務（林佩欣、周玫君，民91；周天賜，民83）。這些服務的執行乃有賴各個不同領域的專業人員合作完成。美國94-142公法聲明，每個身心障礙兒童必須經由專業團隊予以評鑑，該團隊乃必須同時肩負特殊教育及治療策略的設計工作，以使身心障礙學生能夠在最少限制環境中接受特殊教育服務（Parette & Bartlett, 1996）。

　　而一九八六年的 99-457 公法《全體殘障兒童教育法修正案》宣稱，「一個全國性、廣泛性、協調性、專業團隊的整合方案乃設計 IEP 之原則」（American Academy of Pediatrics, 1992）；一九九○年《障礙者教育法案》（IDEA）以及一九九七年的《障礙者教育法修正案》等，除了重申94-142公法的相關服務為取得適性教育之必要措施外，《IDEA》中更明確提出為使相關服務周延，在所定義的相關服務中增加「復健諮商」服務（林佩欣和周玫君，民 91；Bartlett, 2000; Ogletree et al., 2001）。可知在障礙學生取得特殊教育的過程，以專業團隊規劃及提供相關服務，視為是律法上的要求。

　　我國《特殊教育法》（教育部，民 93）及《特殊教育法施行細則》（教育部，民 92a）亦均訂定相關條例以指示專業團隊的設立及作業，並訂定相關子法，包括《身心障礙教育專業團隊設置與實施辦法》、《各級主管教育行政機關提供普通學校輔導特殊教育學生支援

服務辦法》、《特殊教育相關專業人員及助理人員遴用辦法》、《特殊教育設施及人員設置標準》、《身心障礙者保護法》、《身心障礙者保護法施行細則》等，以規範督導我國專業團隊的運作，提供學生相關服務（見表 10-1）。

第二節　趨勢內涵

我國《身心障礙教育專業團隊設置與實施辦法》第二條中所定義專業團隊是指：「為因應身心障礙學生之課業學習、生活、就業轉銜等需求，結合衛生醫療、教育、社會福利、就業服務等不同專業人員所組成之工作團隊，以提供統整性之特殊教育及相關服務。」（教育部，民 88a）專業團隊工作運作的主要目的有：(1)協助障礙者及其家庭恢復心理平衡；(2)促進障礙者各方面潛能發揮；(3)提供障礙者一般人的生活經驗，使其將來容易融入常態社會；(4)防止次發性併發症形成（如畸形、不良社會情緒發展、失用性萎縮）；(5)提供生活自理或特殊技能訓練，以協助其獨立於家庭與社會；(6)引導患者及其家人面對障礙事實，滿足享受人生（林寶貴，民 91）。目前台灣地區在教育體制中為身心障礙學生執行專業團隊之人員，除了特殊教育學校內編制之專業人員外，主要為各縣市特殊教育資源中心所編制的各種醫療復健人員。

在美國，《IDEA》要求各州編列特殊教育經費，以提供免費而適當的公共教育。免費而適當的教育包含兩個層面：一為特殊教育，二為相關服務。其中相關服務，根據美國教育部的定義，包括交通服務、生理復健服務等，其中生理復健服務乃指提供學校健康服務及醫療服務等。醫療服務乃侷限於由有證照的醫師配合學生障礙情況所提供在特殊教育及相關服務需求上的醫療服務，包括醫療介入至所謂的輔助器具的設計提供。而學校健康服務則不明確界定在由有證照的護理人員或相關人員所提供的服務（Bartlett, 2000; Essex, Schifani, &

表 10-1　我國相關服務及專業團隊相關法案一覽表

年份	法案	條數	內容主旨
88	身心障礙教育專業團隊設置與實施辦法	2, 3	專業團隊的定義，服務內容。
		4, 5	各級學校單位專業團隊之設立及成員遴用之規定。
		6	專業團隊之合作方式及運作程序。
		7	專業團隊置召集人一人，每學年應至少召開三次團隊會議。
		8	專業團隊於提供身心障礙學生專業服務前、服務時、服務後，應徵詢學生家長同意，邀請參與了解，並建檔記錄保存。
		9	專業團隊所需經費，由教育行政機關編列預算支應，中央主管教育行政機關應視需要補助。
88	各級主管教育行政機關提供普通學校輔導特殊教育學生支援服務辦法	2	教育行政機關應結合特殊教育機構及專業人員，提供普通學校輔導特殊教育學生有關評量、教學及行政支援服務。
		3	特殊教育之機構包括特殊教育學生鑑定及就學輔導委員會等八種。
88	特殊教育相關專業人員及助理人員遴用辦法	3	特殊教育相關專業人員應與教師或其他人員充分合作，積極參與並提供各種專業服務。
92	特殊教育法施行細則	9, 10, 18	教育行政機關應結合身心障礙教育專業團隊等建立特殊教育行政支援系統，並應以綜合服務及團隊方式，辦理特殊教育學生鑑定及就學輔導，以及 IEP 各項事宜。
		13	特殊教育學生就讀普通學校相當班級之教師應接受相關專業人員所提供之諮詢服務。
92	身心障礙者保護法	15	以團隊方式訂定個別化轉銜計畫之內容。
92	特殊教育設施及人員設置標準	9	特殊教育相關專業人員包括醫師、治療人員及其他專業人員。
93	身心障礙者保護法	17	衛生主管機關應整合醫療資源，辦理嬰幼兒健康檢查，提供身心障礙者適當之醫療復健及早期醫療等相關服務。
		27	勞工主管機關應協助設立職業訓練及就業服務機構，依障礙者實際需要，提供職業訓練、就業服務與就業所需輔助器具之研究發展及相關服務。

續次頁

表 10-1　我國相關服務及專業團隊相關法案一覽表（續）

年份	法案	條數	內容主旨
93	特殊教育法	5	對身心障礙學生應配合其需要，進行有關復健、訓練治療。
		15	相關專業人員應提供普通學校輔導特殊教育學生有關評量、教學及行政支援服務。
		22, 25	身心障礙教育之診斷與教學工作，應以專業團隊合作進行為原則，集合衛生醫療、教育、社會福利、就業服務等專業，共同規劃及提供學生各種需求服務。
		12, 17	特殊教育應依實際需要設置相關專業人員及助理人員，以提供無障礙之學習環境及適當之相關服務，並聘為特殊教育學生鑑定及就學輔導委員會委員。

Bowman, 1994; Lehr, 1990）。

　　我國在《中華民國憲法增修條文》（總統府，民 89）、《特殊教育法》（教育部，民 93）、《身心障礙者保護法》（內政部，民 93a）、《全民健康保險法》（衛生署，民 89、民 90a、民 90b）及其相關法案，也對身心障礙者陸續提出就醫權益之保障，足見我國亦重視身心障礙者之醫療需求。只是如何在教育系統中提供身心障礙學生有關醫療復健的介入服務，則非教育人員所能擔負執行的，因此藉由專業團隊的服務形式，方可以掌握相關服務的內涵，而造福身心障礙學生。

一、相關服務的內涵與成員

　　專業資源整合目的，在使有限的專業人力資源發揮最大功能，避免資源浪費、重疊、分配不均、各自為政（林寶貴，民 91），而其所執行的功能將能有別於一般傳統的介入。例如，在功能性評量的部分，傳統的一對一評量常只應用在對學生認知能力的評量；而以專業團隊的形式，則可以多角度全面性地了解學生的問題，及因此發展更適當的介入方案（Grisham-Brown, 2000）。

　　我國《特殊教育相關專業人員及助理人員遴用辦法》及《特殊教育設施及人員設置標準》說明，相關專業人員指為身心障礙學生及其教師與家長提供專業服務之專業人員，包括護理師或護士、專科醫師、物理治療師、職能治療師、語言治療師、社會工作師、臨床心理師、職業輔導人員、定向行動訓練師等專業人員（教育部，民 88b，民 92a）。只要是身心障礙者的需求，均應依以邀請相關人員進入個別學生的專業服務工作行列。大體而言，身心障礙學生可以就醫療體系、教育體系、社會福利體系等予以安排專業服務人員，並結合家長成為專業團隊，以提供整合的專業服務（見表 10-2）。

表 10-2　專業人員中英文名稱對照一覽表

醫療體系		教育體系		社會福利體系	
專業人員	英文名稱	專業人員	英文名稱	專業人員	英文名稱
物理治療師	physical therapist（PT）	特教教師	special educator（SE）	社會工作人員	social worker（SW）
職能治療師	occupational therapist（OT）	普通教育教師	general educator（GE）	職業輔導人員	supervisors of employment
語言治療師	speech-language therapist（SLT; ST）	特教行政人員	administrator	心理師	psychologist（Psy）
聽力治療師	audiometric therapist（AT）	特教巡迴訪視人員	inspectors of special education	其他相關人員	other
專科醫師	physicians	教師助理	teaching assistant（TA）		
臨床心理人員	clinical psychologist				
護理師	nurse			家長	
定向行動訓練師	orientation and mobility specialist			家長	parents（Pa）
營養師、醫工人員、音樂治療師、娛樂治療師等等					

（一）醫療體系

醫療體系的服務多由有執照的醫師或治療師提供專業服務，主要決定於障礙者醫學方面的障礙狀況（周天賜，民83）。其人員及職務包括：

1. 物理治療師（physical therapist，簡稱PT）

物理治療是利用光、電、水、冷、熱、力等物理因子和運動治療來評估並治療病症。其主要工作在對障礙學生評量其在姿勢、平衡和移動等生理上的障礙，透過姿勢擺位、放鬆訓練、感覺刺激、運動訓練及提供支架或義肢等，以維持其關節活動度、促進移動和粗大動作發展，減輕患者身體障礙所帶來的不適與疼痛，恢復病患身體應有的功能等，目的在預防、評估及治療障礙者功能障礙與機能損傷的生理問題（莊妙芬、陳彩緹，民91）。其復健治療的形式可以分為三種（陳姿秀、曹淑珊，民86）：

(1) 運動治療——藉由運動計畫的設計、動作控制的訓練，以提升障礙者的身體機能與動作功能。

(2) 徒手操作治療——藉由物理治療師的雙手，提供障礙者身體軟組織或關節適當的活動，以改進身體結構的功能，因而促進案主動作功能的提升。

(3) 儀器治療——如超音波、水療、牽引等，主要是藉由物理因子，改善障礙者身體結構的功能，例如藉由電波促進血液循環、藉由水的浮力放鬆肌肉等。

2. 職能治療師（occupational therapist，簡稱OT）

職能治療是利用各種活動來評估障礙者感覺動作、感官知覺、動作協調、日常生活等行動功能，進一步訓練病人達到身體機能上的自立，並協助個案日常活動的選擇、安排與執行，改善其生理、心理及社會功能，以及環境適應的能力。其主要目的包括（周天賜，民83）：

⑴ 改善及恢復障礙者因疾病、傷害而受損傷之各項身體功能。

⑵ 對損傷之身體各項功能，改善其表現，使其具獨立的作業能力。

⑶ 藉早期介入，避免障礙者功能繼續受損或喪失。

⑷ 透過設計有意義、難度適中的活動，引導障礙者主動參與活動，將其潛能誘發出來。

⑸ 將治療融入日常生活中，以日常活動作為治療的媒介。

⑹ 治療的最終目標是改善障礙者的日常生活功能，提高生活品質。

　　職能治療師著重在個案姿勢擺位及身體穩定度的訓練，在治療上相當著重促進學生在日常生活中有意義活動的表現，以及精細動作的改善（莊妙芬、陳彩緹，民 91）。治療師必須先評估病人的工作能力，設計訓練計畫，給予有目的的、適當的機能訓練。其主要服務的項目包括：精細動作訓練、姿勢控制訓練、感覺統合訓練、日常生活能力訓練，以及輔具製作輔導與諮詢。

3. 語言治療師（speech-language therapist，簡稱 SLT 或 ST）

　　語言治療主要在對個案的語言表現、口腔機能及語言發展問題進行評估和治療。其服務的內容包括（周天賜，民 83）：

⑴ 語言復健：對語言發展遲緩與語言表現異常學生進行篩檢、診斷及評估。包括語言發音器官之初步評估與診斷、語言機能表現、構音表現、表達流暢度、溝通能力等問題之介入。

⑵ 口腔功能復健：針對口腔感官知覺問題進行評估、診斷與訓練。例如吞嚥困難、不當流口水或進食等問題。

⑶ 溝通能力訓練：藉由語言能力的訓練或使用溝通輔具，以提升個案溝通能力。

⑷ 提供諮詢及輔導：提供家長、學生、教師有關語言異常的諮詢及輔導。

4. 聽力治療師（audiometric therapist，簡稱 AT）

聽力治療師的服務範圍包括評估學生聽力損傷情形、聽知覺情形、殘餘聽覺之保健指導、助聽器的選配及使用指導、學習環境噪音之改善輔導等。

5. 專科醫師

專科醫師主要在對障礙者的生理問題進行生理醫學的診斷、評估與治療。最常邀請進入專業團隊的醫師包括小兒科醫師、兒童心智科醫師，及其他各專科醫師。醫師係採用問診、觀察、身體理學檢查、全面性發展評估、神經學檢查、診斷性會談及可能所需的各項檢驗，整體了解案主之發展狀況、生理、心理狀況、環境影響及可能之病因，以規劃醫療介入，包括用藥處方、侵入性手術等。其人員包括：

(1) 小兒科醫師：第一線之個案篩選、轉介、健康管理、營養指導、身心發展評估。

(2) 兒童心智科醫師：通常藉由發展測驗、智力測驗等等各種測驗，評估兒童的心智、行為等各方面發展的問題。

(3) 神經科醫師：神經醫學評估、診斷，癲癇及各類併發症之治療。

(4) 精神科醫師：性格、行為異常個案的診斷與指導，並進行兒童各種能力的發展評估。

(5) 復健科醫師：復健醫學評量、用藥、輔具應用指導、生理問題鑑定。

(6) 腦神經外科醫師：癲癇手術、背根神經切除手術、神經阻斷手術等之執行。

(7) 眼科醫師：視覺障礙之診斷與治療及殘餘視覺之保健指導等。

(8) 耳鼻喉科醫師：耳、鼻、喉相關疾病之診斷與治療，及助聽輔具之應用評估。

6. 護理師（nurse）

執行門診護理、公共護理、居家護理、學校衛生保健護理等。

7. 其他治療人員

(1) 定向行動訓練師（orientation and mobility specialist）：訓練視障兒童定向行動能力。

(2) 營養師：營養諮詢、體重之控制指導。

(3) 醫工人員：設計、製作與維護障礙者所需之輔助性科技。

其他如音樂治療師、娛樂治療師等等，在必要的時候亦應成為專業團隊成員。

（二）特殊教育體系

特殊教育體系主要乃以教學為中心，對身心障礙學生進行各種教育訓練。

1. 特殊教育教師（special educator，簡稱 SE）

補救一般教育中無法提供特殊學生所需之服務、改善其技能、增進未來生活能力。特殊教育教師必須提供團隊成員特殊教育相關的資訊，包括特殊教育的專業知識和技術、課程內容、學校作息以及學生的學習特質等（莊妙芬、陳彩緹，民 91）。其服務內容包括：

(1) 個別化特殊教育計畫的評量、擬定和執行。

(2) 維持家長和學校之間的聯繫。

(3) 督導教師助理執行相關工作。

(4) 接受普通班教師特殊教育諮詢。

2. 普通教育教師（general educator，簡稱 GE）

特殊教育學生若安置於普通班級中，則普通教育教師亦為其中必要的專業人員。其主要職責包括：

(1) 提供特殊教育教師及相關人員各種資訊，例如有關學生在班級中的學習狀況及與其他同學互動的問題。

⑵ 參與 IEP 及 ITP 會議及其擬定工作。

⑶ 在班級內執行必要的特殊教育方案，例如，行為改變技術、彈性評量方式、特殊教學策略的實施等。

3. 特殊教育行政人員

指與特殊教育工作執行的相關行政人員，包括學校內部及教育主管機關的行政人員。主要工作包括：

⑴ 協助教育主管單位進行鑑定、評量與安置、轉介學生。

⑵ 教學與支援系統之協調與運用。

⑶ 特教學生各類輔具之補助與購置作業。

⑷ 特殊教育教師、家長、學校間之諮詢與協調。

⑸ 辦理各項特殊教育活動。

4. 特教巡迴訪視人員（inspectors of special education）

⑴ 提供特殊教育教師、普通教育教師及家長諮詢服務。

⑵ 協助擬定相關服務辦法。

⑶ 促進學校教育專業團隊運作。

5. 教師助理（teaching assistant，簡稱 TA）

教師助理的職責主要是在特殊教育教師的督導下，協助進行評量、教學、教室管理、生活輔導、學生上下學協助等工作，以及負責協助治療師提供學生的擺位、語言溝通或其他復健活動的執行。亦需協助特殊教育教師與家長和其他專業人員聯繫、提供學生的活動表現情形、參與專業團隊的討論等，以協助個別化教育計畫的執行及促進學生學習獨立能力等（莊妙芬、陳彩緹，民 91）。

（三）社會福利體系

社會福利服務體系主要在提供障礙者及其家庭的支援服務工作。主要包括（周天賜，民 83）：

1. 社會工作人員（social worker，簡稱 SW）

社會工作人員主要在協助家庭進行社會福利之申請、經費補助，

並且籌辦執行各項活動，以增進學生從其個別化教育或個別化服務方案中獲得最大利益，其服務內容包括：

(1) 執行團隊內部與外部溝通、協調與聯繫工作，並提供個案管理，了解家庭需求並獲得資源。

(2) 結合衛生、教育與福利資源，在校園中提供綜合性的服務。

(3) 促進學校、家庭及社區之間更緊密聯繫。

(4) 協助學校成為更好的教學與學習的環境。

(5) 對障礙者及其家人、教師進行諮商輔導。

(6) 處理兒童在家庭、學校及社區的問題。

(7) 進行個案管理。

(8) 協助個案有效運用生活周遭各項資源和服務，並為個案尋求福利補助等各種協助。

2. 職業輔導人員（supervisors of employment）

職業輔導人員主要在增進障礙者的就業機會及提供其職業適應能力。其工作包括：

(1) 進行職業能力評估、職業能力訓練。

(2) 進行職業媒合、就業追蹤輔導。

3. 心理師（psychologist，簡稱 Psy）

心理師主要在進行心理衡鑑及問題處理。若強調對障礙者執行密集深入的治療課程，則可歸類於醫療體系中。其工作包括：

(1) 協助老師解決學生在思考、情緒及行為上的偏差行為問題。

(2) 實施心理教育測驗及其他評量，並進行問題的診斷及評量結果的解釋。

(3) 蒐集、統整、解釋兒童行為及與學習有關之狀況等資訊。

(4) 提供學校同仁諮詢服務。針對心理測驗、會談、行為評量等分析學生的特殊需求，擬定教學方案。

(5) 規劃及管理心理學服務方案，針對兒童及其家長適時進行心理諮商。

4.休閒輔導人員

(1)評量學生休閒功能。

(2)發展具治療性質的休閒服務。

(3)設計學校及社區的休閒娛樂方案。

(4)執行休閒教育課程。

（四）家長（parents，簡稱 Pa）

指障礙學生的家長或其監護人，其主要工作為：

1.了解障礙學生的特殊需求。

2.提供專業團隊工作之中有關兒童發展的資訊。

3.協助進行特殊教育工作的執行。

一般而言，醫療環境側重短期的、密集式、器質性因素的處置過程；教育場所則以中長期的、分散式、發展性因素的方案介入（曾進興，民88）；社會福利服務體系則多著重支援的提供，以使障礙者及其家庭擁有更好的生活品質。

二、相關服務專業團隊的模式

始自二十世紀，對身心障礙學生的服務，從單一專業服務模式（unidisciplinary model）、多專業團隊服務模式（multidisciplinary model），進展到專業間團隊服務模式（interdisciplinary model）、跨專業團隊服務模式（transdisciplinary model）（莊妙芬、陳彩緹，民91；陳姿秀、曹淑珊，民86；Kaczmarek, Pennington, & Goldstein, 2000; Ogletree, et al., 2001），而使得專業團隊的運作更加完整周延（見表10-3）。

（一）單一專業服務模式

為傳統上常用的模式，由個別專業人員個別為障礙者服務，不需花時間或精力和其他服務人員溝通聯絡，並不屬於團隊模式之一。適

表 10-3　專業團隊模式比較一覽

	多專業團隊模式	專業間團隊模式	跨專業團隊模式
評量	各團隊成員分別做評量	各團隊成員分別做評量	團隊成員與家庭共同為個案做發展性評量
家長參與	團隊成員各自告知家長相關訊息	家長為團隊中成員，團隊成員分別與家長會談	家長為團隊中成員，主動參與全程
擬定服務計畫	團隊成員各自擬定自己專業領域內的介入內容	團隊成員彼此分享各自所擬定的介入內容	團隊成員共同討論擬定介入內容，由負責人協調統整
計畫實施者	團隊成員各自依自己所擬定的目標實施各自專業領域內的內容	團隊成員負責屬於自己專業領域內的目標，但在可能範圍內，可融入其他專業領域的目標	整個團隊選定一位負責實施整體的計畫的人員（通常為個案的特教老師）
成員間溝通管道	非正式	定期舉行個案研討會	定期舉行團隊會議、交換資訊及專業技巧
實施情境	醫院或學校治療室	醫院或學校治療室	可能為學校教室、家裡之自然情境
執行困境	團員各做各的，少有良性互動	治療目標較難以符合學生自然情境中之實際需求	成員難以充分角色釋放，使得效果受限

用於只需要某些特定單項服務的學生，個案通常為不需接受其他服務的單一障礙學生。此模式雖然可以提供較深入的服務，但是無法滿足多數障礙程度較嚴重的身心障礙學生的多重需求。且容易因為單一專業的觀點，忽略可能同時存在其他專業介入的需求，而做出不適當的決定。

（二）多專業團隊模式

此模式（見圖 10-1）為專業團隊的最早模式。團員各自提供服務，團隊召集人做最後的決策。各個成員所提供的服務很少做溝通、聯繫或合作，成員與團隊召集人之間的聯繫也是單向的，在整個團隊中，團隊召集人擁有最大的決定權。

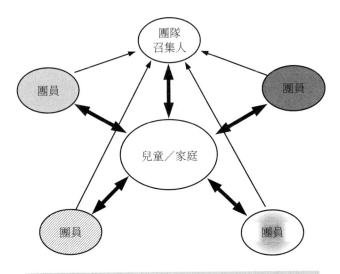

圖 10-1　多專業團隊模式（Ogletree et al., 2001）

　　由於不需要太多的準備及不需要有共同的出席時間，多專業團隊
模式的優點是方便及有時效。但是也因而造成團員過於獨立，並常常
將家庭及案主的需求排除在團隊意見之外，決策也往往不能反映出整
個團隊的整體觀點，而不能達到整個團隊的共識目標。此一小組模式
是，團隊召集人先取得一個描述學生需求的轉介單，然後依以組織一
個評量小組。由多個專業人員分別對該學生施予診斷和提出處方，從
評量、IEP 的擬定、計畫的施行等，都是由專業人員各自施行。雖有
小組之名，但仍和單一專業模式一樣，成員各做各的，很少有關聯或
互動。當小組中不同專業的成員愈多，對障礙者的需求愈難整體性地
了解，常常大家所提出的建議多而雜，甚至意見相左，難以良性互
動。

（三）專業間團隊模式

　　此模式（見圖 10-2）強調成員間相互依賴與合作的關係，家庭也
為專業團隊的一員，團隊內成員間的溝通是雙向的，而且每一個成員

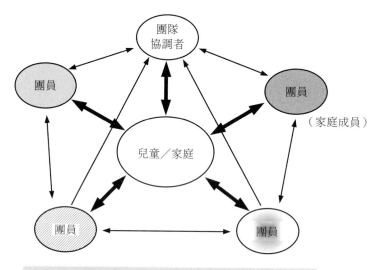

圖 10-2　專業間團隊模式（Ogletree et al., 2001）

具有相同的決定權。小組內的成員可分享不同專業領域內自行發展的計畫，提供計畫中與該領域內相關的服務。一般而言，個案是由個案協調員（case coordinator）轉介到團隊來，而小組建立其評量目標，並發展合作計畫，經過評量後，整合所有的發現，歸納出學生的問題及需求，而後發展介入方案。

　　此模式的優點在於能較有系統地分享評鑑結果，所提供的服務可以較為整體性，並且由於家庭是專業團隊的成員之一，家庭的需求較能被照顧到。而由於團員有相同的權利，對整個問題及計畫能較為客觀。雖然如此，但仍和多專業模式一樣把學生從教室中抽離，在復健教室或醫院進行評量和治療的直接服務，隔離於自然環境之外，使得治療的目標無法完全符合學生在自然情境中的實際需求。

（四）跨專業團隊模式

　　此模式（見圖 10-3）最主要的特色是將各服務做連結整合、互相訓練及角色釋放，團隊成員共同合作，完成共同的職責。意即團隊站

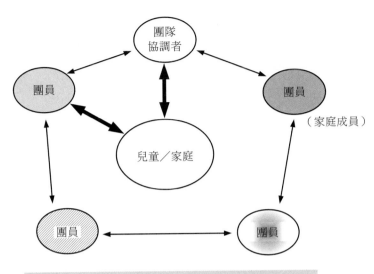

圖 10-3　跨專業團隊模式（Ogletree et al., 2001）

在相同的立足點彼此訓練、一起工作，跨越彼此不同領域的界線，其所提供的服務往往是間接性的。如同專業間團隊模式一樣，此模式中個案協調員仍然負責整個團隊運作，家庭是專業決策者之一，其內容是以家庭為中心的。此模式小組成員間的互動為最密切，小組各成員以其專業個別經驗訓練其他成員，但不直接治療學生，而選定一位負責人（通常為學生的特教老師）在適當場所內（如治療室、學校教室或障礙者家中）實施該計畫，專業人員只在技術運用、環境調整、教育系統改造上給予建議指導。圖 10-3 中雙向符號只連結兩個成員，意即直接的服務，其他專業人員則成為諮詢者。經過一系列的評估及持續的連結，將能保持家庭的參與及對評量過程的滿意，使整個計畫具有整體性。

　　此模式對於障礙者而言是最理想的模式，尤其以高危險嬰幼兒和重度、多重障礙學生為最。能夠顧及家庭的需求，使家庭充分參與方案的評量與擬定，為其主要優點之一。而且，其互相訓練使得專業間能夠有更多的資訊，能形成更完整的方案，更有效地執行。然而，此

模式在運行上常常不能取得小組成員的共識，他們常常要保衛自己領域的專業角色，而不能完全釋放。而且，許多小組成員往往不重視互相訓練、不重視間接的服務，及不重視家庭中心的原則，執行效果常常不如預期，使得此模式在現實中難以普遍執行。

三、專業團隊的形成與服務程序

　　我國《身心障礙教育專業團隊設置與實施辦法》第五條中規定專業團隊置召集人一人，負責團隊會議召集、意見整合及工作協調（教育部，民 88a）。一般而言，專業團隊的成員組織可以分為中心成員及延伸成員。前者是指常常或定期參與會議的成員，其成員是固定的；後者是指在需要時才會邀請參與會議的成員，其成員是變動的。而其成員是基於障礙學生的需要進行選擇，包括專業人員及助理人員，前者如教師、治療師等，後者如教師助理等，當然，團隊的召集人也是成員之一。

　　一旦召集人完成團隊成員的召募，便開始規劃發展團隊運作的原則及形式，例如，有關開會的地點、頻率、時間等，並開始進行完整的服務程序。根據我國《身心障礙教育專業團隊設置與實施辦法》第六條規定，專業團隊在運作時，程序可以分為執行評估、擬定計畫、計畫之執行與追蹤三個步驟：

1. 執行評估：由相關團隊成員做個案討論後再進行個案評估，或由各團隊成員分別實施個案評估後再共同進行個案討論，做成評估結果。
2. 擬定計畫：專業團隊依前項評估結果，透過會議，確定教育及相關專業服務之重點及目標，完成個別化教育／服務計畫之擬定。
3. 計畫之執行與追蹤：在其他成員之諮詢、指導或協助下，由與個案最密切之專業團隊成員代表進行計畫之執行與追蹤，或由各專業團隊成員分別負責為之。

四、專業團隊服務的內容

專業團隊在提供障礙者服務時，常常以一個個案或一個家庭為中心進行整體性的評估與服務（Grisham-Brown, 2000; Kaczmarek, Pennington, & Goldstein, 2000）。其內容，根據我國《身心障礙教育專業團隊設置與實施辦法》及《各級主管教育行政機關提供普通學校輔導特殊教育學生支援服務辦法》規定，專業團隊的服務範圍包括五項（教育部，民 88a、民 88d）：

1. 評量學生能力及其生活環境：如學生之甄選、鑑別及評估安置之適當性，並評量學生目前的功能性水準及各種檢查結果。
2. 參與學生個別化教育計畫：要貫徹個別化教育計畫（IEP）和個別化轉銜計畫（ITP）的精神，必須有各種專業人員參與設計，方能使計畫周延，顧及障礙者全面性的需求。
3. 提供學生所需相關專業服務：依專業團隊所擬定的個別化教育計畫，以執行教育、衛生醫療及轉銜輔導等各方面服務，包括課程、教材、教學、教具、輔具、輔導及學習評量等，由各類專業人員參與，協助教學支援服務。
4. 提供家庭支援性服務：例如，透過專業團隊為整個家庭計畫個別化家庭服務計畫（IFSP），提供家長諮詢、親職教育及申請福利權益等家庭支援性服務。
5. 提供其他相關專業服務：例如相關設備、人員支持、社區資源、評鑑、相關專業團隊運用及特殊教育知能研習等其他相關專業服務。

五、專業團隊服務的型態

我國《身心障礙教育專業團隊設置與實施辦法》第五條中規定，專業團隊每學年應至少召開三次團隊會議（教育部，民 88a）。其服務地點可能為：醫院、學校、鑑輔會、資源中心、療育中心、教養機構、諮詢服務專線或在家教育（林寶貴，民 91）。而其附屬的特殊教

育機構單位經常包括特殊教育學生鑑定及就學輔導委員會、特殊教育
資源中心、特殊教育諮詢委員會、身心障礙教育專業團隊、特殊教育
中心、特殊教育學校（班）、學校特殊教育推行委員會及其他相關組
織（教育部，民 88a）。這些機構經常是以專業團隊的形式執行各項
相關業務。而其服務的型態包括（王志全，民91；林寶貴，民91；陳
姿秀、曹淑珊，民 86；教育部，民 88a；Jeschke, 1994）：

（一）直接服務

　　直接服務包括對身心障礙學生進行各項評量、鑑定、個別諮商或
團體諮商等個別化教育與服務計畫之計畫、擬定與執行，及追蹤評鑑
學生之表現等，常在隔離的環境中進行，學生須離開教室至其他場所
接受服務或治療。例如，一般特殊學校中所設置的物理治療室或復健
室，即是提供直接治療的場所。在這樣的場所裡，有適當的硬體或軟
體設備，方便治療師進行有效治療，以收事半功倍之效。

（二）間接服務

　　間接服務包括為特殊教育教師、普通教育教師及家長的指導服
務，提供特殊教育教師相關的在職訓練或對學生家長提供親職教育。
在此形式的工作中，治療師或服務人員不直接面對學生，而是與第三
者（通常為教師或家長）溝通，將專業知識或技能傳授給第三者，再
由第三者指導學生，使學生有更多的時間接受療育。

（三）諮詢服務

　　在諮詢服務中，專業人員接受教師、家長或相關人員的諮詢，以
便即時解答問題，使諮詢者對學生的各種可能情況得到進一步了解並
適時協助。

（四）整合治療（integrated therapy）

治療師與其他專業教師共同服務學生，治療師常至教室觀察評估學生的表現，並與班導師保持密切關係，以提供較整體性的服務內容。此種治療形式與學生的生活環境結合，將更符合功能性，並可針對不良環境設計輔具予以改善。

<h2 style="text-align:center">第三節　現況</h2>

目前我國在專業團隊的制度中較完整的，一為發展遲緩兒童聯合鑑定中心，次為教育／教養體制下所設置的專業團隊。

一、發展遲緩兒童聯合鑑定中心

早期發現、早期介入需要各種專業人員對新生兒進行篩檢及執行通報，而後為特殊兒童做復健、訓練和治療的工作。目前內政部已建立特殊兒童通報系統，尚需結合衛生署和教育單位共同執行。自民國八十六年四月以來，行政院衛生署委託各地區部分醫療機構，成立「發展遲緩兒童聯合鑑定中心」（見表 7-4），由兒童心智科、復健科、小兒科等相關醫療科別與社工員組成專業團隊，進行科際整合的會診與療育鑑定會議，為疑似身心障礙幼兒提供早期鑑定與療育的服務。於完成鑑定後，將障礙及發展遲緩的兒童轉介（referral）至適當的機構中進行療育，並執行持續追蹤輔導工作。

二、教育／教養機構

目前國內各縣市教育體系下所主導的專業團隊服務內容以醫療及復健為主，而又以早期療育及在家教育學生為主要對象，服務階段主要是國民教育階段的國中、國小學生（周台傑，民 92）。其所編制的單位包括特殊教育學校、教養機構，以及各特殊教育資源中心所設置

的專業團隊。這些單位均聘有各類專業人員，如物理治療師、職能治療師、心理諮商師、語言治療師等，每位專業人員以每週約二十節課的時間排定個案後，以一對一的治療或是小團體的治療方式，為學生進行療育服務。其主要的工作包括（周台傑，民 92；陳姿秀、曹淑珊，民86）：

1. 篩檢個案：由教師轉介具有需求的學生，篩選需要進行治療復健的個案。區域內之在家教育學生亦為其服務之對象。
2. 評估：進行療育課程及學生或生活環境的評估。
3. 擬定治療復健計畫：依據評估的結果，召開會議，為個案擬定個別化療育計畫，並視學生之情況，與導師和家長聯繫尋求配合，以發展整體性的療育課程。
4. 進行療育：依據計畫為學生進行療育課程，並於一段時間後，進行再評估，依評估結果做計畫的修正。
5. 提供諮詢服務：專業人員須提供諮詢服務，釐清並協助解決教師或家長所面臨的相關問題。
6. 參與個案研討會：專業人員參與個案研討會，提供相關訊息，並提出建議，與家長和教師進行交流及溝通。

　　雖然世界各地特殊教育學生的專業團隊服務規劃已歷時頗久，但多數的教育與社政系統內只能提供相關服務人員有限的機制及資源（Caldwell & Sirvis, 1991）。而特殊教育教師——尤其是普通學校內的特殊教育教師及普通教育教師，也往往因為沒有明確的合作管道進行適當的交流，使得對身心障礙學生，尤其是在普通班的特殊學生，教育與服務合作的工作更難以順利（萬育維、莊凰如，民 84；Parette & Bartlett, 1996）。這使得身心障礙學生接受相關專業服務的成效受到很大的限制。

　　賴慧貞、徐弘正、潘文弘、吳坤霖和許國敏（民 82a）曾在台灣地區對六十一所教養機構進行調查。結果發現，希望有復健訪視治療

者有二十九家（48%），希望有復健機構合作治療者有二十九家（48%），知道附近有復健治療資源者共二十六家（43%），但有合作關係者只有九家（15%）。其中最大的工作困境為可合作的人員專業技能不足。且如賴慧貞等（民 82a）的發現，台灣地區復健機構願意接受教養院建立合作關係者只有三十家（42%）。此現象在近年仍未見明顯改善，只見國內在障礙者的教育工作上，醫療的介入需求相當高，而所取得的醫療資源卻仍貧乏（陳麗如，民 92）。

第四節　趨勢討論

雖然專業團隊在台灣地區的運作受到相當的阻礙，使得效果仍不盡理想，但是近年來多個向度的努力與現實條件的配合，使得台灣地區未來的專業團隊仍有其令人期待之處。

一、團隊工作執行的阻礙

（一）經費與人員的問題

1.醫療專業人員不足

在教育體制下，目前雖已成立各種專業團隊組織，但缺乏經費，致使人員編制一直未能充足。例如，特殊學校內的專業人員與特教老師的比例約 1:30，專業人員與學生的比例約為 1:120（王志全，民91）。在特殊教育資源中心所服務對象的比例懸殊更大。專業人員因服務量過大，使得專業團隊對障礙學生的療育效果十分有限。此外，職能評估（vocational evaluation）和就業安置也需要職能治療師、職業輔導人員等專業人員的協助，卻往往因為經費預算、專業人員不足，而未能設置適當的人員，則執行效果更為有限。

2.醫療專業人員的流動率高

目前多數專業團隊組織內的成員以職能治療師、物理治療師、語

言治療師為主，這些復健治療師多為約聘人員，依鐘點領取療育費用，且未享有各項保險福利。對於醫療人員進入教育專業團隊的意願有相當大的影響，造成人員流動率大，而無法長期深入療育障礙學生的問題。

3. 社工人員的配置不足

由於學校社工師的設置並未全面普及，因此若非學校有學校社工，或是特教學生屬低收入戶家庭、中輟生、遭受家庭暴力等特殊原因，社工師人員幾乎沒有機會從學校系統提供服務給學齡階段的身心障礙學生，則專業團隊的運作便相當不良。

4. 部分專業人員嚴重缺乏

經費不足常使有需要的學校無法聘用相關專業人員，例如，多數公、私立高職綜合職能科的職業輔導員，必須由特教老師兼任，特教老師必須到校外開拓職業實習場所、進行職業訓練，並且進行職業媒合。特教老師的工作負擔甚大，不但無法使職業輔導工作徹底，並且常剝奪教師在特殊教育的工作。

5. 專科醫師的介入不足

一九八七年美國小兒科學會聲明鼓勵小兒科醫師參與特殊學生IEP 形成的過程，與障礙者親人檢視、提供建議，及以醫療結合教育計畫（American Academy of Pediatrics, 1992），醫療與教育之結合熱忱已然呈現。而我國截至目前為止，並沒有衛生醫療單位做相似的具體聲明，其中原因可能此一觀點未受到重視。因此，如何在其間建立一個媒介，以充分結合醫療及教育教養之功能，使兩者之轉銜順遂，方能使專業團隊之效益發揮。

（二）專業團隊運作的問題

1. 復健治療的時間有限

目前職能治療師、物理治療師、語言治療師等復健治療人員到校服務的時間有限，就台北市國民教育階段而言，約二個星期至一個月

到學校一次，每次約半天的時間，提供相關專業服務給有需要的特教學生。復健治療工作應長期地、密集地執行方能有效，如此的零散安排，只能擁有形式化的意義，效果令人懷疑。

2. 復健治療的支援不理想

目前特殊教育專業團隊的教育醫療環境在硬體設備、社會地位、家長配合度……等各方面條件多不理想，沒有適當的支援配合，將嚴重影響治療復健的效果。

3. 共識整合的功能不佳

在專業團隊工作中，最常見到的阻礙是專業人員成長背景上的差異、價值觀及專業間的見解不同，而影響團隊整合，共識難以形成（Ogletree et al., 2001）。台灣地區目前雖然已有專業團隊的組織成立，卻因為專業人員之間的共識整合不良，常常各專業人員各自為政，使得療育工作總是零碎雜亂，而不能有效執行療育工作。

4. 專業間溝通不良

由於各專業人員的專業養成背景不同，因此在面對學生的行為狀況及生理需求所切入的面向常有所不同。例如，醫療復健人員較側重器質性、醫療復健的功能，而教育人員多著重發展性、教育成長的功能，所著重的向度常有所差異。並且常見專業團隊成員彼此的立足點不同，例如，教師往往認為沒有時間去執行專業人員對學生所建議的方案，而使得團隊的意義受到扭曲。

5. 專業工作的條件不一

接觸學生時間的長短與專業評量的標準，也會影響專業團隊的溝通協調與運作。例如，特殊教育教師接觸身心障礙學生的時間較長，較了解學生的能力及行為表現，但是對於復健等專業評量的標準較不熟悉；而復健治療人員接觸學生的時間較短，僅能觀察學生部分的行為表現，但能進行醫療專業的評量。常常特教教師與專業治療人員並沒有太多時間可以討論學生狀況，使得專業人員即使有心也難以做整合的工作。

二、團隊工作的執行原則

（一）掌握團隊工作的意義

團隊（team）是指二個人以上在一起為了共同的目標工作所組成的群體（Lytle & Bordin, 2001; Ogletree et al., 2001）。專業團隊裡的團隊，指專業人員之間有合作、互動的意思，如果只是不同的專業人員各行其是，「團隊」就只是「團」或「隊」（曾進興，民 88；Lytle & Bordin, 2001）。因此，專業團隊強調的是良好的溝通互動、縝密的合作關係，提供身心障礙學生整體性服務，方可使專業團隊的執行效益良好。

（二）建立專業團隊成員的共識

雖然跨專業團隊理論被視為是最有效益的模式，但是要使跨專業團隊能有所成功，團隊成員必須對其所採取的模式滿意及有信心，各專業人員間亦應有效地溝通及彼此資源共享（Ogletree et al., 2001）。因此，團隊成員應該經由溝通後充分認同團隊的運作，以努力執行團隊介入的目標。如果此二要點不能掌握，則團隊的向心力不足，仍然只能成為虛有的團隊。

（三）充分聘任長期固定的專業人員

人力不足將不能周延辦事，若能廣納各類的專業人員，給予良好的待遇福利，使專業人員能長期穩定地進入專業團隊工作中，為障礙學生有系統地做鑑定、評估、安置、療育等各項事宜，方能適當而有效地服務特殊學生，充分在團隊中運作發展。

（四）充分開發支持系統

專業團隊模式所提供的服務應該能適切地顧及個案及其家庭的需

求，為了達此目的，專業團隊工作應發展足夠的個案支持系統，包括時間、金錢及其他資源等（Ogletree et al., 2001），以便適時發揮專業功能。

（五）開發醫療相關資源

　　一般而言，在教育體系中，教師對身心障礙學生最棘手的問題在於醫療服務的執行。教師常因為無法取得有關醫護的基本資訊，或與能提供資訊及計畫建議的醫療人員接觸機會過少，使他們擔心學生的安全及未能運用復健方法於平日教學中，導致在學校系統中的身心障礙教育教師常感到手足無措（Caldwell & Sirvis, 1991）。因此，專業團隊中醫療復健人員常成為特殊教育工作執行的重要人力支援。如何運用專業團隊的力量，開發教師適當資訊及醫療支援，以協助教師在教學系統中提供學生適當醫療服務，成為重要的工作。

三、專業團隊的轉機

（一）法規的訂定

1. 相關法案的維護

　　我國《特殊教育法》及其施行細則、《身心障礙者保護法》及其施行細則、《特殊教育相關專業人員及助理人員遴用辦法》、《身心障礙教育專業團隊設計及實施辦法》……等相關法規陸續在近五年來修訂，明確保障特殊學生接受專業團隊服務的權利及明訂團隊設置運作方式。這些法案給予特殊教育專業團隊工作方向建立良好的指引，成為特殊教育努力的目標。

2. 相關專業認可的機制愈見健全

　　近幾年來，《社會工作師法》、《心理師法》、《物理治療師法》、《職能治療師法》等法規陸續訂定，並且由考試院考選部辦理專門及技術人員高等考試，對於認可專業團隊成員的專業能力，有著

深遠的影響，將使專業團隊的運作更加有力量。

（二）學術的指引

1.多領域的結合研究

　　近來在學術研究探討上，樂見不同領域之專家學者共同探討問題，發展解決之道，例如，結合醫療、特殊教育、資訊工程、醫療工程等等，各領域在特殊教育相關議題的學術研究陸續展開，有助於各領域專業人員的交流與互動。

2.師資培訓的調整

　　師資培訓機構（如各校特教系及特殊教育師資培育中心、鑑輔會種籽教師）等，在培訓師資階段，開設課程介紹相關專業團隊，或邀請相關專業人員傾授知能（如各大學特殊教育系所開設復健醫學課程、長庚大學師資培育中心由職能治療系教授、各領域專科醫師開設相關復健醫療課程等）。此外，在許多教師研習活動，也邀請精神醫學、復健治療、心理諮商等等專業人員對在職教師講授各類障礙的成

資訊櫥窗

專業證照的時代

　　當今趨勢的發展乃走向專業證照制度，我國亦因應時代潮流，近年陸續制定相關法令，經考試及格者，頒發證書以證明個人之專業。截至九十三年止，我國所頒布的專業師法共有十七法，其中與特殊教育專業團隊可能有關的有《教師法》、《社會工作師法》、《心理師法》、《醫師法》、《藥師法》、《職能治療師法》、《物理治療師法》、《呼吸治療師法》、《營養師法》、《護理人員法》等等。

因、治療方式、復健策略等，並與教師面對面溝通交流，使教師更了解相關專業的背景知識，有助於學校與相關專業人員之間的溝通與互動，並且能運用策略於平日教學中。

3.特教訪視與評鑑的帶動

有鑑於相關專業團隊運作之必要性及重要性，各縣市特殊教育評鑑及巡迴訪視均會特別強調團隊合作的檢視，帶動學校重視專業團隊，有助於提升整體的團隊運作成效。

（三）就業環境的牽制

由於大專院校所培訓的復健醫療專業人員增加，在醫療院所體制下的復健醫療人員飽合之後，將會促使更多醫療專業人員進入教育體制，參與特殊教育學生的專業團隊服務行列，而在穩定的、熟悉的運作模式中貢獻一己之力。

專業團隊的運作有賴各種資源的支援，在時勢的推動之下，多方面的努力正進行著，我們仍對未來特殊教育專業團隊的運作功能充滿希望。

第十一章

家長角色的介入

claimed that the passage of the claimed that the passage
of the Act and its subsequent... increased public
awareness of disability and changed attitudes....
a statutory framework for service to which disabled
people were entitled... to involve........

　　早期的特殊教育大多只關心障礙學生本身的需求，由學校教師主導教育的工作，對家長或其他家庭成員只提供少許的服務。在特殊教育中常見到的現象是，教師負責學生在學校的學習，家長負責學生在家中的生活養育，學生在學校與家庭兩方面的經驗少有交集可言。不可否認地，對於學生的成長而言，除了學校教育以外，家庭教育尤其具有關鍵性的影響力。學校是個人接受教育的明確場所，如果能配合在家庭進行系統性的教育，可增加許多教育訓練的機會，將使教育的進行更完整。對於一般學生如此，對於身心障礙的學生更是如此。

第一節　源起與發展

　　美國在二次大戰後，特別是一九五〇、一九六〇年代的民權運動，各類障礙者家長紛紛組成身心障礙者家長團體，積極參與各項活動，並喚起社會大眾對身心障礙者權利的重視，甚至影響政府的立法（侯禎塘，民83；Katsiyannis, Yell, & Bradley, 2001），家長在特殊教育中的地位從此凸顯。美國在94-142公法《全體殘障兒童教育法案》制定之前，特殊教育的方式是沒有系統且隨意的，家長們對於他們的障礙子女被安置於特殊教育環境中的決定常未受到尊重，且感到無能為力（江樹人，民85）。而後經由家長、專業人士和團體等不斷地爭取，94-142公法即規定特殊兒童之家長須參與其子女個別化教育計畫（IEP）之訂定，學校對其子女教育決策是否得當，該法也賦予家長申訴權。94-142公法使得障礙兒童及其父母親之權益受到積極的保障。一九八六年美國國會通過99-457公法，更引出一個重要訊息：家庭參與是教育的重要關鍵所在，「個別化家庭服務計畫」（IFSP）得由家長和專家們一起合作，以家庭為出發，使特殊兒童得以在適當的教養環境下充分發揮其潛能。而一九九七年《身心障礙者教育法案》，除延續舊法對身心障礙學生家長參與特殊教育之期待外，更以積極的態度面對相關教育工作。另外，就美國全體教育而言，柯林頓

總統於一九九四年提出《兩千年美國教育目標法案》（Goals 2000: Educate America Act; P.L.103-227），成立「家長資訊及資源中心」，協助家長學習教育其子女的知識及技能，也深深地影響特殊教育中親職教育的工作。

在國際上，聯合國一九五九年發表《兒童權利宣言》中明確指出：「有責任教育及指導兒童者，應以兒童之最佳利益為其指導原則，此責任首先應屬家長。」國家不應限制或阻礙父母對子女教育的正當參與。《世界人權宣言》則訂定：「父母對其子女所應受之教育，有優先抉擇之權。」（行政院教育改革審議委員會，民85）英國也早在一九八一年的《教育法案》（Education Act）特別強調具特殊教育需求兒童的父母之教育角色。父母和教師同樣扮演重要的教學角色，由專業訓練或半專業訓練的人員或教師每星期提供具特殊需求兒童之父母一小時又三十分鐘的指導（林美和，民81）。這些均一再地顯示家長角色進入教育不可抵抗的趨勢。

我國修訂之《特殊教育法》也為家長提供介入特殊教育工作之權利與管道，在各相關的法案中陸續提出家長在特殊教育中之角色（見表11-1），乃藉由積極建立管道，以引導身心障礙者家長參與，建立家長參與之法定地位，提供家長協助推展特殊教育之機會。顯見家長介入特殊教育工作已明文化。就特殊教育的潮流、教育的價值、家長的認知與態度準備，及國內政府教育政策的推動而言，家長介入特殊教育工作已成為當前必然的趨勢，也將成為特殊教育工作上的重要資源。

第二節　趨勢內涵

一般而言，家長乃包括監護人（Senate and House of Representatives of the U.S.A., 1997）。在探討身心障礙學生家長介入特殊教育的議題上，一般常從家長的心理歷程及其面臨的問題談起，並探討家長在法規中權益、角色及其功能，這些都將成為特殊教育教師應事先了解掌

表 11-1　我國保障身心障礙學生及家長權益之相關法案一覽表

年份	法案	條數	內容主旨
88	特殊教育相關專業人員及助理人員遴用辦法	2	特殊教育相關專業人員，指為身心障礙學生及其教師與家長提供專業服務之專（兼）任人員。
		3	特殊教育相關專業人員應與教師或其他人員充分合作，積極參與並提供家長鑑定、IEP 之擬定與執行追蹤評鑑等直接服務以及諮詢等間接服務。
88	身心障礙教育專業團隊設置與實施辦法	3	統整性之特殊教育及相關服務包括提供家長諮詢、教育及社會福利等家庭支援性服務。
		8	專業團隊於提供身心障礙學生專業服務前，應徵詢學生家長同意；實施專業服務時，應主動邀請學生家長參與；服務後之結果，應通知學生家長，並做成紀錄，建檔保存。
88	高級中等以上學校提供身心障礙學生教育輔助器材及相關支持服務實施辦法	4	相關支持服務內容包括家庭支援與家長諮詢。家庭支援指由學校依身心障礙學生家庭需要，提供親職教育課程及特殊教育相關資訊，並協助家長向相關機關、機構或團體申請服務。家長諮詢指由學校相關輔導單位諮詢專線，提供家長相關諮詢服務。
89	各階段身心障礙學生轉銜服務實施要點	4, 5, 6	學生在進入國民小學、小學進入國中、國中進入高中、高中進入大學，學校應在規定時間內，視需要邀請前一就學階段之導師及家長至校召開轉銜輔導座談會議，並視個案需要邀及特殊教育相關專業人員參加會議。
		7	高級中等以上學校之學生離校未就學者，學校應於學生離校前一學期邀請家長及特殊教育相關專業人員共同研商該學生進入社區生活之轉銜服務，並訂定於個別化教育計畫中。
92	特殊教育法施行細則	11	鑑輔會應於身心障礙學生教育安置會議七日前，將鑑定資料送交學生家長；家長得邀請教師、學者專家或相關專業人員陪同列席會議。
		17	特殊教育學生家庭支援服務，應由各級學校指定專責單位辦理。其服務內容應於開學後二週內告知特殊教育學生家長；必要時，應依據家長之個別需要調整服務內容及方式。
		18	參與擬定個別化教育計畫之人員，應包括學校行政人員、教師、學生家長、相關專業人員等，並得邀請學生參與；必要時，學生家長得邀請相關人員陪同。
92	身心障礙者保護法施行細則	15	生涯轉銜計畫，指對身心障礙者各個人生階段，由社會、福利、教育、衛生及勞工等專業人員以團隊方式，會同身心障礙者或其家屬訂定之轉銜計畫。

續次頁

表 11-1　我國保障身心障礙學生及家長權益之相關法案一覽表（續）

年份	法案	條數	內容主旨
93	身心障礙者保護法	7	各級主管機關應設立身心障礙者保護委員會，以行政首長為主任委員，各目的事業主管機關，以身心障礙者或其監護人代表、身心障礙福利學者或專家、民意代表及民間相關機構、團體代表等為委員。
93	特殊教育法	12	教育行政機關應設特殊教育學生鑑定及就學輔導委員會，聘請學生家長代表為其委員之一。有關之學生家長並得列席。
		24	提供家庭支援、家長諮詢等必要之相關支持服務。
		26	各級學校應提供特殊教育學生家庭包括資訊、諮詢、輔導、親職教育課程等支援服務，特殊教育學生家長至少一人為該校家長會委員。
		27	各級學校應對每位身心障礙學生擬定個別化教育計畫，並應邀請身心障礙學生家長參與其擬定與教育安置。
		31	各級主管教育行政機關為促進特殊教育發展及處理各項權益申訴事宜，應聘請家長代表為諮詢委員之一，並定期召開會議。

握的部分，茲分別做如下探討：

一、障礙家庭的心理調適歷程

　　一般家庭出現身心障礙子女時，常經歷兩個階段七個類似的心理反應歷程（蔡阿鶴，民 74；Ulrich & Bauer, 2003）：

（一）負面情緒及反應時期

　　第一階段主要處於負面的情緒反應中，又分為三個時期：

1. 驚慌期：開始發現子女為身心障礙時，內心多出現驚愕、慌亂、震盪、惶恐等情緒反應。

2. 拒斥期：拒絕接受診斷的結果，無法接受子女是障礙者的事實，企圖否認，不惜金錢與時間的虛擲，遍訪名醫，冀求透過不同的診斷與治療，以證實其子女是正常的。

3. 掙扎期：當事實無法否認時，所出現的哀傷易化為憤怒、憎恨、怨

尤、羞愧、自責、內咎、矛盾、焦慮、沮喪等複雜情緒，對孩子又愛又恨，內化而成為罪惡感，顯現出相當痛苦的情形。

（二）認知調整時期

第二階段主要在面對問題時做認知（awareness）上的調整，又分為四個時期，包括：

4. 嘗試期：經過一般時間後，父母親認知到障礙存在的事實，開始試著接納孩子，但是由於面對障礙子女的問題處理缺乏經驗，也沒有足夠相關知識，常表現出所謂鴕鳥心態，無法理性面對出現的問題。

5. 適應期：嘗試各種方式來接納孩子，冷靜地面對現實，接納孩子，並且給予合理的親情，進而設法給予必要的訓練與教育。

6. 合理化期（normalization）：此階段父母親體認到需要藉由專業來解決問題，較能正確地認知到子女能力表現及學習上的限制。

7. 自我實現期（self-actualization）：親人開始思考現實的問題，了解其障礙子女需要支持，但同時也對於如何符合這些需求，有其自己的觀點。

二、障礙家庭面臨的現實問題

專業人員與父母間常常出現對立不相容現象，其中原因可能有三個：(1)個人的經驗不同；(2)對障礙問題的感受不同；(3)嘗試及認知的程度不同。這些不同角度使專業人員可能因為無法深刻體會，不能了解障礙家庭的處境，而致家長覺得專業人員的態度冷漠或不夠積極，致使溝通出現問題（Ulrich & Bauer, 2003）。一般有障礙子女的家庭往往面對幾個現實的問題而形成許多壓力，包括（黃金源，民83）：

1. 經濟壓力：家庭中夫妻常有一方得被迫辭職以照顧其障礙子女，而障礙子女經常需花費較高的醫療費用，導致家庭在經濟上出現頗大的壓力。

2. 教養的壓力：障礙子女常常需要長期且有系統的教導，始能學會部

分生活自理技巧，父母在這個部分往往因為經驗、學理的不足而有很大的挫敗，形成很大的壓力來源。

3. 情感的壓力：父母親在子女具有障礙事實時，常常面對公婆親戚的責備怪罪，其所產生的情感壓力常常使當事人難以負荷。

三、家長在法規中的權益

　　美國於一九九七年《IDEA》法案，較以前的法案更強調以父母完全參與特殊教育的取向，主張家長被賦予合法的權益，及安置的決策權。學校需將法規中所宣稱的父母權益完整通知父母（Lytle & Bordin, 2001）。在《IDEA》法案中，對於親人介入特殊教育的規定如下（胡永崇，民 92；Keyes & Owens-Johnson, 2003; Lytle & Bordin, 2001; Morse, 2000）：

1. 在學生被評量前，家長先閱讀相關資料並表示同意後，校方方可對學生進行施測。
2. 家長應協助訂定合法、適當的教育決策。
3. 擬定 IEP 的特教相關專業團隊必須檢視由家長所提供的評估資料。

　　另外，對於 IEP 的擬定與執行更強調父母的介入，例如法案中規定：

1. 父母有權參加 IEP 的會議及決策。
2. 學校需利用各種可能的方法通知父母參加 IEP 會議，並需與父母協調雙方皆可出席的會議時間及地點。
3. 學校需採取必要措施，以確保父母對於 IEP 會議的了解。
4. IEP 需獲得父母的同意及簽章。
5. IEP 內必須提及如何定期地告知家長有關其子女的進步情形。
6. 學校必須免費提供父母 IEP 的複本。

　　我國《特殊教育法》（教育部，民 93）不但規定身心障礙家長有

參與、申訴的權利，家長代表有權參與政策決定，更規定各級學校應提供就讀特殊教育學校（班）和一般學校普通班之身心障礙學生家長所需的各項支援服務。例如，障礙者父母依規定得以參與鑑定安置輔導會議，決定其障礙子女的教育安置，並參與個別化教育計畫的擬定等；障礙者家長代表依規定並得被聘為各縣市特殊教育學生鑑定安置與輔導會委員、諮詢委員和學校家長會委員。八十八年《特殊教育相關專業人員及助理人員遴用辦法》、八十八年《身心障礙教育專業團隊設置與實施辦法》，以及八十八年《高級中等以上學校提供身心障礙學生教育輔助器材及相關支持服務實施辦法》，均提出特殊教育服務中以家庭支援為重心的專業團隊服務模式，包括提供家長諮詢、親職教育、特殊教育相關資訊及社會福利，協助家長向相關機關、機構或團體申請服務等家庭支援性服務。並聲明專業團隊於提供身心障礙學生專業服務前，應徵詢學生家長同意；實施專業服務時，應主動邀請學生家長參與；服務後之結果，應通知學生家長，並做成紀錄，建檔保存……等，以保障特殊學生及家長權益。而《身心障礙者保護法》（內政部，民 92a）也同時提出提供障礙者家庭必要的經費補助、居家服務和社區服務等直接的福利服務。

四、家長在特殊教育中的角色

　　家長不只是特殊學生權益之擁護者，更是特殊教育工作的決策者與監督者。近來世界各國更以教育合作的態度邀請家長介入特殊教育（Keyes & Owens-Johnson, 2003），成為其中的重要資源，並積極建立申訴管道及擴大諮詢服務，以確保障礙者家長的角色：

1. 家長是障礙學生權益之擁護者：學校應將障礙學生及其家庭的權益通知家長，學生接受教育的所有相關權益將在家長之下受到保障。

2. 家長是障礙學生教育的決策者：父母對子女教育安置有充分的決策權，在子女進入學校後，對於教學活動的安排與設計，也應有適當參與和了解的機會（Clark & Kolstoe, 1995; Morse, 2000）。因此，無

論在鑑定與就學安置決定，或 IEP 的內容，或直接參與各學區教育委員會教育政策的研擬，家長的意見常成為最後的決策者。

3. 家長是特殊教育工作的監督者：由於障礙學生對學校各方面安排常沒有能力檢視，對於學校的安排常常處於被動。家長在此環境中則扮演監督者的角色，以檢視校方是否做到適性的教育，確保特殊教育服務的品質。

4. 家長是相關資訊的提供者：為了從各角度了解學生發展的狀況，教師除了依賴與學生接觸時間的觀察外，額外資訊的取得更是設計教育方案時需要的，而家長成為訊息取得的重要來源，例如，家長可以表達其子女的智能、潛能及優勢所在。取得充分的資訊才可能設計一個適切的教育方案。

5. 家長是特殊教育工作施行的合作者：在特殊學生的一生中，與之接觸時間最久的、關係最密切的是他們的親人，因此，唯有家長介入特殊教育，才能使其成長具一貫性且符合真正的需求（Glimps, 1984）。國外在一九八〇年代教師及專家學者們將家長視為特殊教育中的必要合作者，或請家長進行學生能力的評估，或請家長進行家庭生活能力的訓練（Ysseldyke, Algozzine, & Thurlow, 1992）。美國所制定的相關法案及其後續的修正案，對於使親人在對其特殊子女的評估及介入有很大的貢獻（Farrell, 2001）。自此特殊教育不再只是教師單方面的設計與實施，家長成為特殊教育專業合作的一員。

五、家長組織的角色與功能

　　為凝聚障礙者家長的力量，以對身心障礙子女的權益有更積極的維護，已有愈來愈多家長團體的組成，提供相互情緒支持，分享經驗或交換資訊，乃至發起請願，訴諸行動，或針對各團體需求發展因應服務。有些家長團體更提供服務給需要的家庭，如提供日間幼兒照顧、臨時托育、保育養護，辦理庇護工場、社區家園等服務（羅湘敏，民84）。如美國的「全國智能障礙國民協會」（National Association of

Retarded Citizens）、「腦性麻痺聯合會」（United Cerebral Palsy Association）等等。國內的組織團體也相當多，約略可以分為兩個方面：

（一）各類障礙者家長團體

主要以家長為組織成員，為維護其子女在成長階段各類權益的維護與提供直接的服務。除了中華民國智障者家長總會，各地區各類障礙者家長亦組成各協會，如中華民國唐氏症關愛者協會、台北市學習障礙者家長協會、台北縣自閉症服務協進會、高雄市啟智協進會、心路社會福利基金會等等。這些團體除了引導家長照顧障礙者養育資源與支援外，也提供障礙者課業、復健等服務；對特殊教育立法的推動，特殊教育素質的提高，與喚醒社會大眾對特殊教育的注意，更有積極的貢獻。

（二）各類障礙者團體

主要以障礙者為組織成員，藉由直接訓練障礙者自我照顧、心理重建、進行彼此的支持外，並常設有職訓中心，協助職業重建（vocational rehabilitation）。例如新竹市脊髓損傷者協會、台中市殘障福利協進會、陽光社會福利基金會等等。其服務主要以障礙者個人為服務對象，對於身心障礙者終身的規劃有相當大的支持力量。

第三節　現況

一、家長的特殊教育角色

根據研究（陳惠邦、陳麗如，民 86），家長在面對其子女的教育時，仍然覺得決定與安排教育工作的權利在學校與教師身上。現今在教育的工作上，仍不免見到他們羞澀的表現，在必要的時候未能或沒有機會適當適時地參與團隊的工作，例如，未能參與專業整合的工

作、進行 IEP 評估或進行輔具評估（Lahm & Sizemore, 2002），以致常見如果教師做法並非家長所期待的，則家長常消極地接受，很少直接提出自己的要求；或者也常見到家長們將教育的工作交給教師、政府單位，完全不予介入。於是家長常不知教師的教學內容，教師也對學生在家的問題只知其中一二。此現象與特殊教育趨勢中的理想狀況，差距甚遠。

二、親職教育的推行

家長正向的態度、有計畫性的活動安排、及親密的親子介入，均可以增加障礙學生的學習成就（Osborne, Garland, & Fisher, 2002）。因此，親職教育往往成為現行特殊教育學校（班）的重要工作內容之一，對家長進行各方面的輔導，引導其介入特殊教育。我國教育部將特殊學生家長的親職教育，列為從民國八十三年度起的特殊教育發展及改進的五年計畫中。目前台灣地區對於障礙者家長的輔導有其正式或非正式的管道，非正式的如平時的溝通接觸，傳遞學生的學習經驗；正式的如開辦親職教育課程，如演講、工作坊等等。國內現行許多特殊教育學校（班）時常於 IEP 會議之後，安排親職教育課程。

三、家長參與支持性團體的現象

家長參與支持性團體常可以擁有許多知能及心理上的支持。在這方面，台灣地區目前常發現家長可以約略分為二類：第一類是一些常參與相關支持性團體，如智障福利協進會等，則家長所擁有的資訊多相當豐富，其內涵甚至遠在一般教師之上，對介入特殊教育的態度也較積極正向。然而，熱衷於相關活動的家長只是少數，多數家長較少參與類似的團體，他們所擁有的資訊相當有限。第二類家長的資訊取得常是被動的，並且多只想到從教師、學校方面獲得教育其子女的資訊，其介入特殊教育的態度常常較消極被動。

第四節　趨勢討論

　　家長的社經地位及個人特質等，將影響其介入障礙學生教育的意願及能力，尤其家長的價值觀或對子女未來發展的期待等，將會影響其介入子女活動課程的程度（Robinson & Others, 1988）。如何在各種變項下，引導家長適當介入特殊教育，則是我們應該注意的。

一、以家庭的需求為特殊教育服務的考量點

　　多數身心障礙者難以脫離與其家人的關係，因此許多學者均主張，在談對身心障礙者的服務系統時，不得只考慮學生的個別需求，同時也應考慮家庭的需求及狀況（Robinson & Others,1988）。Seligman（1991）指出，特殊教育在為個人及家庭設計及產生一個適當的服務，對身心障礙者的服務系統以其家庭為一整體對象。每一個家庭都是獨特的單位，每一障礙者及其家庭都有其個別的需求。只有家長介入特殊教育工作，才可能隨時取得有關家長與學生需求的資訊，照顧到家庭的真正需求，設計一個周全的特殊教育方案。

二、從尊重家長的觀點為出發

　　在為身心障礙者教育的工作上，教師和父母存在許多不同的觀點，過去教師往往在認定應該如何的情況下，就訂定了學生的教育方案。McLoughlin、Edge、Petrosko 和 Strenecky（1985）指出，專家和家長之間常會因為文化、觀點、價值、經驗和教育等因素的不同，而存在著態度及認知上的差異。教育當局或者是教師們不應該只以專家學者的意見，而忽略家長的觀點，去決定父母們的問題或需求。為了使教育功能更徹底發揮，應該從尊重家長的觀點為出發，邀請家長介入特殊教育。

三、建立良好的親師互動關係

　　為了使特殊教育工作更徹底執行，教師應該掌握一些來自父母關於學生和家庭的相關訊息，這些訊息將可以使教師分析了解家庭有關其目標、價值和優勢等內涵；而家長也應該了解學生在學校的教育過程與內容，以便配合家庭作業等，使其學習更加完整。一旦家長獲得了有關其子女發展的資訊愈多，家長介入特殊教育愈能產生積極的效果。良好的互動便是在促使教師與家長訊息流通，成為其間共同教育身心障礙者一個很重要的工作。

四、增進家長與教師合作的機制

　　為了使家長與教師的合作充分發揮功能，可以嘗試幾種方法（王文科，民90；教育部，民83；Lytle & Bordin, 2001）：

1. 製造家長參與教育的機會：例如，由家長擔任義工，直接到教室協助教師教學，或在上下學、校外參觀活動時，協助照料學生安全；或可請家長觀察學生參與各種服務的過程，例如物理治療等。
2. 實施親職教育：提供增進特殊教育知能的訊息給家長，鼓勵家長參加親職教育課程。並可在學校或班級附設資源中心，提供家長們各種相關的視聽及閱讀資料，使學校成為家長很好的資源取得場所。
3. 運用各種溝通管道：如定期召開親師會議、進行家庭訪問、安排家長參觀日、家長成長團體，或在平時利用聯絡簿、書信、電話，甚至電腦網路、手機簡訊等，與家長交換訊息。並可嘗試以錄影帶等提供子女在校的活動情形。
4. 正向的互動態度：與障礙者家長互動時注意互動的態度，應表現支持、尊重、接納、同理，方能使家長感受到教師對其障礙子女的用心。例如，使用的字彙最好是：我們、孩子……，例如說：「讓我們一起改變他咬手指的習慣……」或「大家都是為孩子好……」。另外，溝通時的非語言行為也應注意，應確保傳遞友善的正向訊

息。例如，以微笑、前傾身體的姿勢溝通，而不是交叉手抱胸、或身體後傾的姿態。

五、親職教育的內涵

一個適當的親職教育內涵應該是全面性的，其中至少應該包括以下向度：

1. 提升家長對子女的教養能力：可直接教導家長教養其子女的策略，如行為改變技術及觀察技術，或指導家長為其障礙子女規劃生涯，如轉銜選擇等，以提升家長對其子女教養的特教知能。

2. 提升家長與子女的良性互動：平時親子間所產生愉快的互動常可以幫助孩子的發展，家長應該在與孩子互動時，注意孩子在興趣和情緒上的發展（Robinson & Others, 1988）。必要的時候，並應同時輔導家長注意其非障礙子女的養育問題（Slade, 1988）。

3. 引導家長參與校務：讓家長了解學校的教育形式與內容，並實際參與校務，邀請家長共同負擔教育的責任。

4. 宣導家長權益及資源：許多家長由於未能掌握適當的訊息，以致於喪失許多可以享有的權益及資源。例如，教導家長學習如何使用社區資源以滿足障礙子女的需求（Osborne, Garland, & Fisher, 2002）。校方在進行親職教育時，應將此部分之訊息傳遞列為重要的內容之一。

5. 輔導家長負向的情緒：引導家長做情緒上的調適，或藉由宗教的力量，或藉由價值觀的改變，或鼓勵家長參與支持性團體，適時輔導家長，避免家長因過多的負面情緒滯留，而影響其對障礙子女的期待與互動。

凡是以學生良好發展為方向的教育才是教育的目的所在，家長介入特殊教育並不是學校與家長互不相干地分別進行教育，而應是一體兩面的，是一個合作的關係（Keyes & Owens-Johnson, 2003; Ysseldyke,

Algozzine, & Thurlow, 1992）。兩者仍得密切往來，共同擬定教育計畫、共同執行教育計畫、完成共同的教育目標。賦予家長權利，也賦予他們義務。唯有共同承擔教育的工作，家長與教師間的互動才可能是良性的、實務的，教育的工作才可能發揮完整的功能。

第十二章

障礙者權利與福利

claimed that the passage of the claimed that the passage
of the Act and its subsequent.....increased public
awareness of disability and changed attitudes.....
a statutory framework for service to which disabled
people were entitled....to involve......

　　對身心障礙者權利、福利與生存保障制度的實施，往往被視為是一個國家文明的指標。本章以相關法案條例切入，談身心障礙者的權利、福利與保障觀點，探討我國對身心障礙者各種保護制度的執行。希望身心障礙者之服務提供者掌握適當的資訊，以落實對身心障礙者的服務工作。

第一節　源起與發展

　　一個國家愈重視個人權益，愈主張人道精神，將愈能落實身心障礙者的服務措施，因此，對身心障礙者權利、福利與生存保障制度的實施，往往被視為是評估一個國家社會、經濟、政治、文化發展的情形，可說是一個國家文明的指標。在歐美已有相當多的法案制定，以維護身心障礙者的相關權益，例如，美國在教育相關法案、復健相關法案、權益相關法案以及輔助性科技相關法案等等，多有相當周延廣泛的條例，以全面性地政策實施照顧身心障礙者（見第一章）。如同其他國家，我國近年來積極進行相關福利法規的制定，包括《兒童及少年福利法》（內政部，民 92b）、《老人福利法》（內政部，民 91b）、《身心障礙者保護法》（內政部，民 93a）、《社會救助法》（內政部，民 89a），堪稱我國之福利四法。

第二節　趨勢內涵

　　本節分別從與障礙者相關的議題──權利、福利與保障探討相關內涵。

一、權利

　　權利是指個人應該享有的利益。人權主義的思想在於：任何生命的誕生都應該受到尊重，每個生存個體都有權利參與各種活動，這是

人最起碼的「生存權」。我國《民法》第六條即指明：「人之權利能力，始於出生，終於死亡。」另一方面，一個人既然生存，就應該對他的社會有所貢獻，而要有所貢獻，必須透過教育的手段使其具備能力，進而藉由工作發揮潛能，這是「受教權」與「工作權」主張的依據。重視人權已成為世界的潮流，當今各個國家都愈漸重視身心障礙者福利與特殊教育，以肯定國民的人權（郭為藩，民 85）。一般而言，權利是在人道主義中討論可以如何，若沒有法律或相關具體的辦法支援，則權利難以受到保障。因此各國在申張人民的權利時，均訂立各種相關辦法予以支持。

（一）生存權

生存權乃指人生活在其環境中的基本生活權利。因此，身心障礙者有其權利享有一個「人」應有的生活狀態，例如，生育、自由活動、就業、受教育等等。前二者由於可能影響到他人的權益，受到相當大的爭議討論。例如，障礙者生育的議題，有人權主張者認為，生育下一代是個人生命的延伸，只要是人便有其權利決定個人的生育行為；但有人認為，障礙者無能力適當照顧子女，將影響子女的生活品質，或使其子女生命安全受到威脅而造成社會負擔，因此主張，智能障礙者、精神異常者等應予以結紮，以控制其生育。在自由活動的爭議中，人因為生而有自由活動之權利，因此不應予以束縛，剝奪其活動機會；且由於束縛會造成個體與他人社會互動之減少、影響生活品質及骨骼惡化等負向結果，因此一般束縛行為受到禁止（Bluestone, 1985; LeBlanc, Piazza, & Krug, 1997）。美國特殊兒童協會（Council Exceptional Children，簡稱CEC）即陳列條文指出，禁止使用任何會導致個體不能有適當睡眠、飲食、如廁或身體舒適的介入策略。當然，CEC 也做了一個但書：在不得已的情況下，若會危及案主或他人的生理健康時，則可以採取緊急的身體介入策略（CEC, 1997）。生育及自由活動雖為個人的基本生存權益，卻仍有許多不同的意見討論著。

　　「人生而平等」乃生存權主張者努力的方向。然而，身心障礙者在其生理條件及社會環境條件下，多無法處於人類生存平等的狀態中，因此有賴相關政策的推行及法規的制定，以提升其生存的平等條件，並保障其權利。我國《身心障礙者保護法》（內政部，民93a）中即訂定各種「平等政策」，以維護身心障礙者的生存權。除了保障其接受教育機會均等，更包括提升生活能力、爭取就業機會等。例如，我國在《身心障礙者保護法》中第二十六條即指出：「提供無障礙個別化職業訓練及就業服務」；第三十三條指出：「進用身心障礙者之機關（構），應本同工同酬之原則，不得為任何歧視待遇，且其正常工作時間所得不得低於基本工資。」均在提高身心障礙者之就業機會，維護其工作的權利。又如第五十二條指出：「任何擁有、出租（或租用）或經營公共設施場所者，不得單獨以身心障礙為理由，使其無法完全公平地享用物品、服務、設備、權利、利益或設施。」第五十六條指出：「各項新建公共建築物、活動場所及公共交通工具，應規劃設置便於各類身心障礙者行動與使用之設施及設備。」第五十七條指出：「實施刑事訴訟程序之公務員於身心障礙者涉案或作證時，應就其障礙類別之特別需要，提供必要之協助。」則其目的在提高其生活能力之條件，維護其基本的生存活動權利。

（二）受教權

　　近數十年來，世界各國由於民主思潮的衝擊與人道精神的闡揚，在教育機會均等的理想之下，開始發展特殊教育。隨著十九、二十世紀以來人文主義教育信念的興起，特殊兒童的家長紛紛組織團體要求立法為自己的子女爭取教育權，身心障礙者因而享有一般人所擁有的教育機會（郭為藩，民85；黃志成、王麗美，民89）。受教權乃指接受教育的權利，更積極而言，是接受適當的教育。有學者便提出，所有學生的基本權益是：接受良好的教育（Farrell, 2001）。美國94-142公法指陳，為保障特殊兒童的教育權益，美國政府應為特殊學生提供

免費而適當的公共教育。其中所謂「適當的」，是指提供障礙兒童「合理的」機會，參與學校特殊教育學習。

　　近年來，有些障礙者家長為了維護其子女在常態環境中接受教育，而提倡融合教育，主張障礙者應該與一般學生在一起接受教育。然而，更有許多家長認為對於特殊學生而言，這些受教育之權益唯有在他們進入特殊教育學校接受特殊教育，並且有權利去自由選擇學校的情況下方可能達成（Farrell, 2001）。此點再度強調，一個「適當的」教育方案是對障礙者接受教育權益的徹底維護（見第三章）。

　　為使受教權充分掌握，各國政府均設有適當條文予以定義，如將學生安置在最少限制環境，並訂定個別化教育方案，以作為提供特殊教育服務的依據。並為確保所提供教育的適當性，對教育的過程規定各種保障措施，如要求家長對子女的鑑定與安置工作，有被書面告知和舉行公聽會的權利等（Simpson, 1973）。聯合國為促進障礙者平等發展及參與的機會更制定有《殘障者機會均等標準規範》（何華國，民 90；United Nations, 1994）。我國《中華民國憲法增修條文》第二十一條規定：「人民有受國民教育之權利與義務。」第一百五十九條亦規定：「國民受教育之機會一律平等。」（總統府，民 89）並制定《強迫入學條例》，以確保每一個國民接受國民義務教育權益的落實（教育部，民 92b）。《身心障礙者保護法》更為維護障礙者的受教權益而制定各種教育政策，例如，第四條指出：「不得單獨以身心障礙為理由，拒絕其接受教育、應考、進用或予其他不公平待遇。」第二十一條指出：「各級學校不得因其障礙類別、程度，或尚未設置特殊教育班（學校）而拒絕其入學。」第二十三條指出：「辦理身心障礙者教育入學考試時，應依其障礙情況及學習需要，提供各項必需之專業人員、特殊教材與各種教育輔助器材、無障礙校園環境……等，以符合公平合理接受教育機會與應考條件。」且更訂定《特殊教育法》，以積極維護學齡階段身心障礙者的就學權益。

　　目前各國均設有相關管道，以使身心障礙者之權益受到損傷時提

出申訴（O'Neill, 2001）。我國《特殊教育法》三十一條指出應聘請專案、學者、相關團體、機構及家長代表為諮詢委員以處理特殊教育學生各項權益申訴事宜。而依據《身心障礙者保護法》規定「各級政府設置身心障礙保護委員會」，內政部並於八十七年制定《內政部身心障礙者保護委員會組織規程》（內政部，民 87b），及於八十九年制定《身心障礙者權益受損申訴及仲裁處理要點》（內政部，民 89b），以審議身心障礙者權益受損申訴事宜。即為保護身心障礙者權益之積極表現。

二、福利

　　身心障礙者福利觀念的演進，由最早的同情憐憫、人道關懷、政府德政、宗教施捨，演變到目前認為身心障礙者福利的推展乃是國家社會的責任。為了維護身心障礙者基本的權利，福利措施便應適當地實施。身心障礙者福利政策乃指政府或民間團體消極地為解決身心障礙者所產生的社會問題，以及更積極地預防身心障礙者可能導致的社會問題，所訂定的基本原則或方針，其目的在達到障礙者的需求滿足及人力資源的充分開發（黃志成、王麗美，民 89）。

　　依據我國《身心障礙者保護法》第九條，我國身心障礙福利的經費來源包括五項：(1)各級政府按年專列之身心障礙福利預算；(2)社會福利基金；(3)身心障礙者就業基金專戶；(4)私人或團體捐款；(5)其他收入。福利內容至少跨越衛生醫療、社會工作和教育三個主要領域（黃志成、王麗美，民 89）。其主要且較狹義的範圍包括現金給付的年金、津貼與社會救助等金錢補助；較廣義的範圍則包括各種直接提供服務的健康照護和個人社會服務的支援服務。本節將我國對身心障礙的福利措施整理如表 12-1，並說明如下：

（一）經費補助

　　根據統計，台灣地區家庭低收入形成的原因，有 19.82%是因為家

表 12-1　我國對身心障礙者福利措施一覽表

類別	措施項目	措施摘要	措施標準	法令依據	洽辦單位	備註
生活養育	生活托育養護費用補助	經直轄市、縣（市）政府轉介收託於身心障礙福利服務機構者，依其家庭經濟狀況予以不同比例之托育養護費用補助	每人每月2,000元至6,000元	身心障礙者生活托育養護費用補助辦法	鄉鎮市區公所	依家庭經濟狀況及障礙等級發給
	社區照顧	提供日常生活功能需他人協助之居家身心障礙者居家服務或短期暨臨時托育服務		內政部加強推展居家服務實施方案	承辦之身心障礙福利機構	
	個別化專業服務	針對身心障礙者個別差異及障礙類別之多元需求，整合各項資源網絡，協助面對及處理問題		身心障礙者保護法第15條	各級主管機關及目的事業主管機關	即個案管理服務
	教養養護補助	經縣市政府轉介收托（容）於日間托育或住宿教育身心障礙福利機構之身心障礙者得以補助	托育養護費補助1/4、2/4、3/4或全額		鄉鎮市區公所	依家庭經濟狀況發給
	居家教養服務	專業指導人員定期至障礙者家庭提供服務	每人每週一次以上		承辦之身心障礙福利機構	
	租賃房屋租金補助	身心障礙者及其同住扶養者無自有住宅而租賃房屋時得申請租金補助	每平方公尺最高補助100元		社會局	台北市
醫療復健	中低收入醫療補助	全民健康保險未給付之傷病醫療復健及住院看護費用補助	補助金額：（極）重度：全額；中度：1/2；輕度：1/4	身心障礙者保護法第19條	縣市政府社會科（局）	
	早期療育服務	結合醫療體系、特殊教育及社會福利三大領域成立通報轉介中心，初步鑑定具發展遲緩現象兒童，進行資源結合與轉介服務並及早提供適當療育		身心障礙者保護法第17條及兒童及少年福利法	縣市政府社會科（局）	

續次頁

表 12-1　我國對身心障礙者福利措施一覽表（續）

類別	措施項目	措施摘要	措施標準	法令依據	洽辦單位	備註
醫療復健	社會保險自付保費補助	參加全民健康保險等社會保險自付保險費補助	補助金額：（極）重度：全額；中度：1/2；輕度：1/4	身心障礙者參加社會保險保險費補助辦法	直轄市、縣（市）政府	
	醫療及輔助器具補助	依經濟狀況及障礙類別提供生活或復健輔助器具，上述復健輔助器具須經身心障礙鑑定醫療機構診斷並出具證明確有裝配復健輔助器具類之需要	300 至 20 萬元	身心障礙者醫療及輔助器具費用補助辦法	鄉、鎮、市區公所	購置後三個月內提出申請
	傷病醫療看護費用補助	中低收入戶罹患傷病就醫，無力負擔醫療之傷病及住院看護之自付費用者	低收入戶：醫療費用全額補助，看護費用每人每日 1,000 元；非低收入戶：醫療費用 70%，看護費用每人每日 500 元	中低收入戶傷病醫療看護費用補助實施計畫	鄉、鎮、市區公所	
	義肢給付	因傷病而致肢體缺損，經醫療機構診斷需裝配義肢者，得提出申請	義肢診斷、申請、訓練及處置等	身心障礙者醫療及輔助器具費用補助辦法	各地區健保分局或醫院	
	人工電子耳補助	聽覺障礙者裝設人工電子耳補助	20 萬至 60 萬元	身心障礙者醫療及輔助器具費用補助辦法	鄉、鎮、市區公所	依家庭經濟狀況補助；每人以補助一次為限

續次頁

表 12-1　我國對身心障礙者福利措施一覽表（續）

類別	措施項目	措施摘要	措施標準	法令依據	洽辦單位	備註
特殊教育	教育代金	學齡重度障礙者未就讀於國民中小學、特殊教育學校或政府委託社會福利機構附設特殊教育班者，提供教育代金補助	就讀社會福利機構者每月 6,000 元、在家自行教育者每月 3,500 元	各級主管教育行政機關提供普通學校輔導特殊教育學生評量教育及行政支援辦法	各教育局	
	就學費用減免	領有身心障礙手冊之學生，或身心障礙人士子女就讀國內公立或已立案之私立高級中等以上學校具有學籍者予以就學費用減免	學雜費或學分費減免 4/10 至全部	身心障礙學生、身心障礙人士子女及低收入戶學生就學費用減免辦法	各教育局	依障礙等級發給
	就學獎助金	就讀公立或已立案之私立大專院校具有學籍之特殊教育學生可依規定申請獎助金	2,000 至 4 萬元	特殊教育學生獎助辦法	各教育局	
促進就業	支持性就業服務	對於具有工作能力但尚不足進入競爭性就業市場之身心障礙者，藉由支持性就業輔導員之協助提供支持性及個別化就業服務		身心障礙者保護法第31條、第 58 條	身心障礙福利機構	
	定額進用保障就業	公立學校、機構，員工總人數 50 人以上者，私立學校、機構員工總人數100人以上者，進用具有工作能力之身心障礙者	公立：人數不得低於員工總人數 2%；私立：人數不得低於員工總人數 1%	身心障礙者保護法第31條、第 34 條		未依法進用單位，應繳納差額補助，超額進用者予以補助
	取得公務人員工作資格	舉辦身心障礙人員特種考試，開放其取得公務人員工作資格		身心障礙者保護法第23條、弟32條	考試院	

續次頁

表 12-1　我國對身心障礙者福利措施一覽表（續）

類別	措施項目	措施摘要	措施標準	法令依據	洽辦單位	備註
促進就業	薪資	同工同酬，不得為任何歧視待遇	正常工作時間所得不得低於基本工資，若產能不足，則減酬，但不得少於70%	身心障礙者保護法第33條		
	職業訓練生活津貼	身心障礙者參加政府機關主辦或委託辦理之各類全時（日）職業養成訓練	受訓三個月以上者，其訓練期間每人每月生活津貼1萬元	辦理身心障礙者職業訓練經費補助辦法	中央勞工行政主管機關	補助津貼最高以六個月為限
	視障者按摩就業保障	核發理療按摩、按摩業管理及執業許可證，以保障視障者從事按摩業之權益，並輔導其從事理療按摩工作		身心障礙者保護法第37條、按摩業管理規則、視覺障礙者從事理療按摩資格認定及輔導辦法	各地按摩職業工會	保障對象為視障者
	就業輔助器具補助	透過就業輔助器具補助以協助恢復、維持或強化身心障礙者就業能力		身心障礙者就業輔助器具補助辦法	各級勞工行政主管機關	
	創業貸款補助	透過創業貸款補助等相關措施，協助身心障礙者自力更生		身心障礙者創業貸款補助辦法	直轄市、縣（市）政府	
交通服務	學童交通補助	協助身心障礙學生接受特殊教育服務。政府應免費提供交通車，無法提供者予以交通費補助	每生每月1,000元	身心障礙者保護法第20條	直轄市及縣市主管教育行政機關	
	身心障礙者專用停車位	身心障礙者或其家屬得依規定申請身心障礙者專用停車位識別證	一身心障礙者發予一張	身心障礙者專用停車位設置管理辦法	戶籍所在地社政主管機關	

續次頁

表 12-1　我國對身心障礙者福利措施一覽表（續）

類別	措施項目	措施摘要	措施標準	法令依據	洽辦單位	備註
交通服務	搭乘國內公共交通工具優待	身心障礙者及其監護人或必要之陪伴者一人搭乘國內公共交通工具半價優待並優先乘坐	半價	身心障礙者搭乘國內公民營公共交通工具優待實施辦法	社會福利主管機關	持有社會福利主管機關核發之身心障礙手冊者即可享有優待
	復康巴士	設籍當地縣（市）領有身心障礙手冊之身心障礙者，依需求得預約申請乘坐	依各縣市規定而異		各地復康巴士專線	
其他服務	免服兵役	領有智障、自閉症、精神疾病及重度肢體障礙身心障礙手冊之役男得以提出申請		簡化領有殘障手冊之殘廢痼疾役男徵兵檢查作業要點	兵役科	
	稅額減免	所得稅稅額減免	每人每年74,000 元	所得稅法		
	牌照稅減免	專供身心障礙者用以代步之特製三輪機車與汽車免徵使用牌照稅	稅額全免	使用牌照稅法		
	風景區、康樂場所或文教設施優待	身心障礙者及其監護人或必要之陪伴者一人進入風景區、康樂場所或文教設施優待	私立半價，公立全免	身心障礙者保護法第 51 條		
	公益彩券經銷商之申請	領有身心障礙手冊且年滿 18 歲已婚或滿 20 歲具工作、行為能力者，得申請公益彩券經銷		公益彩券發行條例暨相關規定		
	手語翻譯服務	聽語障個人或團體因活動需要手語翻譯者可提出申請			社會局	台北市
	預防走失	建立措施以預防障礙者走失，例如指紋建檔、IC 手鍊製作、愛的手鍊製作		戶籍法		IC 手鍊適用台北市，其他適於全國

中有身心障礙者（內政部，民80）。台北市八十四年度低收入戶清查
報告中也發現，致貧的原因為家中有身心障礙者的比例占 14.9%，精
神病者占 9.6%（孫健忠、張清富，民 85）。可見身心障礙者常造成
家庭很大的經濟負擔。因此在福利上，對身心障礙者最直接的補助為
金錢補助。我國在此方面的福利橫跨就醫、就養、就學、就業各領
域，如醫療補助、手術矯治補助、健康保險自付保費補助、輔助器具
補助、生活托育養護費用補助、收容教養補助、學雜費減免、身心障礙
者學童交通補助、教育代金、自強貸款、身心障礙者免稅優惠等等。

（二）支援服務

除了直接的金錢補助以外，對身心障礙者之福利更包括其他的各
種服務，以提升其食、衣、住、行、育、樂各領域的生活能力。例
如，身心障礙者臨時托育服務、技藝訓練、愛心市場攤位、攤販營業
許可證、按摩技術士許可證、身心障礙汽車駕駛訓練、乘車優待、停
車優待、復康巴士、在宅服務、升學、參觀文教機構設施優待、參與
身心障礙福利服務中心舉辦之文康休閒活動與諮商輔導，以及預防走
失服務等等。

三、保障

保障是指有力的保護措施。我國近年來為了使身心障礙者的生活
更有保障，乃積極地發展各種相關的保障措施。茲敘述《民法》相關
事宜、《刑法》相關事宜，及其他與身心障礙者相關的保障制度條
例。

（一）《民法》相關事宜

1. 禁治產宣告

如前所述，人生而具有某些生存的相關權益，因此，任何一個人
可自由處理其身邊事務，如購買餐點、贈送他人生日禮物等日常活動

事宜。但由於心智能力較差的個體，往往容易為有心之人利用、侵占其財產權利，因此法律有必要制定相關條文，以保障其個人利益。就中華民國的法律而言，一個具有行為能力的人方能從事法律上有效的行為，如涉及稅法的買賣、贈與，或受《民法》約束的收養等事宜。

在法律上，行為能力者的界定可以分為三種：(1)完全行為能力人，包括年滿二十歲的成年人，及十六歲以上未成年但已結婚者；(2)限制行為能力人，指年滿七歲以上的未成年人；(3)無行為能力人，指七歲以下的未成年人或禁治產人。依以上定義則未受禁治產宣告的心智障礙成年人，就法律定義仍為具有完全行為能力的人，除了可以自由處分其財產外，仍保有選舉權。因此，為了保障身心障礙者的財產及生活相關權益，對已成年的心智障礙者進行禁治產宣告乃為適當的方法。

「禁治產」意為「禁止其處分個人財產」。法院可以因本人、配偶、最近親屬二人或檢查官的聲請，宣告禁治產，使他成為「無行為能力人」，由監護人擔任其法定代理人。禁治產宣告為私法行為，需要自費申請，其程序為：(1)書寫「民事申請狀」向障礙者戶籍所在地之法院提出申請；(2)由法院裁定宣告禁治產；(3)拿法院之裁定到戶政事務所辦理禁治產宣告登記（中華民國智障者家長總會，民87）。處理受禁治產宣告的心智障礙者，將不能訂立遺囑，而未經其監護人同意的契約是無效的，且當身心障礙者受到他人侵害時，其監護人可為身心障礙者直接提出告訴。因此，宣告禁治產對於身心障礙者家裡財產或重要身邊事務，將能有相當的保障。

2. 婚約

在《民法》上婚姻一章中有關身心障礙者的條約主要有二：(1)「婚約訂定後成為殘廢者，他方得依法解除婚約。」(2)「有重大不治之精神病者，他方得依法訴請離婚。」但若事實發生於結婚前，且心智障礙者的配偶若於結婚前即已知所結婚的對象有該方面的事實，結婚後即不得以此理由請求離婚。

此外，受禁治產宣告之心智障礙者的結婚、兩願離婚、收養等行為，無法由其監護人代為決定為之。亦即，必須在當事人同意下，其監護人方可協助申請相關事宜，該行為方為有效。

3.服役

依據我國《簡化領有殘障手冊之殘廢痼疾役男徵兵檢查作業要點》，領有智能障礙、自閉症、精神疾病及重度肢體障礙身心障礙手冊之男士具有免服兵役之資格（內政部，民 85b）。但若身心障礙者接獲服役通知，在身家調查及兵役體檢的過程中，仍沒有提出任何證明文件者，仍應服兵役義務。因此，障礙者應適時地填具免役申請書，附相關文件，申請免服兵役義務，以避免服役後之不適應狀態。

（二）刑法相關事宜

在《中華民國刑法》上，對得以減刑者分為「心神喪失」及「精神耗弱」者，以決定其犯罪行為。其中，「心神喪失者」乃指無自由決定意思之能力者，包括重度以上智能障礙者、中度智能障礙合併精神病者，及輕度智能障礙合併精神病者，其犯罪行為不罰；而精神耗弱者包括中度及輕度智能障礙者，仍應處以罰則，但得以減輕其刑。而在刑事訴訟上，《身心障礙者保護法》第五十七條亦規定，實施刑事訴訟程序之公務員，於身心障礙者涉案或作證時，應就其障礙類別需要，提供必要之協助。如在法庭上提供聽障者手語翻譯服務，以保障其刑事訴訟權益。

（三）信託保障制度

為了使障礙者的財產受到適當保障，各國政府皆有相關的保護措施。我國亦研擬積極的財產管理工具，最具體的為《信託法》（內政部，民 85a）。我國《身心障礙者保護法》第四十三條即規定：「為使身心障礙者於其直系親屬或扶養者老邁時，仍受到應有照顧及保障，中央主管機關應會同相關目的事業主管機關，共同建立身心障礙

者安養監護制度及財產信託制度。」我國《信託法》因而於八十五年公布，《信託業法》則相繼於八十九年公布（內政部，民 93c），以規範信託服務業者，更確實保障障礙者的財產管理利益。

　　信託是一種為他人利益管理財產的制度，制度起源於英美，原始的設計是：信託關係的委託人可將信託財產所有權一分為二，由受益人享有實質上的所有權，受託人則享有名義上的所有權，為一個將財產的所有權與受益權分開的制度，可以協助有相關需求者有效管理其財產（中華民國智障者家長總會，民90）（見圖12-1）。根據信託法則，個人可以為了自己或他人的利益，藉信託契約或遺囑以動產、不動產或其他財產權為標的，成立財產信託。根據我國《信託法》第一條：「所謂信託，係指委託人將財產權移轉或為其他處分，使受託人依信託本旨，為受益人之利益或為特定之目的，管理或處分信託財產的關係。」（內政部，民 85a）

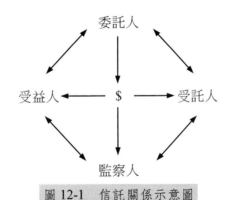

圖 12-1　信託關係示意圖

（中華民國智障者家長總會，民 90，13-14 頁）

　　信託關係中主要關係人物有四，包括委託人、受益人、受託人及監察人：

1. 委託人：是信託關係的發動者、主張者，通常是未成立信託前信託財產的擁有者。

2. 受益人：指因信託成立而享有其中信託利益者，如身心障礙者。

3. 受託人：受託人可以是自然人，也可以是法人。若為前者，則如委託人之可靠親友或受益人之兄長等，但應排除「未成年人、禁治產人及破產人」之身分；若為後者，則必須受《信託業法》的約束進行各種義務（內政部，民 93c）。受託人向委託人或所管理財產中收取手續費及信託管理費。信託財產不會因為受託人的破產而被債權人主張其權利。

4. 監察人：其目的在監察受託人依信託本旨履行職務，以維持成立信託之目的。監察人可為個體（如受益人之可靠親友），或為團體機構。

第三節　現況

我國目前對身心障礙者的福利與權利制度已走向多向度的發展，無論在就醫、就養、就學及就業上，均期能普遍、全面性地訂定政策以照顧身心障礙者。政府單位在訂定法令政策時，會考量障礙者的需求狀況；並且，政府單位多以更積極的策略維護身心障礙者的權利、福利。例如，過去對於公私立機構單位未定額進用身心障礙者，則以最低工資責罰機構，近來勞委會職業訓練局則研擬以累計的方式予以責罰。在宣導上，各單位也利用許多的媒體或講座等宣導管道，力促一般人士對身心障礙者擁有更多正向的認識，以拓展身心障礙者的生涯發展。

然而在實際生活中，真正有福利介入的情況並不理想，就內政部在八十九年所做的「台閩地區身心障礙者生活需求調查報告」所呈現的資料，只有 46.1%的身心障礙者領取居家生活補助，只有 7.52%的身心障礙者（約 46,000 人）曾接受職業訓練（內政部統計處，民 89）。其中政策理想與實際施惠於身心障礙者福利之間的落差，有待政府單位進一步探索檢討。

至於保障的部分，目前台灣地區已有超過六十家銀行及多家保險

業者接受現金信託、保險金信託及／或不動產信託業務委託，使得身心障礙者信託的工作得以更加便利。而部分團體為了保障身心障礙者的個人福利與權利，積極推動相關制度，協助身心障礙者家庭充分運用信託制度。例如，中華民國智障者家長總會已成立信託監察小組，成員有律師、會計師及社工師等，擔任信託監察人工作。

第四節　趨勢討論

我國近幾年對於身心障礙者福利、權利與保障的維護，已較先前有相當大的改變，其精神在於提供身心障礙者最少限制的生活條件。然而截至目前為止，仍有許多應予調整的措施，以作為相關人員努力的方向，茲分析如下：

一、在權利的維護上

權利的維護是為了使每一個人皆有機會享有同等的利益，然而，有時候個人為了主張障礙者的最大權利，而可能侵犯他人相對的權利。例如，我們在談受教權中最少限制環境的安排時，盡可能安排障礙學生在常態環境中學習，並將教育安排賦予家長選擇與同意的權利。但此權利的執行可能同時也因為某個學生的問題行為，而侵犯其他同班同學受教的機會；或者也可能因為家長的認知不夠，一味信從所謂受教權，而不能選擇最適合障礙子女的最佳安排。我國目前在《身心障礙者保護法》與《特殊教育法》中，雖然對特殊學生的教育與生活權利措施皆有相關的規定，但為了使每個人均有適當的權利維護，有待相關單位更進一步的規劃與開發，做到最周延的維護，及最直接的輔導，以使障礙者的權利能夠更長遠可行。

二、在福利工作的執行上

福利工作的執行乃因為障礙者的生活條件限制，而在藉由福利的

設計，使身心障礙者擁有平等的生活條件，更得以在現實條件中參與競爭，其目的在提升障礙者的生活條件及生活品質。我國目前雖然已有相當多的福利措施，然而與歐美先進國家相比，仍相當不足。許多國家，包括美國、瑞典等，對於障礙者及其家庭從出生至終老，提供了全生涯且積極介入的福利。可以說，一個家庭有了障礙的子女，不是該家庭的不幸，而是國家政府的教養責任。然而在我國，若是一個障礙子女出生，仍是家庭相當大的負擔，父母親往往背負著莫大的壓力。再者，如果經濟景氣低迷，常導致對身心障礙者的福利照顧有相當的縮減調整。可知福利的工作仍有相當大的空間應該應變及規劃，並以更積極的政策介入，以使障礙者的家庭有更踏實的教養能力。

三、在保障制度的推行上

保障制度的建立在於對有行為能力限制的障礙者，予以生活、行為及財產的保障。然而，目前我國在保障服務的工作上，似乎仍以較為消極的態度執行。例如，信託制度乃以具有一定經濟水平的家庭為主要服務對象：一來，唯有委託者擁有一定價值以上的財產，才可能需要制度化予以信託；二來，在信託中需要付予信託業者一定金額的服務費用。這對於多半是中低收入戶的身心障礙家庭而言，似乎不過是個遙不可及的保障機制。又如禁治產需要經由障礙者家庭的主動申請方能奏效，但是，一般身心障礙家庭多因所擁有訊息不足，而喪失積極的保障功能。因此，未來在對身心障礙者的各種保障制度上，應更廣泛積極，以切實保障到每個有需求的個案及其家庭。

由於先天的不平等，身心障礙者需要仰賴一個國家政策的維護，方能有良好的生存條件。我國目前已有諸多相關的政策維護，但唯有障礙者本人、其家人及提供服務者明瞭各種相關的資源，方能對身心障礙者的服務更為徹底，而得以提供最符合身心障礙者個別需求的切實服務。

參考書目

中華民國智障者家長總會（民87）：**讓您的孩子有保障**。台北：中華民國智障者家長總會。

中華民國智障者家長總會（民90）：**身心障礙者信託實務操作手冊**。台北：中華民國智障者家長總會。

內政部（民80）：**中華民國七十九年台灣地區低收入戶生活狀況調查報告**。台北：內政部。

內政部（民85a）：**信託法**。台北：內政部。

內政部（民85b）：**簡化領有殘障手冊之殘廢痼疾役男徵兵檢查作業要點**。台北：內政部。

內政部（民87a）：**身心障礙者就業輔助器具補助辦法**。台北：內政部。

內政部（民87b）：**內政部身心障礙者保護委員會組織規程**。台北：內政部。

內政部（民89a）：**社會救助法**。台北：內政部。

內政部（民89b）：**身心障礙者權益受損申訴及仲裁處理要點**。台北：內政部。

內政部（民89c）：**就業服務法**。台北：內政部。

內政部（民91a）：**內政部處務規程**。台北：內政部。

內政部（民91b）：**老人福利法**。台北：內政部。

內政部（民91c）：**兒童福利法**。台北：內政部。

內政部（民92a）：**身心障礙者保護法**。台北：內政部。

內政部（民92b）：**兒童及少年福利法**。台北：內政部。

內政部（民92c）：**建築技術規則建築設計施工編**。台北：內政部。

內政部（民93a）：**身心障礙者保護法**。台北：內政部。

內政部（民93b）：**身心障礙者醫療及輔助器具費用補助辦法**。台北：

內政部。

內政部（民 93c）：**信託業法**。台北：內政部。

內政部兒童局（民 93）：**發展遲緩兒童早期療育通報轉介中心名冊**。
　　93 年 3 月 10 日摘自 http://www.cbi.gov.tw/all-service6.php

內政部統計處（民 89）：**台閩地區八十九年身心障礙者生活需求調查
　　報告**。台北：內政部統計處。

王天苗（民 88）：迎向二十一世紀的障礙者教育。**迎千禧談特教**，
　　1-26 頁。台北：中華民國特殊教育學會。

王天苗、廖鳳瑞、蔡春美、盧明（民 88）：台灣地區發展遲緩幼兒人
　　口調查研究。**特殊教育研究學刊**，17 期，37-57 頁。

王文科（民 90）：發展學校本位課程的理念及實務分析。**國民中學九
　　年一貫課程學校總計畫課程研討會論文集**，3-16 頁。彰化：彰化
　　師範大學。

王志全（民 91）：特殊教育專業團隊之運作。**特殊教育資源整合**，
　　73-92 頁。台北：中華民國特教育學會。

王華沛（民 87）：特殊教育科技之研究與應用。**身心障礙教育研討
　　會：當前身心障礙教育問題與對策**，114-123 頁。台北：行政院
　　國家科學委員會。

王曉嵐、吳亭芳、陳明聰（民 92）：輔助性科技於教室情境中的應
　　用。**特殊教育季刊**，89 期，9-16 頁。

台灣師範大學特殊教育中心（民 87）：**台灣地區特殊教育暨殘障福利
　　機構簡介 87 年版**。台北：台灣師範大學特殊教育中心。

白偉男（民 91）：**物理治療師在早期療育中扮演的角色**。92 年 11 月 4
　　日摘自 http://cares.nsc.gov.tw/im/cen4.htm

朱經明（民 86）：美國障礙者科技法案及其啟示。**國教輔導**，36 卷 3
　　期，2-6 頁。

江樹人（民 85）：**修訂中之美國障礙者教育法案**。92 年 3 月 25 日摘
　　自 http://www.houstoncul.org/ecs/ecs96/ecs15.txt

行政院（民 86）：**國家資訊通信基本建設推動方案**。台北：行政院。

行政院教育改革審議委員會（民 85）：**教育改革總諮議報告書**。台北：行政院教育改革審議委員會。

行政院勞工委員會職業訓練局（民 92）：**促進身心障礙者就業中程計畫**。台北：行政院勞工委員會職業訓練局。

何華國（民 89）：澳洲特殊教育服務過程。**特殊教育季刊**，76 期，1-4 頁。

何華國（民 90）：**特殊兒童心理與教育**，三版。台北：五南。

吳武典（民 76）：**特殊教育法的理念與作法**。台北：心理。

吳武典（民 81）：無障礙校園環境軟硬體設施及其與特殊教育的關聯。**無障礙校園環境實施手冊**，15-24 頁。台北：台灣師範大學特殊教育中心。

吳武典（民 85）：從學校到社區的轉銜服務。**八十四學年度國立台灣師範大學特殊教育中心輔導區特殊教育研究會會議紀錄**，1-4 頁。台北：台灣師範大學特殊教育中心。

吳武典、韓福榮、林純真、林敏慧（民 87）：我國特殊教育師資培育與進用政策之分析與調查研究。**特殊教育研究學刊**，16 期，1-22 頁。

吳昆壽（民 87）：融合教育的省思。**牽引**，127 期，5-8 頁。

吳亭芳、陳明聰、王華沛（民 89）：運用輔助性科技實踐融合教育理念。**e 世代特殊教育**，33-46 頁。台北：中華民國特殊教育學會。

吳亭芳、陳明聰、陳麗如（民 92）：運用電腦科技改善學習障礙學生書寫困難。**特殊教育季刊**，86 期，1-9 頁。

吳訓生（民 84）：啟智班生計教育教材推介。**特教園丁**，11 卷 2 期，14-20 頁。

吳清基（民 81）：無障礙校園環境行政配合的實際措施。**無障礙校園環境實施手冊**，25-29 頁。台北：台灣師範大學特殊教育中心。

吳淑美（民 92）：**融合教育**。92 年 10 月 25 日摘自 http://www.nhctc.

edu.tw/mw/intr.htm.

李天祐（民 88）：中小學校園無障礙電腦環境之簡介。**資訊與教育**，70 期，9-13 頁。

李芃娟（民 86）：聽覺障礙學童輔助工具使用之調查研究。**台南師院學報**，30 期，315-337 頁。

李崇信（民 72）：中重度智能不足者的職業教育。**特殊教育季刊**，9 期，16-20 頁。

李禎祥（民 84）：多媒體電腦科技在聽障學生的教學應用。**特教園丁**，11 卷 1 期，14-17 頁。

李翠玲（民 88）：IEP 的理念與其問題。**竹師特教簡訊**，28 期，1 頁。

李翠玲（民 89）：「個別化教育計畫」納入特教法強制項目後實施現況調查研究。**新竹師院學報**，13 期，65-100 頁。

李翠玲（民 90）：學校行政人員對「個別化教育計畫」之了解與支持態度。**國小特殊教育**，31 期，36-40 頁。

杞昭安（民 90）：視障者定向行動輔具之研究。**特殊教育學報**，15 期，107-127 頁。

周天賜（民 83）：特殊教育相關服務的問題與趨勢。**特殊教育季刊**，53 期，1-7 頁。

周天賜（民 87）：我們不是不教特殊班——特殊教育師資極待解決的幾個問題。**國民教育**，36 卷 6 期，101-105 頁。

周文麗、鄭麗珍、林惠芳（民 89）：台灣早期療育的發展與未來展望。**文教新潮**，4 期，7-12 頁。

周台傑（民 92）：專業團隊在高職教育階段——轉銜服務提供的現況與困境因應。**推波引水**，39 期，4-5 頁。

周俊良（民 92）：在特殊教育法中的個別化教育計畫。**勤耕雨讀**，5 期，92 年 6 月 2 日摘自 http://www.kmsmr.kh.edu.tw/kmsmrbooks/rain05/rainbook3.htm

林千惠（民 88）：啟智班個別化教育計畫實施情況及問題之調查研究。**國立彰化師範大學特殊教育課程與教學研討會論文集**，137-160 頁。彰化：彰化師範大學特殊教育中心。

林玉子（民 81）：日本無障礙環境之現狀。**建築師**，18 卷 5 期，96-100 頁。

林宏熾（民 84）：淺談重度障礙者轉銜階段的生涯規劃。**特教園丁**，11 卷 2 期，5-13 頁。

林宏熾（民 85）：身心障礙者轉銜教育與服務之探討。**特殊學生的學習與轉銜**，203-228 頁。台北：中華民國特殊教育學會。

林宏熾（民 88）：身心障礙者技職教育未來政策方向與展望。**迎千禧談特教**，27-54 頁。台北：中華民國特殊教育學會。

林佩欣、周玫君（民 91）：如何有效溝通以促進特殊教育資源整合。**特殊教育資源整合**，27-38 頁。台北：中華民國特殊教育學會。

林坤燦（民 81a）：無障礙校園環境的過去與現在。**無障礙校園環境實施手冊**，31-35 頁。台北：台灣師範大學特殊教育中心。

林坤燦（民 81b）：無障礙校園環境的實施流程。**無障礙校園環境實施手冊**，123-149 頁。台北：台灣師範大學特殊教育中心。

林孟宗（民 67）：美國最新殘障教育法案九四──一四二評介。**師友**，135 卷，21-23 頁。

林美和（民 81）：**智能不足研究──學習問題與行為輔導**。台北：師大書苑。

林素貞（民 84）：社區本位之生涯教育轉銜模式──生活技能網路系統。**特教園丁**，11 卷 2 期，1-4 頁。

林敏哲（民 81）：走出人生坦途──談殘障者無障礙環境之設置。**社會福利**，99 期，21-24 頁。

林淑玟（民 88）：從各殘障模式分析我國法令對「身心障礙」定義之問題。**迎千禧談特教**，121-136 頁。台北：中華民國特殊教育學會。

林惠芳（民 87）：發展遲緩兒童早期療育個案管理服務。**社會福利**，134 期，62-64 頁。

林麗英（民 87）：發展障礙須及早治療。**社會福利**，134 期，59-61 頁。

林寶貴（民 83）：特殊兒童個別化教育方案之實施。**特教新知通訊**，2 卷 1 期，1-3 頁。

林寶貴（民 91）：**身心障礙相關專業人員專業資源整合介紹**。92 年 4 月 30 日摘自 http://cares.nsc.gov.tw/im/nort1.htm

邱上真（民 88）：融合教育問與答。**迎千禧談特教**，191-210 頁。台北：中華民國特殊教育學會。

侯禎塘（民 83）：美國特殊教育立法發展之背景。**教師天地**，37 期，51-55 頁。

胡永崇（民 91）：啟智班 IEP 實施狀況及啟智班教師對 IEP 態度之研究。**屏東師院學報**，16 期，135-174 頁。

胡永崇（民 92）：個別化教育計畫的困境與檢討：接受問卷調查的啟智班教師之書面陳述意見分析。**屏東師院學報**，18 期，81-120 頁。

孫健忠、張清富（民 85）：八十四年度低收入戶總清查報告。台北：社會局。

高雄市早期療育綜合服務網（民 92）：**服務內容**。民 92 年 3 月 29 日摘自高雄市政府社會局兒童福利服務中心。http://w4.kcg.gov.tw/arly/slow_r.htm

國家科學委員會中區身心障礙者輔具研發中心（民 91）：服務內容。92 年 3 月 29 日摘自 http://www.assistech.idv.tw/at2-1.htm

張世慧（民 85）：早期介入啟蒙方案——美國密蘇里州對障礙者教育法案的回應。**特教新知通訊**，4 卷 1 期，1-3 頁。

張蓓莉（民 78）：創造無障礙的學習環境——簡介資源教室方案的理念。**教與愛**，28 卷，9-12 頁。

張蓓莉（民 81）：序。**無障礙校園環境實施手冊**，3-4 頁。台北：台灣師範大學特殊教育中心。

張蓓莉（民 88）：從個別化教育計畫實施概況談未來應努力的方向。**特教新知通訊**，6 卷 2 期，1-4 頁。

張錫鈞（民 91）：從人因工程觀點對校園無障礙環境的探討──以國立宜蘭技術學院為例。**宜蘭技術學報**，8 期，55-67 頁。

教育部（民 66）：**特殊教育推行辦法**。台北：教育部。

教育部（民 73）：**特殊教育法**。台北：教育部。

教育部（民 77）：**啟智學校班課程綱要**。台北：教育部。

教育部（民 84）：**全國身心障礙教育會議實錄**。台北：教育部。

教育部（民 86）：**特殊教育法**。台北：教育部。

教育部（民 88a）：**身心障礙教育專業團隊設置與實施辦法**。台北：教育部。

教育部（民 88b）：**特殊教育相關專業人員及助理人員遴用辦法**。台北：教育部。

教育部（民 88c）：**特殊教育學生申訴服務設施辦法**。台北：教育部。

教育部（民 88d）：**各級主管教育行政機關提供普通學校輔導特殊教育學生支援服務辦法**。台北：教育部。

教育部（民 88e）：**身心障礙者就業服務機構專業人員遴用暨培訓辦法**。台北：教育部。

教育部（民 90）：**特殊教育法**。台北：教育部。

教育部（民 91a）：**高級中等學校就讀普通班身心障礙學生安置原則與輔導辦法**。台北：教育部。

教育部（民 91b）：**各教育階段身心障礙學生轉銜服務實施要點**。台北：教育部。

教育部（民 92a）：**特殊教育法施行細則**。台北：教育部。

教育部（民 92b）：**強迫入學條例**。台北：教育部。

教育部（民 92c）：**教育部特殊教育通報網**。92 年 12 月 3 日摘自 http://www.set.edu.tw/frame.asp

教育部（民 93）：**特殊教育法**。台北：教育部。

曹淑珊（民 85）：學校無障礙環境概述。**特教園丁**，12 卷 1 期，39-43 頁。

莊妙芬、陳彩緹（民 91）：從專業整合談專業團隊服務之模式與運作。**特殊教育資源整合**，39-56 頁。台北：中華民國特殊教育學會。

許天威（民 82）：特殊青少年的進路方案。**特殊教育通論**，473-515 頁。台北：五南。

郭為藩（民 85）：**特殊兒童心理與教育**。台北：文景。

陳明聰（民 93a）：美國特殊教育法中的輔助性科技。93 年 3 月 13 日摘自 http:/140.130.42.78/%Echen/at.htm

陳明聰（民 93b）：**美國輔助性科技相關立法**。93 年 3 月 14 日摘自 http:/140.130.42.78/hen/uasatlaw.htm.

陳明聰、王聖博、郭俊旻、張祖銘（民 92）：打造無障礙的網路學習環境——網頁內容可及性的問題與改進。**特殊教育季刊**，89 期，1-8 頁。

陳明聰、王華沛（民 87）：北美大學特殊教育輔助性科技方案之研究。**迎千禧談特教**，405-430 頁。台北：中華民國特殊教育學會。

陳姿秀、曹淑珊（民 86）：物理治療師在啟智學校中的角色。**特教園丁**，12 期，15-21 頁。

陳政見、簡華慧（民 88）：英國特殊教育政策演進概述。**迎千禧談特教**，173-190 頁。台北：中華民國特殊教育學會。

陳香（民 92）：「無障礙校園環境」之學校建築實施現況探討。**勤耕雨讀**，5 期。92 年 2 月 25 日摘自 http://www.kmsmr.kh.edu.tw/kmsmrbooks/rain05/rainbook5.htm

陳惠邦、陳麗如（民 86）：**發展與改進智能障礙學生生涯發展教育之研究**。中華民國特殊教育學會八十六年年會論文發表。台北：中華民國特殊教育學會。

陳榮華（民 78）：建立國中啟智班畢業生職業輔導網絡之研究。**特殊教育研究學刊**，5 期，31-80 頁。

陳麗如（民 91）：從美國 DCDT 研討會議省思台灣地區身心障礙者轉銜工作之發展。**特殊教育季刊**，85 期，12-17 頁。

陳麗如（民 92）：具醫療背景特教專業人員之需求性研究。長庚醫院研究計畫成果報告。

陳麗如（民 93）：**國民中小學轉銜服務工作之成效與策略之研究**。國家科學委員會 93 年研究計畫成果報告。

傅秀媚（民 85）：**特殊幼兒教育診斷**。台北：五南。

彭映如（民 89）：無障礙的網路學習環境。**中等教育**，51 卷 1 期，72-76 頁。

曾進興（民 88）：也談專業團隊——兼談語言治療人力資源。**特教新知通訊**，6 期，1-4 頁。

程國選（民 87）：早期介入。**建中學報**，4 期，151-164 頁。

黃志成、王麗美（民 89）：**身心障礙者的福利服務**。台北：亞太圖書。

黃金源（民 83）：父母的處境與心情。**啟智教育教師工作手冊**，6-3 - 6-6 頁。

黃俊瑋（民 87）：早期介入服務模式之探討。**特教園丁**，13 期，3-7 頁。

黃旐濤（民 88）：當前無障礙環境滿意度之調查研究。**社會福利**，140 期，59-66 頁。

黃耀榮（民 87）：無障礙環境設施之規劃理念。**長期照護**，2 卷 1 期，14-20 頁。

楊中信（民 90）：建構溝通無障礙展示設計模式。**科技博物**，5 卷 3

期，38-46頁。

楊國賜（民81）：一般大眾對無障礙校園環境應有的認識。**無障礙校園環境實施手冊**，9-14頁。台北：台灣師範大學特殊教育中心。

萬育維、莊凰如（民84）：從醫療與福利整合的角度探討我國發展遲緩兒童之早期療育制度之規劃。**社區發展季刊**，72卷，48-61頁。

劉世閔（民92）：也來百姓放火：談校園無障礙環境。**國教輔導**，42卷3期，19-23頁。

蔣明珊、沈慶盈（民89）：早期介入。**特殊教育理論與實務**，653-714頁。台北：心理。

蔡秉燁、蘇俊鴻（民92）：特殊教育網路個別化教育計畫系統之規劃與發展。**特殊教育季刊**，89期，17-23頁。

蔡阿鶴（民74）：特殊兒童的親職教育。**國教之友**，37卷1期，6-8頁。

衛生署（民89）：**全民健康保險醫療辦法**。台北：行政院衛生署。

衛生署（民90a）：**全民健康保險法**。台北：行政院衛生署。

衛生署（民90b）：**全民健康保險法施行細則**。台北：行政院衛生署。

賴慧貞、徐弘正、潘文弘、吳坤霖、許國敏（民82a）：障礙兒日間托育與復健治療結合之成效報告。**中華復健醫誌**，21卷，117-124頁。

賴慧貞、潘文弘、徐弘正、吳坤霖、許國敏（民82b）：台灣早期療育資源探討。**中華復健醫誌**，21卷，125-133頁。

總統府（民89）：**中華民國憲法增修條文**。台北：總統府。

謝建全（民81）：簡介影響美國特殊教育的訴訟案件與相關法案。**特教園丁**，8卷1期，3-10頁。

謝建全（民88）：身心障礙學生個別化教育計畫（IEP）之探討。**國教之聲**，32卷4期，15-22頁。

羅湘敏（民 84）：障礙兒童親職教育理念的演變。**國教天地**，109
期，17-22 頁。

Alberta Education Response Centre (1992). Transition planning for young ad-
ults with intellectual disabilities. A resouce guide for families, teacher-
sand counsellors. Canada. CERIC Document Reproduction Service No.
355 676.

American Academy of Pediatrics (1992). Pediatrician's role in the develop-
ment and implementation of an individual education plan (IEP) and/or an
individual family service plan (IFSP). *Pediatrics, 89* (2), 340-342.

American Academy of Pediatrics (2001). Developmental surveillance and
screening of infants and young children (RE0062). *Pediatrics, 108* (1),
192-196.

Ashton, T. M. (2000). Assistive technology. *Journal of Special Education
Technology, 15* (1), 57-58.

Baker, E. T., Wang, C., & Walberg, H. J. (1995). The effects of inclusion on
learning. *Educational Leadership, 52* (4), 33-35.

Bartlett, L. (2000). Medical services: The disputed related service. *The Journal
of Special Education, 33* (4), 215-223.

Beirne-Smith, M., Patton, J., & Ittenbach, R. (1994). *Mental retardation*. New
York: Merrill.

Blackhurst, A. E. (1981). Noncategorical teacher preparation: Problems and
promises. *Exceptional Children, 48* (3), 197-205.

Bluestone, M. A. (1985). *Decreasing pica by antecedent scavenging behavi-
ors*. Paper presented at the annual meeting of the American Psychological
Association. (ERIC Document Reproduction Service No. ED 268 745)

Bowser, G., & Reed, P. (1995). Education TECH points for assistive technol-
ogy planning. *Journal of Special Education Technology, 12* (4), 325-338.

Brolin, D. E. (1995). *Career education: A functional life skill approach* (3rd ed.). Columbus, OH: Prntice-Hall.

Brown, D., Brooks, L., & Associates. (1990). *Career choice and development* (2nd ed.) California: Jossey-Bass.

Butler, S. E., Crudden, A., Sansing, W. K., & LeJeune, B. J. (2002). Employment barriers: Access to assistive technology and research needs. *Journal of Visual Impairment and Blindness, 96* (9), 664-667.

Caldwell, T., & Sirvis, B. (1991). Students with special health condition : An emerging population presents new challenges. *Preventing School Failure, 35* (3), 13-18.

Cavanaugh, T. (2002). The need for assistive technology in educational technology. *Educational Technology Review, 10* (1), 2610-2616.

CEC (1997). *CEC Policies—Basic commitments and responsibilities to exceptional children* . CEC Policy Manual. 30th, October 1997 from http://www.cec.sped.org/pp/policies/ch3.htm

Clark, G., & Kolstoe, O. P. (1995). *Career development and transition education for adolescents with disabilities* (2nd ed.). MA: Allyn and Bacon.

Clark, S. G. (2000). The IEP process as a tool for collaboration. *Teaching Exceptional Children, 33* (2), 56-66.

Council for Exceptional Children (2003). Quality reschool education pays off. *CEC Today, 9*(6), 6.

D'Alonzo, B. J., & Boggs, E. T. (1990). A review of the regular education initiative. *Preventing School Failure, 35* (1),18-23.

Dede, C. (2003). No Child Left Behind: Why education policy is not like the movies. *Educational Technology, 43* (2), 5-10.

Dietrich, D. J. (1978). *Mainstreaming special needs students in vocational education.* Pennsylvania. (ERIC Document Reproduction Service No. ED 159 361)

Dowling-Sendor, B. (2000). How far should an IEP go? *American School Bo-*

ard Journal, 187 (12), 16-17.

Dunst, C. J., & Bruder, M.B. (2002). Valued outcomes of service coordination, early intervention, and natural environments. *Exceptional Children, 68* (3), 361-375.

Edyburn, D. L. (2002). Research and practice. *Journal of Special Education Technology, 18* (1), 53-55.

Erekson, T. L. (1980). Barrier-free access: Industrial arts should be teaching it! *Man Society Technology, 40* (2), 6-8.

Espin, C. A., Deno, S. L., & Albayrak-Kaymak, D. (1998). Individualized education programs in resource and inclusive settings: How "individualized" are they? *Journal of Special Education, 32* (3), 164-174.

Essex, N., Schifani, J., & Bowman, S. (1994). Handle with care--Your schools' tough new challenge: Educating medically fragile children. *The American School Board Journal, 181* (3), 50-53.

Farrell, P. (2001). Special education in the last twenty years: Have things really got better? *British Journal of Special Education, 28* (1), 3-9.

Force, D., & Schallhorn, P. (1993). *Reverse mainstreaming: A team-teaching model for integrative education.* Paper presented at the Annual Conference of National Middle School Association. (ERIC Document Reproduction Service No. ED 368 091)

Forgrave, K. E. (2002). Assistive technology: Empowering students with learning disabilities. *Clearing House, 75* (3), 122-126.

Fuchs, D., & Fuchs, L. S. (1995). Sometimes separate is better. *Educational Leadership, 52* (4), 22-26.

Gallagher , J. J. (2000). The beginnings of federal help for young children with disabilities. *Topics in Early Children Special Education, 20* (1), 3-6.

Gallaher, M. M., Christakis, D. A., & Connell, F. A. (2002). Health care use by children diagnosed as having development delay. *Archives of Pediatrics and Adolescent Medicine, 156* (3), 246-252.

Glimps, B. E. (1984). *Helping the helpers: Increasing parent involvement.* Paper presented at the Annual Convention of the Council for Exceptional Children . (ERIC Document Reproduction Service No. ED 246 617)

Grisham-Brown, J. (2000). Transdisciplinary activity-based assessment for young children with multiple disabilities: A program planning approach. *Young Exceptional Children, 3* (2), 3-10.

Halpern, A. S. (1985). Transition: A look at the foundations. *Exceptional Children, 51* (6), 479-486.

Halpern, A. S. (1993). Quality of life as a conceptual framework for evaluala-tion outcomes. *Exceptional Children, 59,* 486-498.

Halpern, A. S. (1994). The transition of youth with disabilities to adult life: A position statement of the division on career development and transition. *Career Development for Exceptional Individuals, 17* (2), 115-124.

Hindman, S. E. (1986). The law, the courts, and the education of behaviorally disordered students. *Behavioral Disorders, 11* (4), 280-289.

Hobbs, T., & Allen, W. T. (1989). *Preparing for the future: A practical guide for developing individual transition plans.* (ERIC Document Reproduction Service No. ED 337 933)

Hobbs, T., & Westling, D. L. (2002). Mentoring for inclusion: A model class for special and general educators. *Teacher Educator, 37* (3), 186-201.

Huefner, D. S. (2000). The risks and opportunities of the IEP requirements under IDEA'97. *Journal of Special Education, 33* (4), 195-204.

Hypponen, H. (1997). Disability and ageing-Concept definitions. 18th, March 2004 from http://www.stakes.fi/include/incc301.html

Idol-Maestas, L., Lloyd, S., & Lilly, M. S. (1981). Implementation of a non-categorical approach to direct service and teacher education. *Exceptional Children, 48* (3), 213-219.

Inge, K. J. (1992). *Transition from school to adulthood for young people with disabilities*. National Institution on Disability and Rehabilitation Research, Washington, DC. (ERIC Document Reproduction Service No. ED 350 748)

Jeschke, T. A. (1994). *Special education: Program evaluation, 1993-1994*. Des Moines Public Schools IA. (ERIC Document Reproduction Service No. ED 373 503)

Kaczmarek, L., Pennington, R., & Goldstein, H. (2000). Transdisciplinary consultation: A center-based team functioning model. *Education and Treatment of Children, 23* (2), 156-172.

Kapperman, G., Sticken, J., & Heinze, T. (2002). Survey of the use of assistive technology by Illinois students who are visually impaired. *Journal of Visual Impairment and Blindness, 96* (2), 106-108.

Katsiyannis, A., Yell, M. L., & Bradley, R. (2001). Reflections on the 25th anniversary of the Individuals with Disabilities Education Act. *Remedial and Special Education, 22* (6), 324-334.

Kauffman, J. M. (1989). The regular education initiative as Reagan-Bush education policy: A trickle-down theory of education of the hard-to-reach. *Journal of Special Education, 13* (3), 201-223.

Kavale, K. A. (2002). Mainstreaming to full inclusion: From orthogenesis to pathogenesis of an idea. *International Journal of Disability, Development and Education, 49* (2), 201-214.

Keyes, M. W., & Owens-Johnson, L. (2003). Developing person-centered IEPs. *Intervention in School and Clinic, 38* (3), 145-152.

Kirk, S. A., & Gallagher, J. J. (1983). *Educating Exceptional Children* (4th ed.). Dallas: Houghton Mifflin.

Lahm, E. A., & Sizemore, L. (2002). Factors that influence assistive technology decision making. *Journal of Special Education Technology, 17* (1), 15-26.

LeBlanc, L. A., Piazza, C. C., & Krug, M. A. (1997). Comparing methods for maintaining the safety of a child with pica. *Research in Developmental Disabilities, 18* (3), 215-220.

Lehr, D. H. (1990). Providing education to students with complex health care needs. *Focus on Exceptional Children, 22* (7), 1-12.

Lewis, R. S. (1993). *Specail education technology: Classroom applications.* Pacific Grove, CA: Cole.

Lytle, R. K., & Bordin, J. (2001). Enhancing the IEP team: Strategies for parents and professionals. *Teaching Exceptional Children, 33* (5), 40-44.

McLoughlin, J. A., Edge, D., Petrosko, J., & Strenecky, B. (1985). What information do parents of handicapped children need? A question of perspective. *The Journal of Special Education, 19* (2), 237-247.

Menolascino, F. J. (1979). Handicapped children and youth: Current-future international perspectives and challenges. *Exceptional Children, 46* (3), 168-173.

Mock, D. R., & Kauffman, J. M. (2002). Preparing teachers for full inclusion: Is it possible? *Teacher Educator, 37* (3), 202-215.

Morse, T. E. (2000). Ten events that shaped special education's century of dramatic change. *International Journal of Educational Reform, 9* (1), 32-38.

Muhlenhaupt, M. (2002). Family and school partnerships for IEP development. *Journal of Visual Impairment and Blindness, 96* (3), 175-178.

Ogletree, B. T., Bull, J., Drew, R., & Lunnen, K. Y. (2001). Team-based service delivery for students with disabilities: Practice options and guidelines for success. *Intervention in School and Clinic, 36* (3), 138-145.

O'Neill, P. T. (2001). Special education and high stakes testing for high school graduation: An analysis of current law and policy. *Journal of Law and Education, 30* (2), 185-222.

Osborne, S., Garland, C., & Fisher, N. (2002). Caregiver training: Changing minds, opening doors to inclusion. *Infants and Young Children, 14* (3), 43-53.

Parette, H. P., & Bartlett, C. S. (1996). Collaboration and ecological assessment: Bridging the gap between medical and educational environments for students who are medically fragile. *Physical Disabilities: Education and Related Services, 15* (1), 33-47.

Parette, P., & McMahan, G. A. (2002). What should we expect of assistive technology? *Teaching Exceptional Children, 35* (1), 56-61.

Phillips, W. L., Allred, K., Brulle, A. R., & Shank, A. S. (1990). The regular education initiative: The will and skill of regular educators. *Teacher Education and Special Education, 13* (3), 182-186.

Pramenter, T. R., Riches, V. C. (1990). Establishing individual transition planning for students with disabilities within the NSW department of school education. North Ryde: Macquarie University School of Education. (ERIC Document Reproduction Service No. ED 358 625)

Prater, M. A. (2003). She will succeed! Strategies for success in inclusive classrooms. *Teaching Exceptional Children, 35* (5), 58-64.

Rainforth, B. (2000). Preparing teachers to educate students with severe disabilities in inclusive settings despite contextual constraints. *Journal of the Association for Persons with Severe Handicaps, 25* (2), 83-91.

Robinson, C. C., & Others. (1988). *Parent involvement in early childhood special education.* Virginia. (ERIC Document Reproduction Service No. ED 302 968)

Rosenkcetter, S., & Shots, C. (1991). *Family partnership in transition planning packet. Bridging early services transition project.* Kansas. (ERIC Document Reproduction Service No. ED 377 604)

Rusch, F. R., & Menchetti, B. M. (1988). Transition in the 1990s: A reply to Knowlton and Clark. *Exceptional Children, 54* (4), 363-365.

Sapon-Shevin, M. (1996). Full inclusion as disclosing tablet: Revealing the flaws in our present system. *Theory into Practice, 35* (1), 35-41.

Seligman, M. (1991). *The family with a handicapped child* (2nd ed.). MA: Allyn and Bacon.

Senate and House of Representatives of the U.S.A. (1997). *Individuals with Disabilities Education Act.*

Shanker, A. (1995). Full inclusion is neither free nor appropriate. *Educational Leadership, 52* (4), 18-21.

Shriner, J. G., & DeStefano, L. (2003). Participation and accommodation in state assessment: The role of individualized education programs. *Exceptional Children, 69* (2), 147-161.

Simpson, E. J. (1973). The home as a career education center. *Exceptional Children, 39*, 360-365.

Slade, J. C. (1988). Why siblings of handicapped children need the attention and help of the counselor. *The School Counselor, 35* (2), 107-111.

Smith, S. J., & Robinson, S. (2003). Technology integration through collaborative cohorts: Preparing future teachers to use technology. *Remedial and Special Education, 24* (3), 154-160.

Snyder, E. P. (2002). Teaching students with combined behavioral disorders and mental retardation to lead their own IEP meeting. *Behavioral Disorders, 27* (4), 340-357.

Somers, A. E. (1982). *We can do it together! Coping skills and resources for parents of handicapped children.* Nevada. (ERIC Document Reproduction Service No. ED 220 998)

Stainback, S., & Stainback, W. (1992). Including students with severe disabilities in the regular classroom curriculum. *Preventing School Failure, 37* (1), 26-30.

Stanovich, P. J., & Jordan, A. (2002). Preparing general educators to teach in inclusion classroom: Some food for thought. *The Teacher Educator, 37* (3), 173-185.

Thomas, S. B., & Rapport, M. J. K. (1998). Least restrictive environment: Understanding the direction of the courts. *The Journal of Special Education, 32* (2), 66-78.

Tisot, C. M., & Thurman, S.K. (2002). Using behavior setting theory to define natural settings: A family-centered approach. *Innovations in Practice, 14* (3), 65-71.

Ulrich, M. E., & Bauer, A. M. (2003). Levels of awareness: A closer look at communication between parents and professionals. *Teaching Exceptional Children, 35* (6), 20-24.

Velleman, R. A. (1980). Architectural and program accessibility: A review of library programs, facilities and publications for librarians serving disabled individuals. *Drexel Library Quarterly, 16* (2), 32-47.

Vergason, G. A., & Anderegg, M. L. (1991). Beyond the regular education initiative and the resource room controversy. *Focus on Exceptional Children, 23* (7), 1-7.

Wehman, P. (1992). *Life beyond the classroom.* Baltimore: Brookes.

Wehman, P., Kregel, J., & Barcus, J. M. (1985). From school to work: A vocational transition model for handicapped students. *Exceptional Children, 52* (1), 25-37.

Wehmeyer, M. (1993). *Promoting self-determination using the life centered career education curriculum.* Paper presented at the Annual Convention of the Council for Exceptional Children. (ERIC Document Reproduction Service No. ED 364 006)

Yell, M. L., & Shriner, J. G. (1997). The IDEA amendments of 1997: Implications for special and general education teachers, administrators, and teacher trainers. *Focus on Exceptional Children, 30* (1), 1-19.

Ysseldyke, J. E., Algozzine, B., & Thurlow, M. L. (1992). *Critical issues in special education* (2nd ed.). New Jersey: Houghton Mifyflin.

Zinkil, S. S., & Gilbert, T. S. (2000). Parents' view: What to consider when contemplating inclusion. *Intervention in School and Clinic, 35* (4), 224-227.

附錄一　特殊教育法

1. 中華民國七十三年十二月十七日總統公布全文 25 條

2. 中華民國八十六年五月十四日總統修正公布全文 33 條

3. 中華民國九十年十二月二十六日總統修正發布部分條文

4. 中華民國九十三年六月二十三日總統增訂公布第 31-1 條條文

第 1 條　　　為使身心障礙及資賦優異之國民，均有接受適性教育之權
　　　　　　利，充分發展身心潛能，培養健全人格，增進服務社會能
　　　　　　力，特制定本法；本法未規定者，依其他有關法律之規
　　　　　　定。

第 2 條　　　本法所稱主管教育行政機關：在中央為教育部；在直轄市
　　　　　　為直轄市政府；在縣（市）為縣（市）政府。
　　　　　　本法所定事項涉及各目的事業主管機關業務時，各該機關
　　　　　　應配合辦理。

第 3 條　　　本法所稱身心障礙，係指因生理或心理之顯著障礙，致需
　　　　　　特殊教育和相關特殊教育服務措施之協助者。
　　　　　　本法所稱身心障礙，指具有左列情形之一者：
　　　　　　一、智能障礙。
　　　　　　二、視覺障礙。
　　　　　　三、聽覺障礙。
　　　　　　四、語言障礙。
　　　　　　五、肢體障礙。
　　　　　　六、身體病弱。
　　　　　　七、嚴重情緒障礙。
　　　　　　八、學習障礙。

九、多重障礙。

十、自閉症。

十一、發展遲緩。

十二、其他顯著障礙。

前項各款鑑定之標準，由中央主管教育行政機關會商相關機關定之。

第 4 條　本法所稱資賦優異，係指在左列領域中有卓越潛能或傑出表現者：

一、一般智能。

二、學術性向。

三、藝術才能。

四、創造能力。

五、領導能力。

六、其他特殊才能。

前項各款鑑定之標準，由中央主管教育行政機關定之。

第 5 條　特殊教育之課程、教材及教法，應保持彈性，適合學生身心特性及需要；其辦法，由中央主管教育行政機關定之。

對身心障礙學生，應配合其需要，進行有關復健、訓練治療。

第 6 條　各級主管教育行政機關為研究改進特殊教育課程、教材教法及教具之需要，應主動委託學術及特殊教育學校或特殊教育機構等相關單位進行研究。

中央主管教育行政機關應指定相關機關成立研究發展中心。

第 7 條　特殊教育之實施，分下列三階段：

一、學前教育階段，在醫院、家庭、幼稚園、托兒所、特殊幼稚園（班）、特殊教育學校幼稚部或其他適當場所實施。

二、國民教育階段，在醫院、國民小學、國民中學、特殊
　　教育學校（班）或其他適當場所實施。

三、國民教育階段完成後，在高級中等以上學校、特殊教
　　育學校（班）、醫院或其他成人教育機構等適當場所
　　實施。

為因應特殊教育學校之教學需要，其教育階段及年級安
排，應保持彈性。

第 8 條　學前教育及國民教育階段之特殊教育，由直轄市或縣
（市）主管教育行政機關辦理為原則。

國民教育完成後之特殊教育，由各級主管教育行政機關辦
理。

各階段之特殊教育，除由政府辦理外，並鼓勵或委託民間
辦理。主管教育行政機關對民間辦理特殊教育應優予獎
助；其獎助對象、條件、方式、違反規定時之處理及其他
應遵行事項之辦法，由中央主管教育行政機關定之。

第 9 條　各階段特殊教育之學生入學年齡及修業年限，對身心障礙
國民，除依義務教育之年限規定辦理外，並應向下延伸至
三歲，於本法公布施行六年內逐步完成。

國民教育階段身心障礙學生因身心發展狀況及學習需要，
得經該管主管教育行政機關核定延長修業年限，並以延長
二年為原則。

第 10 條　為執行特殊教育工作，各級主管教育行政機關應設專責單
位，各級政府承辦特殊教育業務人員及特殊教育學校之主
管人員，應優先任用相關專業人員。

第 11 條　各師範校院應設特殊教育中心，負責協助其輔導區內特殊
教育學生之鑑定、教學及輔導工作。

大學校院設有教育院、系、所、學程或特殊教育系、所、
學程者，應鼓勵設特殊教育中心。

第 12 條　直轄市及縣（市）主管教育行政機關應設特殊教育學生鑑定及就學輔導委員會，聘請衛生及有關機關代表、相關服務專業人員及學生家長代表為委員，處理有關鑑定、安置及輔導事宜。有關之學生家長並得列席。

第 13 條　各級學校應主動發掘學生特質，透過適當鑑定，按身心發展狀況及學習需要，輔導其就讀適當特殊教育學校（班）、普通學校相當班級或其他適當場所。身心障礙學生之教育安置，應以滿足學生學習需要為前提下，最少限制的環境為原則。直轄市及縣（市）主管教育行政機關應每年重新評估其教育安置之適當性。

第 14 條　對於就讀普通班之身心障礙學生，應予適當安置及輔導；其安置原則及輔導方式之辦法，由各級主管教育行政機關定之。

為使普通班老師得以兼顧身心障礙學生及其他學生之需要，身心障礙學生就讀之普通班應減少班級人數；其減少班級人數之條件及核算方式之辦法，由各級主管教育行政機關定之。

第 15 條　各級主管教育行政機關應結合特殊教育機構及專業人員，提供普通學校輔導特殊教育學生之有關評量、教學及行政支援服務；其支援服務項目及實施方式之辦法，由中央主管教育行政機關定之。

第 16 條　特殊教育學校（班）之設立，應力求普及，以小班、小校為原則，並朝社區化方向發展。少年矯正學校、社會福利機構及醫療機構附設特殊教育班，應報請當地主管教育行政機關核准後辦理。

第 17 條　為普及身心障礙兒童及青少年之學前教育、早期療育及職業教育，各級主管教育行政機關應妥當規劃加強推動師資培訓及在職訓練。

特殊教育學校置校長，其聘任資格依教育人員任用條例之規定，聘任程序比照各該校所設學部最高教育階段之學校法規之規定。特殊教育學校（班）、特殊幼稚園（班），應依實際需要置特殊教育教師、相關專業人員及助理人員。特殊教育教師之資格及聘任，依師資培育法及教育人員任用條例之規定；相關專業人員及助理人員之類別、職責、遴用資格、程序、報酬及其他權益事項之辦法，由中央主管教育行政機關定之。

特殊教育學校（班）、特殊幼稚園（班）設施之設置，應以適合個別化教學為原則，並提供無障礙之學習環境及適當之相關服務。

前二項人員之編制、設施規模、設備及組織之設置標準，由中央主管教育行政機關定之。

第 18 條　設有特殊教育系（所）之師範大學、師範學院或一般大學，為辦理特殊教育各項實驗研究，並供教學實習，得附設特殊教育學校（班）。

第 19 條　接受國民教育以上之特殊教育學生，其品學兼優或有特殊表現者，各級政府應給予獎助；家境清寒者，應給予助學金、獎學金或教育補助費。

前項學生屬身心障礙者，各級政府應減免其學雜費，並依其家庭經濟狀況，給予個人必需之教科書及教育補助器材。

身心障礙學生於接受國民教育時，無法自行上下學者，由各級政府免費提供交通工具；確有困難，無法提供者，補助其交通費。

前三項獎助之對象、條件、金額、名額、次數及其他應遵行事項之辦法，由各級政府定之。

第 20 條　身心障礙學生，在特殊教育學校（班）修業期滿，依修業

情形發給畢業證書或修業證書。

對失學之身心障礙國民，應辦理學力鑑定及規劃實施免費成人教育；其辦理學力鑑定及實施成人教育之對象、辦理單位、方式及其他相關事項之辦法，由各級主管教育行政機關定之。

第 21 條　完成國民教育之身心障礙學生，依其志願報考各級學校或經主管教育行政機關甄試、保送或登記、分發進入各級學校，各級學校不得以身心障礙為由拒絕其入學；其升學輔導辦法，由中央主管教育行政機關定之。

各級學校入學試務單位應依考生障礙類型、程度，提供考試適當服務措施，由各試務單位於考前訂定公告之。

第 22 條　身心障礙教育之診斷與教學工作，應以專業團隊合作進行為原則，集合衛生醫療、教育、社會福利、就業服務等專業，共同提供課業學習、生活、就業轉銜等協助；身心障礙教育專業團隊設置與實施辦法，由中央主管教育行政機關定之。

第 23 條　各級主管教育行政機關應每年定期舉辦特殊教育學生狀況調查及教育安置需求人口通報，出版統計年報，並依據實際需求規劃設立各級特殊學校（班）或其他身心障礙教育措施及教育資源的分配，以維護特殊教育學生接受適性教育之權利。

第 24 條　就讀特殊學校（班）及一般學校普通班之身心障礙者，學校應依據其學習及生活需要，提供無障礙環境、資源教室、錄音及報讀服務、提醒、手語翻譯、調頻助聽器、代抄筆記、盲用電腦、擴視鏡、放大鏡、點字書籍、生活協助、復健治療、家庭支援、家長諮詢等必要之教育輔助器材及相關支持服務；其實施辦法，由各級主管教育行政機關定之。

第 25 條　為提供身心障礙兒童及早接受療育之機會，各級政府應由
　　　　　醫療主管機關召集，結合醫療、教育、社政主管機關，共
　　　　　同規劃及辦理早期療育工作。
　　　　　對於就讀幼兒教育機構者，得發給教育補助費。

第 26 條　各級學校應提供特殊教育學生家庭包括資訊、諮詢、輔
　　　　　導、親職教育課程等支援服務，特殊教育學生家長至少一
　　　　　人為該校家長會委員。

第 27 條　各級學校應對每位身心障礙學生擬定個別化教育計畫，並
　　　　　應邀請身心障礙學生家長參與其擬定與教育安置。

第 28 條　對資賦優異者，得降低入學年齡或縮短修業年限；縮短修
　　　　　業年限之資賦優異學生，其學籍、畢業資格及升學，比照
　　　　　應屆畢業學生辦理；其降低入學年齡、縮短修業年限與升
　　　　　學及其他相關事項之辦法，由中央主管教育行政機關定
　　　　　之。

第 29 條　資賦優異教學，應以結合社區資源、參與社區各類方案為
　　　　　主，並得聘任具特殊專才者為特約指導教師。
　　　　　各級學校對於身心障礙及社經文化地位不利之資賦優異學
　　　　　生，應加強鑑定與輔導。

第 30 條　各級政府應按年從寬編列特殊教育預算，在中央政府不得
　　　　　低於當年度教育主管預算百分之三；在地方政府不得低於
　　　　　當年度教育主管預算百分之五。
　　　　　地方政府編列預算時，應優先辦理身心障礙學生教育。
　　　　　中央政府為均衡地方身心障礙教育之發展，應視需要補助
　　　　　地方人事及業務經費以辦理身心障礙教育。

第 31 條　各級主管教育行政機關為促進特殊教育發展及處理各項權
　　　　　益申訴事宜，應聘請專家、學者、相關團體、機構及家長
　　　　　代表為諮詢委員，並定期召開會議。
　　　　　為保障特殊教育學生教育權利，應提供申訴服務；其申訴

案件之處理程序、方式及其他相關服務事項之辦法，由中央主管教育行政機關定之。

第 31-1 條　公立特殊教育學校之場地、設施與設備提供他人使用、委託經營、獎勵民間參與，與學生重補修、辦理招生、甄選、實習、實施推廣教育等所獲之收入及其相關支出，應設置專帳以代收代付方式執行，其賸餘款並得滾存作為改善學校基本設施或充實教學設備之用，不受預算法第十三條、國有財產法第七條及地方公有財產管理相關規定之限制。

前項收支管理作業規定，由中央主管教育行政機關定之。

第 32 條　本法施行細則，由中央主管教育行政機關定之。

第 33 條　本法自公布日施行。

附錄二　特殊教育法施行細則

1. 中華民國七十六年三月二十五日教育部發布全文 30 條
2. 中華民國八十七年五月二十九日教育部修正發布全文 22 條
3. 中華民國八十八年八月十日教育部修正發布部分條文
4. 中華民國九十一年四月十五日教育部修正發布部分條文；並刪除第 2 條條文
5. 中華民國九十二年八月七日教育部修正發布部分條文

第 1 條　本細則依特殊教育法（以下簡稱本法）第三十二條規定訂定之。

第 2 條　（刪除）

第 3 條　本法第七條第一項第一款所稱特殊幼稚園，指為身心障礙或資賦優異者專設之幼稚園；所稱特殊幼稚班，在幼稚園為身心障礙或資賦優異者專設之班。

本法第七條第一項第二款及第三款所稱特殊教育學校，指為身心障礙或資賦優異者專設之學校；所稱特殊教育班，指在國民小學、國民中學、高級中學、職業學校或依本法第十六條第二項為身心障礙或資賦優異者專設之班。

本法第七條第一項第三款所稱高級中等以上學校，指高級中學、職業學校、專科學校及大學。

第 4 條　政府、民間依本法第八條規定辦理特殊教育學校（班）者，其設立、變更及停辦之程序如下：

一、公立特殊教育學校：

（一）國立者，由中央主管教育行政機關核定。

（二）直轄市及縣（市）立者，由直轄市及縣（市）主管教育行政機關核定，報請中央主管教育行政機關備查。

二、公立學校之特殊教育班：由學校之主管教育行政機關核定。

三、私立特殊教育學校：依私立學校法規定之程序辦理。

四、私立學校之特殊教育班：由學校之主管教育行政機關核定。

各階段特殊教育除依前項規定辦理外，公、私立學校並得依學生之特殊教育需要，自行擬具特殊教育方案，向各級主管教育行政機關申請辦理之；其方案之基本內容及申請程序，由各級主管教育行政機關定之。

第5條　各級主管教育行政機關得依本法第八條第三項委託民間辦理特殊教育學校（班）或其他教育方案，其委託方式及程序，由各該主管教育行政機關定之。

第6條　為辦理本法第九條第一項身心障礙學生入學年齡向下延伸至三歲事項，直轄市、縣（市）政府應普設學前特殊教育設施，提供適當之相關服務。

直轄市、縣（市）政府對於前項接受學前特殊教育之身心障礙學生，應視實際需要提供教育補助費。

第一項所稱學前特殊教育設施，指在本法第七條第一項第一款所定場所設置之設備或提供之措施。

第7條　學前教育階段身心障礙兒童，應以與普通兒童一起就學為原則。

第8條　本法第十條所稱專責單位，指於各級主管教育行政機關置專任人員辦理特殊教育行政工作之單位。

第9條　本法第十二條所稱特殊教育學生鑑定及就學輔導委員會（以下簡稱鑑輔會），應以綜合服務及團隊方式，辦理下列事項：

一、議決鑑定、安置及輔導之實施方式與程序。

二、建議專業團隊及特殊教育資源中心應遴聘之專業人

員。

三、評估特殊教育工作績效。

四、執行鑑定、安置及輔導工作。

五、其他有關特殊教育鑑定、安置及輔導事項。

直轄市、縣（市）主管教育行政機關應從寬編列鑑輔會年度預算，必要時，由中央主管教育行政機關補助之。

鑑輔會應置主任委員一人，由直轄市、縣（市）主管教育行政機關首長兼任之；並指定專任人員辦理鑑輔會事務。

鑑輔會之組織及運作方式，由直轄市、縣（市）主管教育行政機關定之。

第 10 條　直轄市、縣（市）主管教育行政機關應結合鑑輔會、特殊教育資源中心、特殊教育諮詢委員會、身心障礙教育專業團隊及其他相關組織，建立特殊教育行政支援系統；其聯繫及運作方式，由直轄市、縣（市）主管教育行政機關定之。

前項所稱特殊教育資源中心，指直轄市、縣（市）主管教育行政機關為協助辦理特殊教育相關事項所設之任務編組；其成員，由直轄市、縣（市）主管教育行政機關就學校教師、學者專家或相關專業人員聘兼之。

第 11 條　鑑輔會依本法第十二條安置身心障礙學生，應於身心障礙學生教育安置會議七日前，將鑑定資料送交學生家長；家長得邀請教師、學者專家或相關專業人員陪同列席該會議。

鑑輔會應就前項會議所為安置決議，於身心障礙學生入學前，對安置機構以書面提出下列建議：

一、安置場所環境及設備之改良。

二、復健服務之提供。

三、教育輔助器材之準備。

四、生活協助之計畫。

前項安置決議，鑑輔會應依本法第十三條每年評估其適當性；必要時，得視實際狀況調整安置方式。

第 12 條　國民教育階段特殊教育學生之就學以就近入學為原則。但其學區無合適特殊教育場所可安置者，得經其主管鑑輔會鑑定後，安置於適當學區之特殊教育場所。

前項特殊教育學生屬身心障礙者，直轄市、縣（市）主管教育行政機關應依本法第十九條第三項規定，提供交通工具或補助其交通費。

第 13 條　依本法第十三條輔導特殊教育學生就讀普通學校相當班級時，該班級教師應參與特殊教育專業知能研習，且應接受特殊教育教師或相關專業人員所提供之諮詢服務。

本法第十三條所稱輔導就讀特殊教育學校（班），指下列就讀情形：

一、學生同時在普通班及資源班上課者。

二、學生同時在特殊教育班及普通班上課，且其在特殊教育班上課之時間超過其在校時間之二分之一者。

三、學生在校時間全部在特殊教育班上課者。

四、學生在特殊教育學校上課，且每日通學者。

五、學生在特殊教育學校上課，且在校住宿者。

第 14 條　資賦優異學生入學後，學校應予有計畫之個別輔導；其輔導項目，應視學生需要定之。

第 15 條　資賦優異學生，如須轉入普通班或一般學校就讀者，原就讀學校應輔導轉班或轉校，並將個案資料隨同移轉，以便追蹤輔導。

第 16 條　各級主管教育行政機關於依本法第二十三條實施特殊教育學生狀況調查後，應建立各階段特殊教育學生通報系統，並與衛生、社政主管機關所建立之通報系統互相協調、結

合。

本法第二十三條所定出版統計年報，應包含接受特殊教育服務之學生人數與比率、教育安置狀況、師資狀況及經費狀況等項目。

第 17 條　本法第二十六條所定提供特殊教育學生家庭支援服務，應由各級學校指定專責單位辦理。其服務內容應於開學後二週內告知特殊教育學生家長；必要時，應依據家長之個別需要調整服務內容及方式。

第 18 條　本法第二十七條所稱個別化教育計畫，指運用專業團隊合作方式，針對身心障礙學生個別特性所擬定之特殊教育及相關服務計畫，其內容應包括下列事項：

一、學生認知能力、溝通能力、行動能力、情緒、人際關係、感官功能、健康狀況、生活自理能力、國文、數學等學業能力之現況。

二、學生家庭狀況。

三、學生身心障礙狀況對其在普通班上課及生活之影響。

四、適合學生之評量方式。

五、學生因行為問題影響學習者，其行政支援及處理方式。

六、學年教育目標及學期教育目標。

七、學生所需要之特殊教育及相關專業服務。

八、學生能參與普通學校（班）之時間及項目。

九、學期教育目標是否達成之評量日期及標準。

十、學前教育大班、國小六年級、國中三年級及高中（職）三年級學生之轉銜服務內容。

前項第十款所稱轉銜服務，應依據各教育階段之需要，包括升學輔導、生活、就業、心理輔導、福利服務及其他相關專業服務等項目。

參與擬定個別化教育計畫之人員，應包括學校行政人員、教師、學生家長、相關專業人員等，並得邀請學生參與；必要時，學生家長得邀請相關人員陪同。

第 19 條　前條個別化教育計畫，學校應於身心障礙學生開學後一個月內訂定，每學期至少檢討一次。

第 20 條　依本法第二十九條第二項鑑定身心障礙之資賦優異學生及社經文化地位不利之資賦優異學生時，應選擇適用該學生之評量工具及程序，得不同於一般資賦優異學生。

依本法第二十九條第二項輔導身心障礙之資賦優異學生及社經文化地位不利之資賦優異學生時，其教育方案應保持最大彈性，不受人數限制，並得跨校實施。

學校對於身心障礙之資賦優異學生之教學，應就其身心狀況，予以特殊設計及支援。

第 21 條　各教育階段特殊教育之評鑑，該管主管教育行政機關，應至少每二年辦理一次；其評鑑項目，由各級主管教育行政機關定之。

直轄市及縣（市）主管教育行政機關辦理特殊教育之績效，中央主管教育行政機關應至少每二年訪視評鑑一次。

前二項之評鑑，必要時，該管主管教育行政機關得委任或委託大學校院或民間團體辦理之。

第 22 條　本細則自發布日施行。

附錄三　身心障礙者保護法

1. 中華民國六十九年六月二日總統公布全文 26 條
2. 中華民國七十九年一月二十四日總統修正公布全文 31 條
3. 中華民國八十四年六月十六日總統修正公布部分條文
4. 中華民國八十六年四月二十三日總統修正公布名稱及全文 75 條（原名稱：殘障福利法）
5. 中華民國八十六年四月二十六日總統修正公布部分條文
6. 中華民國九十年十一月二十一日總統修正公布部分條文
7. 中華民國九十二年六月二十五日總統修正公布部分條文，增訂 64-1 條條文
8. 中華民國九十三年六月二十三日總統增訂公布 51-1、65-1 條條文

第一章　總則

第 1 條　為維護身心障礙者之合法權益及生活，保障其公平參與社會生活之機會，結合政府及民間資源，規劃並推行各項扶助及福利措施，特制定本法；本法未規定者，適用其他法律之規定。

第 2 條　本法所稱主管機關：在中央為內政部；在直轄市為直轄市政府；在縣（市）為縣（市）政府。

本法所定事項，涉及各目的事業主管機關職掌者，由各目的事業主管機關辦理。

前二項各級主管機關及各目的事業主管機關權責劃分如下：

一、主管機關：主管身心障礙者人格及合法權益之維護、個人基本資料之建立、身心障礙手冊之核發、托育、養護、生活、諮詢、育樂、在宅服務等福利服務相關事宜之規劃及辦理。

二、衛生主管機關：主管身心障礙者之鑑定、醫療復健、早期醫療、健康保險與醫療復健輔助器具之研究發展等相關事宜之規劃及辦理。

三、教育主管機關：主管身心障礙者之教育及所需經費之補助、特殊教育教材、教學、輔助器具之研究發展、特殊教育教師之檢定及本法各類專業人員之教育培育，與身心障礙者就學及社會教育等相關事宜之規劃及辦理。

四、勞工主管機關：主管身心障礙者之職業訓練及就業服務、定額進用及就業保障之執行、薪資及勞動條件之維護、就業職業種類與輔助器具之研究發展、身心障礙者就業基金專戶經費之管理及運用等就業相關事宜之規劃及辦理。

五、建設、工務、國民住宅主管機關：提供身心障礙者申請公有公共場所零售商店、攤位、國民住宅、公共建築物停車位優惠事宜、公共設施及建築物無障礙生活環境等相關事宜之規劃及辦理

六、交通主管機關：提供身心障礙者公共交通工具及公共停車場地優惠事宜、無障礙公共交通工具與生活通訊等相關事宜之規劃及辦理。

七、財政主管機關：主管身心障礙者及身心障礙福利機構稅捐之減免等相關事宜之規劃及辦理。

八、其他措施由各相關目的事業主管機關依職權辦理。

第 3 條　本法所稱身心障礙者，係指個人因生理或心理因素致其參與社會及從事生產活動功能受到限制或無法發揮，經鑑定符合中央衛生主管機關所定等級之下列障礙並領有身心障礙手冊者為範圍：

一、視覺障礙者。

二、聽覺機能障礙者。

三、平衡機能障礙者。

四、聲音機能或語言機能障礙者。

五、肢體障礙者。

六、智能障礙者。

七、重要器官失去功能者。

八、顏面損傷者。

九、植物人。

十、失智症者。

十一、自閉症者。

十二、慢性精神病患者。

十三、多重障礙者。

十四、頑性（難治型）癲癇症者。

十五、經中央衛生主管機關認定，因罕見疾病而致身心功
　　　能障礙者。

十六、其他經中央衛生主管機關認定之障礙者。

前項障礙類別之等級、第七款重要器官及第十六款其他障
礙類別之項目，由中央衛生主管機關定之。

第 4 條　身心障礙者之人格及合法權益，應受尊重與保障，除能證
　　　　明其無勝任能力者外，不得單獨以身心障礙為理由，拒絕
　　　　其接受教育、應考、進用或予其他不公平之待遇。

第 5 條　為預防、減低身心障礙之發生，各級政府相關目的事業主
　　　　管機關，應有計畫地推動身心障礙預防工作、優生保健、
　　　　預防身心障礙之知識，針對遺傳、疾病、災害、環境污染
　　　　和其他致殘因素，並推動相關宣導及社會教育。

第 6 條　中央與直轄市、縣（市）主管機關及各目的事業主管機關
　　　　應設專責單位或置專責人員辦理身心障礙者權益相關事
　　　　宜，其人數依其提供服務之實際需要定之。

身心障礙福利相關業務應遴用專業人員辦理。

前項專業人員之遴用、資格、訓練及培訓之辦法,由中央主管機關及中央各目的事業主管機關定之。

第7條　各級主管機關應設立身心障礙者保護委員會,以行政首長為主任委員,各目的事業主管機關、身心障礙者或其監護人代表、身心障礙福利學者或專家、民意代表及民間相關機構、團體代表等為委員;其中身心障礙者或其監護人代表、民意代表及民間相關機構、團體代表等,不得少於三分之一。

前項保護委員會辦理下列事項:

一、整合規劃、研究、諮詢、協調推動促進身心障礙者保護相關事宜。

二、審議身心障礙者權益受損申訴事宜。

三、其他促進身心障礙者權益及福利保護相關事宜。

第一項保護委員會組織與會議及前項第二款身心障礙者權益受損申訴之處理,由各該主管機關定之。

身心障礙者權益遭受損失時,其最終申訴之審議,由中央主管機關之保護委員會辦理。

第8條　各級政府應至少每三年定期於十二月舉辦身心障礙者生活需求調查、出版統計報告。

行政院每十年辦理全國人口普查時,應將身心障礙者人口調查納入普查項目。

第9條　身心障礙福利經費來源如下:

一、各級政府按年專列之身心障礙福利預算。

二、社會福利基金。

三、身心障礙者就業基金專戶。

四、私人或團體捐款。

五、其他收入。

前項第一款身心障礙福利預算，應以前條之調查報告為依據，按年從寬專列。

第一項第一款身心障礙福利預算，直轄市、縣（市）主管機關財政確有困難者，應由中央政府補助。

第 10 條　直轄市及縣（市）衛生主管機關應設鑑定小組指定醫療機構或鑑定作業小組辦理第三條第一項之鑑定服務；對設戶籍於轄區內經鑑定合於規定者，應由主管機關主動核發身心障礙手冊。

前項鑑定作業辦法，由中央衛生主管機關定之；身心障礙手冊核發辦法，由中央主管機關定之。

第 11 條　身心障礙者因障礙情況改變時，應依鑑定小組之指定或自行申請重新鑑定。

對鑑定結果有異議時，應於收到鑑定結果次日起三十日內，以書面向鑑定小組提出申請複檢，並以一次為限，且負擔百分之四十之鑑定費；其異議成立時，應退還之。

第 12 條　有關身心障礙鑑定與免役鑑定間之相關問題，由內政部、教育部、衛生署會同國防部共同研商之。

第 13 條　身心障礙者於障礙事實變更或消失時，應將身心障礙手冊繳還原發給機關變更或註銷。

原發給機關發現身心障礙者持有之身心障礙手冊，所記載之障礙類別及等級顯與事實不符時，應限期令其重新鑑定；逾期未重新鑑定者，原發給機關得逕行註銷其身心障礙手冊。

第 14 條　為適時提供療育與服務，中央相關目的事業主管機關應建立彙報及下列通報系統：

一、衛生主管機關應建立疑似身心障礙六歲以下嬰幼兒早期發現通報系統。

二、教育主管機關應建立疑似身心障礙學生通報系統。

三、勞工主管機關應建立職業傷害通報系統。

四、警政主管機關應建立交通事故通報系統。

五、消防主管機關應建立緊急醫療救護通報系統。

六、戶政主管機關應建立身心障礙人口異動通報系統。

各目的事業主管機關依前項通報系統，發現有疑似本法所稱身心障礙者時，應即時通知當地主管機關主動協助。

第 15 條　各級主管機關及目的事業主管機關應建立個別化專業服務制度，經由專業人員之評估，依身心障礙者實際需要提供服務，使其獲得最適當之輔導及安置。

前項個別化專業服務制度包括個案管理、就業服務、特殊教育、醫療復健等制度；其實施由各級主管機關及目的事業主管機關依各相關法規規定辦理或委託、輔導民間辦理。

第 16 條　為促進身心障礙復健與無障礙環境之研究發展及整合規劃之功能，中央應設立或輔導民間設立身心障礙復健研究發展中心。

第二章　醫療復健

第 17 條　中央衛生主管機關應整合全國醫療資源，辦理嬰幼兒健康檢查，提供身心障礙者適當之醫療復健及早期醫療等相關服務。

各級衛生主管機關對於安置於學前療育機構、相關服務機構及學校之身心障礙者，應配合提供其所需要之醫療復健服務。

第 18 條　為加強身心障礙者之醫療復健服務及醫療復健輔助器具之研究發展，當地衛生主管機關應依據各類身心障礙者之人口數及需要，設立或獎勵設立復健醫療機構、醫療復健輔助器具之研究發展機構與護理之家機構。

第 19 條　身心障礙者醫療復健所需之醫療費及醫療輔助器具，尚未納入全民健康保險給付範圍時，直轄市、縣（市）主管機關應視其障礙等級補助之。

前項補助辦法，由中央主管機關會同中央衛生主管機關定之。

第三章　教育權益

第 20 條　中央與直轄市、縣（市）主管機關應根據身心障礙者人口調查之資料，規劃設立各級特殊教育學校、特殊教育班或以其他方式教育不能就讀於普通學校或普通班級之身心障礙者，以維護其受教育之權益。

前項學齡身心障礙兒童無法自行上下學者，應由政府免費提供交通工具；確有困難，無法提供者，應補助其交通費；直轄市、縣（市）主管機關經費不足者，由中央政府補助之。

第 21 條　各級教育主管機關應主動協助身心障礙者就學，各級學校亦不得因其障礙類別、程度或尚未設置特殊教育班（學校）而拒絕其入學。

第 22 條　教育主管機關應視身心障礙者之障礙等級，優惠其本人及子女受教育所需相關經費；其補助辦法由中央教育主管機關定之。

第 23 條　各級教育主管機關辦理身心障礙者教育及入學考試時，應依其障礙情況及學習需要，提供各項必需之專業人員、特殊教材與各種教育輔助器材、無障礙校園環境、點字讀物及相關教育資源，以符公平合理接受教育之機會與應考條件。

第 24 條　各級政府應設立及獎勵民間設立學前療育機構，並獎勵幼稚園、托兒所及其他學前療育機構，辦理身心障礙幼兒學

前教育、托育服務及特殊訓練。

第 25 條　為鼓勵並獎助身心障礙者繼續接受高級中等學校以上之教育，中央教育主管機關應訂定獎助辦法獎助之。

前項提供身心障礙者就讀之學校，其無障礙軟、硬體設施，得向中央教育主管機關申請補助。

第四章　促進就業

第 26 條　各級政府應依身心障礙者之障礙類別及等級，提供無障礙個別化職業訓練及就業服務。其辦理情形，每半年應送各級民意機構備查。

第 27 條　勞工主管機關應設立或獎勵設立職業訓練及就業服務機構，依身心障礙者實際需要，提供職業訓練、就業服務與就業所需輔助器具之研究發展及相關服務。

第 28 條　勞工主管機關協助身心障礙者就業時，應先辦理職業輔導評量，以提供適當之就業服務。

前項職業輔導評量辦法，由中央勞工主管機關定之。

第 29 條　勞工主管機關應視身心障礙者需要提供職業重建、創業貸款及就業所需輔助器具等相關經費補助。

前項職業重建係指職業訓練、職業輔導評量、就業服務、追蹤及輔導再就業等。

第一項之職業重建、創業貸款及就業所需輔助器具等相關補助辦法，由中央勞工主管機關定之。

第 30 條　勞工主管機關對於具有工作能力，但尚不足於進入競爭性就業市場之身心障礙者應提供支持性及個別化就業服務；對於具有工作意願，但工作能力不足之身心障礙者，應提供庇護性就業服務。主管機關及各目的事業主管機關得設立或獎勵設立庇護工場或商店。

第 31 條　各級政府機關、公立學校及公營事業機構員工總人數在五

十人以上者，進用具有工作能力之身心障礙者人數，不得低於員工總人數百分之二。

私立學校、團體及民營事業機構員工總人數在一百人以上者，進用具有工作能力之身心障礙者人數，不得低於員工總人數百分之一。

前二項各級政府機關、公、私立學校、團體及公、民營事業機構為進用身心障礙者義務機關（構），其進用身心障礙者人數，未達前二項標準者，應定期向機關（構）所在地之直轄市或縣（市）勞工主管機關設立之身心障礙者就業基金專戶繳納差額補助費；其金額依差額人數乘以每月基本工資計算。

依第一項、第二項進用重度身心障礙者，每進用一人以二人核計。

警政、消防、關務及法務等單位定額進用總人數之計算，得於本法施行細則另定之。

第 32 條　各級政府機關、公立學校及公營事業機構為進用身心障礙者，應洽請考試院依法舉行身心障礙人員特種考試，並取銷各項公務人員考試對身心障礙人員體位之不合理限制。

第 33 條　進用身心障礙者之機關（構），應本同工同酬之原則，不得為任何歧視待遇，且其正常工作時間所得不得低於基本工資。

身心障礙者就業，薪資比照一般待遇，於產能不足時，可酌予減少。但不得低於百分之七十。

前項產能不足之認定及扣減工資之金額遇有爭議時，得向本法第七條成立之保護委員會申訴之。

第 34 條　直轄市及縣（市）勞工主管機關對於進用身心障礙者達一定標準以上之機關（構），應以身心障礙就業基金專戶，補助其因進用身心障礙者必須購置、改裝、修繕器材、設

備及其他為協助進用必要之費用。對於私立機構並得核發
獎勵金，其金額按超額進用人數乘以每月基本工資二分之
一計算；其運用以協助進用身心障礙者必要之支出為限。

第 35 條　各級勞工主管機關對於進用身心障礙者工作績優之機關
（構）應予獎勵。

前項獎勵辦法由中央勞工主管機關定之。

第 36 條　直轄市及縣（市）勞工主管機關依第三十一條第三項收取
之差額補助費，應開立身心障礙者就業基金專戶儲存，除
依本法補助進用身心障礙者機關（構）外，並作為辦理促
進身心障礙者就業權益相關事項之用。

前項基金不列入政府年度預算，其專戶之收支、保管及運
用辦法，由直轄市、縣（市）勞工主管機關定之。

第 37 條　非本法所稱視覺障礙者，不得從事按摩業。但醫護人員以
按摩為病人治療者，不在此限。

視覺障礙者經專業訓練並取得資格者，得在固定場所從事
理療按摩工作。

視覺障礙者從事按摩或理療按摩，應向執業所在地主管機
關申請按摩或理療按摩執業許可證。

前項執業之資格與許可證之核發、換發、補發、廢止及其
他應遵行事項之辦法，由中央主管機關會同中央衛生主管
機關定之。

第五章　福利服務

第 38 條　直轄市及縣（市）主管機關對設籍於轄區內之身心障礙
者，應依其障礙類別、等級及家庭經濟狀況提供生活、托
育、養護及其他生活必要之福利等經費補助，並不得有設
籍時間之限制。

前項經費補助辦法，由中央主管機關定之。

　　　　　直轄市及縣（市）主管機關為辦理第一項業務，應於會計
　　　　　年度終了前，主動將已核定補助案件相關資料併同有關機
　　　　　關提供之資料重新審核。但主管機關於申領人申領資格變
　　　　　更或審核認有必要時，得請申領人提供相關證明文件。

第 39 條　直轄市、縣（市）主管機關得按需要，以提供場地、設
　　　　　備、經費或其他方式結合民間資源辦理身心障礙福利服
　　　　　務；其辦法，由中央主管機關定之。

第 40 條　為協助身心障礙者得到所需之持續性照顧，直轄市、縣
　　　　　（市）主管機關應提供或結合民間資源提供下列居家服
　　　　　務：
　　　　　一、居家護理。
　　　　　二、居家照顧。
　　　　　三、家務助理。
　　　　　四、友善訪視。
　　　　　五、電話問安。
　　　　　六、送餐到家。
　　　　　七、居家環境改善。
　　　　　八、其他相關之居家服務。

第 41 條　為強化家庭照顧身心障礙者之意願及能力，直轄市、縣
　　　　　（市）主管機關應提供或結合民間資源提供下列社區服
　　　　　務：
　　　　　一、復健服務。
　　　　　二、心理諮詢。
　　　　　三、日間照顧。
　　　　　四、臨時及短期照顧。
　　　　　五、餐飲服務。
　　　　　六、交通服務。
　　　　　七、休閒服務。

八、親職教育。

九、資訊提供。

十、轉介服務。

十一、其他相關之社區服務。

第42條　為使身心障礙者不同之生涯福利需求得以銜接，直轄市、縣（市）主管機關相關部門，應積極溝通、協調，制定生涯轉銜計畫，以提供身心障礙者整體性及持續性服務。

第43條　為使身心障礙者於其直系親屬或扶養者老邁時，仍受到應有照顧及保障，中央主管機關應會同相關目的事業主管機關，共同建立身心障礙者安養監護制度及財產信託制度。

第44條　身心障礙者參加社會保險，政府應視其家庭經濟狀況及障礙等級，補助其自付部分之保險費。但極重度及重度身心障礙者之保險費由政府全額負擔。

前項保險費補助辦法，由中央主管機關定之。

第45條　政府規劃國民年金制度時，應優先將身心障礙者納入辦理。

第46條　對於身心障礙者或其扶養者應繳納之稅捐，政府應按障礙等級及家庭經濟狀況，依法給予適當之減免。

納稅義務人或與其合併申報納稅之配偶或撫養親屬為身心障礙者，應准予列報身心障礙特別扣除額，其金額於所得稅法定之。

身心障礙者或其扶養者依本法規定所得之各項補助，應免納所得稅。

第47條　身心障礙者申請在公有公共場所開設零售商店或攤販，申請購買或承租國民住宅、停車位，政府應保留名額優先核准。

前項受核准者，須親自經營、居住或使用達一定期間；如需出租或轉讓，應以其他身心障礙者優先。但經親自居住

五年以上，且主管機關公告後仍無人願承租或受讓者，主管單位得將其列為一般國民住宅，按照各地國民住宅主管機關所定辦法辦理。

身心障礙者購買或承租第一項之商店或攤販、國民住宅、停車位，政府應提供低利貸款；其辦法，由中央主管機關定之。

第一項應保留名額之比例，由直轄市、縣（市）政府定之。

第 48 條　公共停車場應保留百分之二比例作為身心障礙者專用停車位，車位未滿五十個之公共停車場，至少應保留一個身心障礙者專用停車位。非領有專用停車位識別證明之身心障礙者或其家屬，不得違規佔用。

前項身心障礙者專用停車位之設置地點、空間規劃、使用方式、識別證明之核發及違規佔用之罰則等由中央主管機關會同交通、營建等相關單位定之。

第 49 條　直轄市、縣（市）主管機關對於身心障礙者及其同住扶養者，因無自有房屋而需租賃房屋居住者，或首次購屋所需之貸款利息，應視其家庭經濟狀況，酌予補助。

前項房屋租金及貸款利息之補助辦法，由中央主管機關定之。

第 50 條　身心障礙者及其監護人或必要陪伴者一人搭乘國內公、民營水、陸、空公共交通工具，憑身心障礙手冊，應予半價優待。

前項公共交通工具，身心障礙者得優先乘坐。

前二項實施辦法，由中央目的事業主管機關定之。

第 51 條　身心障礙者及其監護人或必要之陪伴者一人進入收費之公立風景區、康樂場所或文教設施，憑身心障礙手冊應予免費。其為私人者，應予半價優待。

第 51-1 條　條視覺障礙者由合格導盲犬陪同或導盲犬專業訓練人員於執行訓練時帶同導盲幼犬，得自由出入公共場所、公共建築物、營業場所、公共交通工具及其他公共設施。

前項公共場所、公共建築物、營業場所、公共交通工具及其他公共設施之所有人、管理人或使用人，不得對導盲幼犬及合格導盲犬收取額外費用，且不得拒絕其自由出入或附加其他出入條件。

有關合格導盲犬及導盲幼犬之資格認定、使用管理及其他應遵行事項之辦法，由中央主管機關會同各目的事業主管機關定之。

第 52 條　任何擁有、出租（或租用）或經營公共設施場所者，不得單獨以身心障礙為理由，使其無法完全公平地享用物品、服務、設備、權利、利益或設施。

第 53 條　各級政府及民間應採取下列措施豐富身心障礙者之文化及精神生活：

一、透過廣播、電視、電影、報刊、圖書等方式，反映身心障礙者生活。

二、設立並獎助身心障礙者各障礙類別之讀物，開辦電視手語節目，在部分影視作品中增加字幕及解說。

三、舉辦並鼓勵身心障礙者參與各項文化、體育、娛樂等活動、特殊才藝表演，參加重大國際性比賽和交流。

前項實施辦法，由中央主管機關會同各目的事業主管機關定之。

第 54 條　各級政府及民間資源應鼓勵、協助身心障礙者進行文學、藝術、教育、科學、技術或其他方面的創造性活動。

第 55 條　通訊業者應對身心障礙者提供電訊轉接或其他特別傳送服務；其實施辦法由中央目的事業主管機關定之。

第 56 條　各項新建公共建築物、活動場所及公共交通工具，應規劃

設置便於各類身心障礙者行動與使用之設施及設備。未符合規定者,不得核發建築執照或對外開放使用。

前項公共建築物、活動場所及公共交通工具之無障礙設備與設施之設置規定,由中央各目的事業主管機關於其相關法令定之。

第一項已領建築執照或對外開放使用之公共建築物、活動場所及公共交通工具,其無障礙設備與設施不符合前項規定或前項規定修正後不符合修正後之規定者,各級目的事業主管機關應令其所有權人或管理機關負責人改善。但因軍事管制、古蹟維護、自然環境因素、建築物構造或設備限制等特殊情形,設置無障礙設備與設施確有困難者,得由所有權人或管理機關負責人提具替代改善計畫,申報各級目的事業主管機關核備並核定改善期限。有關作業程序及認定原則,由中央各目的事業主管機關定之。

第 57 條 實施刑事訴訟程序之公務員,於身心障礙者涉案或作證時,應就其障礙類別之特別需要,提供必要之協助。

第六章 福利機構

第 58 條 各級政府應按需要自行或結合民間資源,設立下列身心障礙福利機構:

一、身心障礙者之教育、醫療、護理及復健機構。

二、視障者讀物出版社及視障者圖書館。

三、身心障礙庇護工場。

四、職業訓練及就業服務機構。

五、身心障礙收容及養護機構。

六、身心障礙服務及育樂機構。

七、其他身心障礙福利機構。

前項機構之業務應遴用專業人員辦理,並定期予以在職訓

練；另得就其所提供之設施或服務，酌收必要費用。

第一項各類機構得單獨或綜合設立；其設立許可、籌設、獎助、查核之辦法及設施、人員配置、任用資格之標準，由中央主管機關及中央各目的事業主管機關定之。

第 59 條　設立障礙福利機構，應向各目的事業主管機關申請許可。

依前項許可設立者，應於許可設立之日起三個月內依有關法令辦理財團法人登記，於登記完成後，得接受補助或報經主管機關核准後對外募捐並專款專用。但有下列情形之一者，得免辦理財團法人登記：

一、依其他法律申請設立之財團法人或公益社團法人申請附設者。

二、小型設立且不對外募捐、接受補助或享受租稅減免者。

未依前項規定辦理財團法人登記或未符合前項免辦理財團法人登記之機構，其有對外募捐行為時，主管機關應限期令其辦理財團法人登記或停止對外募捐行為。

第 60 條　身心障礙福利機構設之規模，應以社區化、小型化為原則；其設置標準，由直轄市、縣（市）主管機關定之。

第 61 條　主管機關應定期輔導與評鑑身心障礙福利機構，經評鑑成績優良者，應予獎勵。

身心障礙福利機構，辦理不善或違反設立標準者，主管機關應限期令其改善。

第一項評鑑工作應由中央主管機關成立評鑑委員會為之，其辦法由中央主管機關定之。

第 62 條　身心障礙福利機構或團體所生產之物品及其可提供之服務，於合理價格及一定金額以下者，各級政府機關、公、私立學校、公營事業機構及接受政府補助之機構或團體應優先採購。

各級主管機關應定期公告或發函各義務採購單位，告知前項物品及服務，並應參酌相關法令規定，扶助身心障礙福利機構或團體承包或分包該物品及服務至一定比例。

前二項物品及服務項目、比例、一定金額、合理價格、扶助及其他應遵循事項之辦法，由中央主管機關定之。

第 63 條　身心障礙福利機構或團體申請在公共場所設立庇護工場、福利工廠或商店；申請在國民住宅設立社區家園或團體家庭者，應保留名額，優先核准。

前項受核准者，須親自經營、居住或使用並達一定期間；如需出租或轉讓，應以身心障礙福利機構或團體為限。

第七章　罰則

第 64 條　公務員執行職務違反第四條規定時，應受懲戒。

違反第四條或第三十三條第一項或第二項規定者，處新台幣十萬元以上五十萬元以下罰鍰。

第 64-1 條　公務員執行職務無正當理由違反第三十一條第一項或第六十二條規定者，應受懲戒。

私立學校、機構及團體無正當理由違反第三十一條第二項或第六十二條規定者，處新台幣二萬元以上十萬元以下罰鍰。

第 65 條　違反第三十七條第一項者，處新台幣一萬元以上三萬元以下罰鍰並限期改善。

前項違法事件如於營業場所內發生並依前項標準加倍處罰場所之負責人或所有權人。

前兩項罰鍰之收入不列入年度預算，應納入視障者就業基金專戶專款專用，專供作推動視障者職業訓練、就業服務與安置、創業貸款、示範按摩中心（院）補助之用。該基金管理及運用之辦法，由中央勞工主管機關會同各目的事

業主管機關定之。

第 65-1 條　違反第五十一條之一第二項規定者，得予以勸導並限期改善，逾期未改善者，處新台幣一萬元以上三萬元以下罰鍰，並得按次連續處罰。

第 66 條　未依第五十九條第一項規定申請許可設立而辦理身心障礙福利機構者，處其負責人新台幣六萬元以上三十萬元以下罰鍰。

經主管機關限期申請設立許可或依第五十九條第三項規定期限令其辦理財團法人登記或停止對外募捐行為，仍不遵辦者，處其負責人新台幣十萬元以上五十萬元以下罰鍰，得按次連續處罰，並公告其名稱，且得令其停辦。

第 67 條　身心障礙福利機構經主管機關依第六十一條第二項規定限期令其改善，屆期未改善者，得令其停辦一個月以上一年以下，並公告其名稱。停辦期限屆滿仍未改善或違反法令情節重大者，應廢止其許可；其屬法人者，得予解散。

第 68 條　身心障礙福利機構經主管機關依第六十六條或第六十七條規定令其停辦而拒不遵守者，再處新台幣二十萬元以上一百萬元以下罰鍰。並得按次連續處罰。

第 69 條　身心障礙福利機構停辦或決議解散時，主管機關對於該機構服務之身心障礙者，應即予適當之安置，身心障礙福利機構應予配合。不予配合者，強制實施之，並處新台幣六萬元以上六十萬元以下罰鍰。

第 70 條　違反第四十七條第一項規定者，不得核發零售商店、攤販之營利事業登記證及國民住宅、停車位之使用執照。違反同條第二項規定者，目的事業主管機關得強制收回，並優先出售或出租予其他身心障礙者。

第 71 條　違反第五十六條第三項規定未改善或未提具替代改善計畫或未依核定改善計畫之期限改善完成者，除應勒令停止其

使用外，處其所有權人或管理機關負責人新台幣六萬元以上三十萬元以下罰鍰，並限期改善；逾期未改善者，得按次連續處罰至其改善完成為止。必要時得停止供水、供電或封閉、強制拆除。

前項罰鍰收入應成立基金，供作改善及推動無障礙設備與設施經費使用。

該基金管理及運用之辦法，由中央各目的事業主管機關定之。

第 72 條　依本法所處之罰鍰及依第三十一條第三項應繳納之金額，經通知限期繳納；逾期仍未繳納者，移送法院強制執行。

第八章　附則

第 73 條　各級政府每年應向其民意機關報告本法之執行情形。

第 74 條　本法施行細則，由中央主管機關會商中央各目的事業主管機關定之。

第 75 條　本法自公布日施行。

趨勢名詞索引

一、漢英對照

☆為我國體制或國內特教實務之專用名詞，故不予以英文對照

十劃

二、英漢對照

C

D

J

L

M

N

W

Z

國家圖書館出版品預行編目資料

特殊教育論題與趨勢／陳麗如著. -- 初版.--
臺北市：心理, 2004（民 93）
面；　公分.--（特殊教育系列；61014）
參考書目：面

　　　ISBN 978-957-702-702-3（平裝）

1.特殊教育

529.6 　　　　　　　　　　　　　　　　93014427

特殊教育系列 61014

特殊教育論題與趨勢

作　　　者：陳麗如
責任編輯：許經緯
總　編　輯：林敬堯
發　行　人：洪有義
出　版　者：心理出版社股份有限公司
地　　　址：台北市大安區和平東路一段 180 號 7 樓
電　　　話：(02) 23671490
傳　　　真：(02) 23671457
郵撥帳號：19293172 心理出版社股份有限公司
網　　　址：http://www.psy.com.tw
電子信箱：psychoco@ms15.hinet.net
駐美代表：Lisa Wu（Tel: 973 546-5845）
排　版　者：辰皓國際出版製作有限公司
印　刷　者：東縉彩色印刷有限公司
初版一刷：2004 年 9 月
初版四刷：2011 年 1 月
Ｉ Ｓ Ｂ Ｎ：978-957-702-702-3
定　　　價：新台幣 400 元